浙江省社会科学规划课题成果

"大思政课"视域下高校思想政治理论课教学生活化研究（23GXSZ080YBM）；

浙江省高等教育"十四五"教学改革项目

"'大思政课'视域下高校思想政治理论课教学'生活化'研究与实践"（jg20220308）；

2022年度教育部人文社会科学研究项目之高校思想政治理论课教师研究专项一般项目

"人工智能助力高校思政课教学创新发展研究"（22JDSZK135）

# 编委会

主　　编　　王延隆　钱国玲

副主编　　徐　艳　朱金玲

编委成员　（按姓氏拼音排序）

陈冬梅　胡小玲　钱国玲　宋增元

汪向红　王延隆　王　璺　谢汉卿

徐夏雨　徐　艳　朱金玲

浙江省普通本科高校"十四五"重点立项建设教材

# 本土化与生活化

## 思想政治理论课
## 教学创新案例

主编◎王延隆　钱国玲

LOCALIZATION AND LIFE

CASE STUDY ON TEACHING INNOVATION

OF IDEOLOGICAL AND POLITICAL THEORY COURSE

ZHEJIANG UNIVERSITY PRESS
浙江大学出版社
·杭州·

**图书在版编目（CIP）数据**

本土化与生活化：思想政治理论课教学创新案例 /
王延隆，钱国玲主编. -- 杭州：浙江大学出版社，
2025. 5. -- ISBN 978-7-308-26281-1

Ⅰ. G641

中国国家版本馆 CIP 数据核字第 2025557MN9 号

## 本土化与生活化：思想政治理论课教学创新案例

王延隆　钱国玲　主编

| | |
|---|---|
| 责任编辑 | 胡　畔 |
| 责任校对 | 赵　静 |
| 封面设计 | 雷建军 |
| 出版发行 | 浙江大学出版社 |
| | （杭州市天目山路148号　邮政编码310007） |
| | （网址：http://www.zjupress.com） |
| 排　　版 | 杭州林智广告有限公司 |
| 印　　刷 | 杭州宏雅印刷有限公司 |
| 开　　本 | 710mm×1000mm　1/16 |
| 印　　张 | 21.5 |
| 字　　数 | 363千 |
| 版 印 次 | 2025年5月第1版　2025年5月第1次印刷 |
| 书　　号 | ISBN 978-7-308-26281-1 |
| 定　　价 | 88.00元 |

# 前　言

在全球化与多元文化交融的当下，思想政治理论课教学改革受到前所未有的重视，也成为高等教育领域的重要议题。2021 年 3 月 6 日，习近平总书记在看望参加全国政协十三届四次会议的医药卫生界、教育界委员时进一步提出，"思政课不仅应该在课堂上讲，也应该在社会生活中来讲"①，这为实现"大思政课"的目标提供了战略指导。

然而，如何让"高大上"的思想政治理论课理论落地生根？如何让"00后"学生在生活中触摸到理论的温度？这不仅是教育的挑战，更是一场关于思想传播的革新。思想政治理论课，从来不是空中楼阁。它扎根于中国大地，流淌在社区街巷，跃动在青年脉搏中。就像中医药文化用"阴阳五行"解读人体奥秘，用"治未病"理念守护百姓健康一样，思想政治理论课同样需要一套"本土化""生活化"的话语体系——用学生熟悉的路径讲述家国情怀，用贴近生活的场景解码理论深意。本土化，不是简单的地域标签；生活化，更不是庸俗化，而是让理论在具体情境中"长出血肉"。当思想政治理论课的话语从

---

① 《"大思政课"我们要善用之（微镜头·习近平总书记两会"下团组"·两会现场观察）》，《人民日报》，2021 年 3 月 7 日第 1 版。

"教材语言"转向"生活语言"，从"单向灌输"升级为"双向对话"，便能在"00后"的认知图景中开辟新的意义空间。本书的编写正是基于以上思考而推进完成的。

浙江是中国革命红船起航地、改革开放先行地、习近平新时代中国特色社会主义思想重要萌发地，得天独厚的红色资源、思想政治教育资源为思想政治理论课"本土化"与"生活化"提供了肥沃土壤。通过实践教学方法和内容创新，可以有效增强教学内容的本土化和方法的生活化，促进学生的理解和接受程度。这不仅有助于提升思想政治理论课的教学效果，更为培养具有坚定理想信念、高尚道德情操和扎实理论素养的新时代青年提供有力支撑。

本教材以"本土化与生活化"为核心理念，致力于为思想政治理论课教师提供丰富的教学素材。通过讲述浙江故事，展现浙江风采，传播中国声音，更有效地传达课程核心知识，并引导学生深入思考；通过为学生创造真实学习情境，培养其社会责任感和时代使命感。全书共分为13个专题，涵盖从人生理想、中国精神到社会主义道德、法治理论等多个方面，每个专题均结合浙江特色案例，构建了兼具专业深度与生活气息的教学资源体系。这种设计不仅继承和弘扬了浙江精神，更显著提升了思想政治理论课教学的亲和力与有效性。使抽象理论变得更加生动具体，更加具有说服力，激发学生的学习兴趣和参与热情。例如，在"树立远大的人生理想"专题中，引入杰出人物的奋斗历程，生动阐释如何在新时代背景下树立崇高的人生理想，使抽象的理论知识变得鲜活具体，易于理解；在"推动经济高质量发展"专题中，结合浙江在数字经济、智能制造等领域的成功案例，让学生了解浙江如何通过科技创新推动经济高质量发展，同时思考如何在自身专业领域为社会发展贡献力量。

　　本教材不是简单的案例汇编，而是力图用 13 个扎根于中国大地的专题样本，作为拆解"理论如何照进现实"的思想"解码器"。让我们共同开启这场思想的旅程——在这里，理论不再悬于云端，而是化作脚下的泥土、头顶的星光和远方的山海。

# 目　录

专题一

树立远大的人生理想

面对复杂、多变的社会环境，面对学业、职业、情感等人生课题，大学生需要科学、正确的人生观作为指引。只有具备明确高尚的人生目的、端正积极的人生态度并形成正确的人生价值判断，大学生才能在人生道路上把握机遇、应对挑战。作为人生观的集中体现，理想信念是人类生存和发展的动力源泉，也是塑造人类精神世界的重要基石。理想信念不仅是思想认识问题，也是实践问题。唯有实践，才能将理想转化为现实。本专题将从人生观出发，围绕"人为什么要有理想"这一人生之问展开教学，结合本土化的案例，运用生活化的教学实践，让大学生充分认识人生观对人的重要影响，深刻把握理想信念的重要作用，引导大学生明确人生目的，树立崇高的理想，将个人梦融入中国梦，以乐观、务实的人生态度，在艰苦奋斗中实现自己的人生价值。

# 第一节 领悟人生真谛

## 一、专题理论导学

### （一）教学目的

大学阶段是个人从校园生活走向社会生活的过渡时期，也是塑造思想意识、掌握职业本领的关键时期。跨入大学校门，大学生不仅要适应崭新的校园环境，也要面对全新的学习方式和人际交往模式。调整身心状态，明确人生方向，是新生开启大学生活首先需要面对的课题。有的大学生未能完成角色转变，难以适应新环境，则会产生诸多困惑和烦恼，甚至身心失衡，出现身心疾病。该专题将结合本土化的案例来学习人生观的主要内容，将抽象的人生观具象化、生动化，再结合生活化的实践教学，引导大学生思考人生意义，明确奋斗目标，辩证看待人生矛盾，在实践中努力成就出彩人生。

### （二）教学重点

人生观的主要内容；辩证对待人生矛盾；反对错误的人生观；成就出彩人生的途径。

## 二、典型案例分析

### 案例一 钱三强的人生选择

钱三强，1913 年出生于浙江绍兴，原籍浙江湖州，中国"两弹一星功勋奖章"获得者，中国原子能事业的开拓者和奠基人之一。

1936 年，钱三强从清华大学物理系毕业后留校任教。在父亲的鼓励下，他于 1937 年前往法国，踏上科学报国的征途。同年 9 月，他进入世界闻名的居里实验室，师从居里夫人的长女伊雷娜·约里奥–居里，开启了他为期十年的原子核科学研究。居里夫人非常赏识虚心求教、刻苦钻研的钱三强，选他作为自己的助手。1946年，钱三强与夫人何泽慧在居里实验室合作发现了铀核的三分裂和四分裂现象。这一发现震惊了国际核物理学界，被认为是第二次世界大战后核物理研究的重要成果。西方媒体甚至以《"中国的居里夫妇"发现了原子核新分裂法》作为标题予以报道。钱三强成为第一位获得法国科学院亨利·德巴微物理学奖的中国人，他的能力得到国际同行的认可。

新中国成立后，钱三强放弃海外的优厚待遇和科研条件，选择回国投身原子能科学事业。不少人劝钱三强要珍惜才华，不要回国埋没自己。还有人说，科学没有国界，哪里能够最大限度地发挥自己的才能，哪里就是自己最理想的居所。钱三强却认为：科学没有国界，科学家却有祖国！他深切地感受到个人的价值在于为国家的进步贡献力量。钱三强决定回国，并写信给在海外留学的同胞们，号召他们共同参与祖国伟大的事业。1948年，钱三强接受了北平几所大学和研究院的邀请，带着襁褓中的婴儿，乘船回到中国。回国后，钱三强面对的是国内空白的原子能科学领域和诸多技术挑战，但他没有退缩，带领团队攻坚克难。最终，他们成功研制出了中国的第一颗原子弹和第一颗氢弹，为国家的安全和发展立下了不朽功勋。

## ❓思考讨论

❶人生观主要由人生目的、人生态度、人生价值等内容组成。人生目的是对"人为什么活着"这一根本问题的回答，它是人生观的核心，在人生实践中具有重要的作用。请结合钱三强的事迹，谈一谈你对"人生目的是人生观的核心"这句话的理解。

❷人生目的决定着人们看待实际生活的态度以及对人生价值的评价。人生态度影响着人们对人生目的的持守和人生价值的实现。人生价值制约着人们对人生目的和人生态度的选择。请结合钱三强的事迹，谈一谈你如何理解人生目的、人生态度和人生价值是相互影响、紧密关联的。

### 案例二 孤独症患者的守护人——胡温中

胡温中，1968 年出生，是温州市"爱星缘"孤独症康复机构的负责人，同时是浙江省智力残疾人及亲友协会副主席。他与孤独症的联系，源自他的一对双胞胎孩子。2005 年，两位小朋友都被确诊患有孤独症。面对这一突如其来的挑战，胡温中展现出非凡的坚韧。他迅速从初时的情绪崩溃中恢复，携手家人共同应对这个挑战。在全国寻找孤独症康复资源的路途中，他不断学习孤独症这一需要长期乃至终身关注的障碍类型的有关知识，并决定全身心投入孩子的康复和成长。

2007 年，"爱星缘"孤独症康复机构在温州诞生，它不仅为胡温中的孩子提供了专业的支持，也成了众多孤独症儿童及其家庭的希望灯塔。胡温中将大量的时间投入机构运营，用心接待来自各地的孤独症儿童家庭，用亲身经历和经验，为其他家长提供有益的建议和温暖的鼓励。随着时间的推移，"A爸"这一昵称在全国孤独症社群中广为流传。胡温中通过各种渠道服务孤独症群体超过万人，为越来越多的孤独症孩子家庭带来希望。

养育孤独症儿童，对任何一个家庭来说都是心理和经济上的巨大考验。自 2016 年起，胡温中积极行动，与浙江省残疾人福利基金会紧密合作，发起一系列孤独症儿童康复援助计划。这些筹集的善款，全部精准地投入孤独症儿童的康复补助，展现了社会公益的力量和温暖。2019 年，温州市壹星酿食品有限公司成立，旨在助力心智障碍者就业。2020 年，"壹星同行"项目启动，胡温中创办的"壹星酿"成为这个项目的首个就业实践基地。该基地为 18 名心智障碍青年提供就业技能培训，并为 2 名孤独症青年提供就业岗位。胡温中本人因此获得 2020 年度传承弘扬温州人精神突出贡献个人奖、2018 年鹿城区最美助残人等荣誉。

### ❓思考讨论

❶人生态度是个人在面对生活境遇时所具有的一种相对稳定的态度。一个人有什么样的人生观，就会形成什么样的人生态度。胡温中的双胞胎儿子同时被诊断为孤独症，他没有怨天尤人。他在全国积极寻求孤独症康复训练资源，

并发起公益项目，通过各种渠道服务孤独症群体。请结合材料，谈一谈胡温中的行为反映出他拥有什么样的人生态度。

❷近年来，"躺平""佛系"等网络热词引人关注。大学生要走好人生道路，需要正确处理生活和学习中遇到的各种困难。如果消极"躺平"，无益于问题的解决，甚至还会加剧问题的恶化。请结合自身实际情况，谈一谈当代大学生应当拥有什么样的人生态度。

### 案例三 "95后"最美女飞行员徐枫灿

"95后"女生徐枫灿，以其"少尉军衔"身份出现在高考作文素材中。被誉为当代最美女飞行员的她，籍贯浙江金华，拥有着175厘米的高挑身材与温婉可人的面容。与众多同龄女生的选择不同，徐枫灿选择踏上军旅生涯。

2017年，18岁的徐枫灿从全国12万余名应届高中毕业生中脱颖而出，成为我国陆军培养的首批飞行员。陆军首批10名女飞行学员中，徐枫灿以训练考核满分的优异成绩，成为首个初放单飞的女飞行学员。徐枫灿曾表示，国家要的是万里挑一、精英中的精英，对于军人来说，不分男女，只看实力。优异成绩的背后，是艰苦的付出和努力。面对繁重的训练课程，徐枫灿与她的战友们也曾感受前所未有的压力，甚至萌生过放弃的念头。每当这种想法在脑海里浮现，徐枫灿就会不断给自己加油打气，现在吃的苦，都是给未来铺的路。坚持不懈的训练，默默承受的痛楚，都成为她和队友在完成任务时最大的底气和实力。

2021年，徐枫灿和她的同学们巾帼不让须眉，顺利通过军事基础飞行技能、飞行理论等13项考核并取得了优异成绩。毕业分配时，她毅然写下赴边申请书。来到边疆，徐枫灿成为南部战区陆军某旅首批改装直-20的女飞行员。她快速完成所有基础训练课目，实现独立驾机飞行。2022年的中国航展上，徐枫灿以解说员身份，向公众展示了陆军的空中力量。她向年轻一代发出号召：参军入伍，报效国家。2023年2月，徐枫灿当选第十四届全国人民代表大会代表。2024年，徐枫灿又多了一个身份——2024年中国军校形象代言人。

## ❓思考讨论

❶ "劳动是推动人类社会进步的根本力量。"[①]衡量人生价值的标准，最重要的就是看个人是否用劳动为国家和社会做出力所能及的贡献。青年人如果脱离国家和社会发展的需要，就会陷入孤芳自赏的境地，难以真正实现人生价值。请讲一讲：评价人生价值的正确方法是什么？

❷作为社会成员，只有将个体的小我融入祖国的大我，与历史同向，与祖国同行，与人民同在，才能更好地实现人生价值、升华人生境界。徐枫灿将自己的人生规划同祖国的需求结合起来，选择参军，报效祖国。她刻苦训练，经历重重考验，在实践中锻炼本领并收获成长，在服务人民、奉献社会中实现人生价值。请结合徐枫灿的故事，谈谈大学生应该如何做才能更好地实现人生价值。

## 三、实践活动指导

### （一）辩论活动

#### 1. 活动主题

近年来 ChatGPT 横空出世，2024 年 DeepSeek 引发国人关注，AI 再次引起广泛讨论。"人""机"之辩愈加激烈。人何以为人，与动物的本质区别是什么？人是否会被 AI 取代，是否应该支持人工智能，值得深思。

#### 2. 活动目的

该活动以接地气、生活化的方式引导学生思考"什么是人的本质属性""为什么说人是社会关系的总和"，从而更清晰地认知自身的内在需求，更坚定地选择自己的人生方向。该活动将教学知识与当前社会热点相结合，一方面能引导学生洞察现实世界的复杂性和多样性，以更广阔的视野审视人生，加深对人的本质的理解，领悟人生真谛；另一方面，也有助于培养学生的批判思维、合作能力和沟通表达能力。

#### 3. 活动流程

（1）发布辩题，搜集资料。

教师在教学中导入该活动，并发布辩题。学生通过阅读相关文献、观看视

---

① 《习近平谈治国理政》第一卷，外文出版社 2018 年版，第 44 页。

频等方式自行搜集资料，独立思考人工智能与人的关系，以便他们能够形成自己的观点和看法。

（2）独立思考，自愿分组。

教师在学生完成独立思考的基础上，引导他们自愿加入正方和反方两个小组。教师在该环节应解释正方和反方所代表的观点、辩论的注意事项，并适当提供一些支持或反对辩论主题的论据，为学生深入思考做好辅助。

（3）开展辩论，激发思考。

教师引导正方和反方开展辩论。学生就人工智能与人类的关系进行辩论，陈述自己的论点，并提出论据反驳对方论点，在言语交流和思想交锋中加深对人的本质属性的理解。

（4）学生互评，教师总结。

辩论结束后，学生从双方陈述观点的逻辑性、说服力、支撑性等角度进行点评，并提出建设性的意见和建议。教师做好时间的把控，并对整场辩论进行点评和总结，指出双方的优点及不足。学生在辩论活动中的表现，将纳入实践活动的考评成绩。

## （二）微视频制作

### 1. 活动主题

"我们不一样"——人生观采访微视频展示活动。

### 2. 活动目的

本活动将组织学生对其他人进行采访，了解他们的人生观，并将采访的内容以微视频的形式进行呈现。学生在采访和剪辑视频时，会直观地理解人生观的多样性和复杂性，对自身的人生观会进行思考，从而深入理解人生观与个人的成长经历、社会环境、思维方式等都紧密相关。开展此项活动，有助于学生深入思考人生观对个人成长的重要意义，也有助于明晰自己的价值取向，从而有助于自觉树立科学、高尚的人生观，坚决抵制错误的人生观。

### 3. 活动流程

（1）学生分组，前期准备。

教师将班级学生进行分组，每组 8—10 人。各组自行选定一名同学作为组长，负责后续的工作统筹。各组自行拟定调研计划，包括时间、地点、参与人员、注意事项等，并围绕"人生观"设计调研大纲。建议各小组的提纲和拍摄思路可提交给任课教师进行把关和完善。

（2）开展调研，拍摄素材。

各小组围绕"人生观"自拟主题，依据调研方案进行采访，并用手机、相机等设备对调研的过程进行拍摄和记录。

（3）后期剪辑，完成作品。

各小组进一步讨论微视频的剪辑方案，可以将调研过程、个人心得等都融入微视频。学生按照分工细化任务，协作完成微视频的制作。

（4）课堂展示，上传网络。

课堂上，各小组各派一名代表在课堂上展示小组的微视频作品。观看微视频作品既能丰富大家对人生观的认知，也能使学生在交流中激发思维的火花。课后，各小组将微视频上传网络平台，扩大活动的影响力。

（5）教师总结，点评打分。

教师根据每组微视频展示的效果进行评分，并将活动得分作为实践教学成绩的组成部分。教师对学生的表现进行点评和总结，引导学生理解人生观的多样性，在思考和实践中进一步明确自身的人生方向。

## 四、知识拓展训练

### （一）训练主题

中医药文化和正确的人生观除了可被比喻为钥匙，还可以被比作什么？

### （二）训练目的

本训练通过寻找比喻的方式，让学生更直接地了解中医药文化在中华传统文化中的重要地位，更深刻地认识正确人生观对个人成长具有的重要意义。该训练有助于丰富课堂教学形式，促进思政课程和课程思政相互融合，也能激发学生的创新思维，培养他们的想象力。

### （三）训练内容

阅读资料内容。2014 年，习近平总书记在北京大学师生座谈会上讲话时强调："要树立正确的世界观、人生观、价值观，掌握了这把总钥匙，再来看看社会万象、人生历程，一切是非、正误、主次，一切真假、善恶、美丑，自然就洞若观火、清澈明了，自然就能作出正确判断、作出正确选择。"①2015 年，习近平总书记在致中国中医科学院成立 60 周年贺信中就明确指出："中医药学是中国古代科学的瑰宝，也是打开中华文明宝库的钥匙。"②中医药文化与正确的人生观都被比作钥匙，彰显了二者的重要价值。

进行独立思考。中医药文化和正确人生观之间存在关联，不仅体现在医学实践上，更贯穿于日常生活中。中医药文化注重平衡与调和，追求一种身心平衡、和谐共生的生活方式。人生也需要平衡，平衡工作与生活、家庭与事业、身体与心灵等方面，可以让人们获得身心健康与幸福感。学生在查阅资料过程中能加深对中医药文化的理解，也有益于他们形成正确的人生观。

开展观念交流。学生在课堂上分享自己的观点，既可以交流中医药文化和正确人生观除了可被比喻为钥匙，还可以比作什么，也可以分享自己对中医药文化的认识、对人生观的思考。教师应鼓励和引导学生说出看法，表达想法，在沟通中达成育人的目的。

---

① 《习近平在北京大学师生座谈会上的讲话》，《人民日报》，2014 年 5 月 5 日第 2 版。
② 《习近平致信祝贺中国中医科学院成立六十周年》，《人民日报》，2015 年 12 月 23 日第 1 版。

# 第二节 | 追求远大理想

## 一、专题理论导学

### （一）教学目的

理想信念是个人精神世界的核心，也是精神上的"钙"。大学阶段是人生定向的关键时期。大学生树立远大的理想，既是自身成长成才的现实需要，也对国家发展和社会进步具有重要意义。本专题将帮助大学生认识和理解理想信念的科学含义，把握理想信念对新时代大学生成长成才的重要意义，引导大学生坚定马克思主义、共产主义的信仰，增强对中国特色社会主义的信念，积极为实现中华民族伟大复兴中国梦贡献自己的力量。

### （二）教学重点

理想信念的内涵及其特点；理想信念对大学生成长成才的重要意义；不断增强信仰、信念和信心。

## 二、典型案例分析

### 案例一 一生秉烛铸民魂——陈立群

陈立群，1957年出生于浙江省杭州市临安区，中共党员。陈立群出身农村，深知教育对于改变命运的重要性。2001年，陈立群在杭州市长河高级中学开创性地设立浙江省首个"宏志班"。该班聚焦于招收虽家境贫寒但学业表现优异的学生，为他们铺设一条通往知识殿堂的道路。在他的精心培育下，宏志班取得令人瞩目的成绩。首届宏志班51名学生中，有45人高考成绩过一本线。

2016年，即将从杭州学军中学校长职位卸任的陈立群，拒绝了多家民办教育机构的优厚待遇邀请，选择前往贵州省黔东南苗族侗族自治州的台江县民族中学，开展无报酬的支教工作。陈立群引入并实施了一系列严格的管理措施和教学改革，如实行封闭式寄宿制管理、加强后勤管理、提高伙食质量等。他制定了 16 项精细化管理制度，激发教学活力，整顿学校风气。在他的引领下，学校仅用数月时间便实现了从内到外的蜕变，成效斐然。至 2018 年高考季，全校 901 名考生中，有 450 人成功考入本科院校，让台江县民族中学的高考成绩从全州垫底一跃成为全州之首。陈立群在支教期间翻山越岭，足迹遍布台江县所有乡镇，家访并资助 100 多户苗族贫困家庭。他将心比心，视学生为己出，多次去医院看望和陪伴住院的学生，诠释着教师的大爱情怀。

为了持续提高当地教育质量，陈立群经过深思熟虑，与伴侣达成共识，拿出 20 余万元资金，设立奖教金表彰优秀教师。陈立群义务举办了 60 余场专题报告与讲座，为当地培育一支能力卓越的教师队伍贡献力量。陈立群获"时代楷模""首届全国教育改革创新杰出校长奖"等荣誉。

## ❓思考讨论

❶远大的理想昭示奋斗目标，也提高精神境界。陈立群热爱教育事业，关心贫困学生，正是这样的理想信念，指引着他退而不休，拒绝百万年薪，来到国家级贫困县中学任校长。他看淡物质财富，用爱与责任呵护了贫困学子的求学梦，在不断追求远大理想的征途中，陈立群也拥有更为深刻、持久的幸福感。请结合陈立群的事迹，谈一谈大学生应该树立什么样的理想信念。

❷习近平总书记指出，"心中有信仰，脚下有力量"[1]。理想信念是人在人生道路发展过程中的内在动力。请结合自身情况，谈谈理想信念对大学生成长成才的重要意义。

### 案例二 中国特色社会主义制度优越性的重要窗口

改革开放以来，浙江省经历了翻天覆地的变化，跻身发展速度最快、最协调和最具活力的省份行列。义乌，一个既无地理优势又缺乏资源的小城发展为

---

[1] 《习近平谈治国理政》第二卷，外文出版社 2017 年版，第 49 页。

全球首屈一指的小商品集散中心。德清，一个原本在地理信息领域毫无优势且产业基础薄弱的小县，发展为首届联合国世界地理信息大会的举办地。海宁，不生产皮毛，却孕育出全国规模最大的皮革市场。东阳，无红木资源，却制造了全国三分之一的红木家具。浙江，不产一滴油，抓住自贸试验区和"一带一路"的契机，使舟山港一跃成为国内位居前列的供油港。

2003 年，浙江省委提出了"八八战略"，为浙江的改革发展、全面建成小康社会指明了方向，绘制了一幅以创新、协调、绿色、开放、共享为核心的发展蓝图。通过"千村示范、万村整治"项目，浙江打造了大量的美丽乡村；实施"腾笼换鸟""凤凰涅槃"，浙江制造实现了质的飞跃……在"八八战略"的引领下，浙江成功构建了市场与政府作用相辅相成、相得益彰的新格局。浙江省政府积极转变职能，以"店小二"精神推动"最多跑一次"，成为改革的排头兵。同时，浙江还倡导并实践着"亲""清"新型政商关系，不断校准政府与市场之间的定位，持续释放生产力潜能。

## ❓ 思考讨论

❶经过多年的实践检验，中国特色社会主义取得了举世瞩目的伟大成就，这些成就以无可辩驳的事实充分证明了中国特色的社会主义具有强大的生命力和巨大的优越性。浙江改革开放以来的巨大变化和辉煌成就，不仅彰显了党的领导力和人民群众的创造力，充分证明了中国特色社会主义的正确性和有效性，进一步坚定了我国走中国特色社会主义道路的信心和决心。请结合日常观察，谈一谈大学生为什么要增强对中国特色社会主义的信念。

❷马克思主义是认识世界、改造世界的强大思想武器，也是我们立党立国的根本指导思想。大学生应树立崇高、远大的理想信念，不断增强对马克思主义、共产主义的信仰。请谈一谈大学生为什么要信仰马克思主义。

### 案例三　一代医宗朱丹溪

朱丹溪，名震亨，字彦修，元代著名医学家，浙江义乌人。朱丹溪医术精湛，诊治疾病时往往能够药到病除，甚至无须复诊。因此，民间流传着"朱一帖""朱半仙"的美誉。他在临床实践中勇于探索，创立的"阳常有余，阴常不足"理论以及"相火论"，为中医理论的发展注入了新活力。在杂病治疗领域，他提出以气、血、痰、郁为核心的辨证施治方法，对医学理论的发展及杂病的治疗作出重要的贡献，被誉为"金元四大家"之一。

朱丹溪自幼聪慧，随着年龄的增长，他的兴趣发生偏移，开始追求侠义精神。每当乡亲们遭遇权贵欺压时，他往往不畏强权、挺身而出。36 岁那年，朱丹溪得知大儒许谦在东阳八华山讲学，四方学子慕名而来。朱丹溪深受触动，于是他踏上求学之路，成为许谦门下的一名弟子。在许谦的悉心教导下，朱丹溪逐渐领悟到"天命人心之秘，内圣外王之微"的深刻含义。

为了给同族子弟提供研习学问的场所，朱丹溪重返祖宗所建的"适意亭"遗址，着手复建宗祠。他积极组织乡亲兴修水利，加固堤坝，有效缓解周边农田的干旱困境。后来，朱丹溪选择弃儒转医，有多方面的原因：首先，他心怀惠民之志，不为良将，便为良医，认为学医济人是德泽四方的最好选择。其次，在他 30 多岁时，母亲患病，医生束手无策，这坚定了他学习医术的决心。再次，恩师许谦影响了他。许谦长期卧病在床，深知医术的重要性。他认为朱丹溪聪明过人，适合在医学领域施展才华，鼓励他从医。

## ❓思考讨论

❶朱丹溪心怀惠民之志，认为医术能更直接地造福百姓，毅然放弃举子业，全身心地投入医学，终成一代医宗。而鲁迅选择弃医从文，是因为他认识到医学只能解决百姓之身体病痛，但不能改变老百姓愚昧的思想、萎靡的精神和扭曲的心灵。鲁迅认为只有文学才能改变国民精神的麻木与愚昧状态，才能从根本上解放百姓思想、改良社会风气和拯救国家。他们所处的时代不同，面临的责任和使命不同，但在选择职业时都关注社会发展的需要，都关注百姓的福祉。请从职业生涯规划的角度，谈一谈朱丹溪弃儒从医和鲁迅弃医从文对你有什么启发。

❷理想信念是精神之"钙"。个人只有将人生理想融入国家和民族的事业，才能激发强烈的责任感和使命感，才能更好地实现自己的人生价值。请结

合自身实际情况，谈一谈大学生应该树立什么样的理想信念。

## 三、实践活动指导

### （一）演讲比赛

**1. 活动主题**

我的理想我做主。

**2. 活动目的**

教师通过组织演讲比赛，引导学生认真回顾自己的成长经历，梳理理想形成的历程，陈述自身存在的困惑和迷茫，在思考和讲述中加深对理想的认识。开展此项实践活动，一方面有助于学生在回顾和反思中进一步明确自己的人生理想，在交流互动中增进对马克思主义的信仰；另一方面也能培养学生的批判性思维和表达能力，提高他们的政治素养和综合素质。

**3. 活动流程**

（1）导入活动，宣布主题。

任课教师在讲解本专题教学内容时导入此项活动，公布演讲主题，详细讲解活动要求及比赛方案，确保学生理解演讲的各项要求和考查重点。特别要强调学生应侧重讲述个人的真实情感和心路历程。

（2）整理素材，撰写讲稿。

学生在回顾自身成长历程中，梳理理想信念的形成和发展，整理演讲素材，搭建演讲框架，在规定时间范围内完成讲稿的撰写工作。

（3）完善稿件，彩排演练。

学生应多次诵读演讲稿，反复修改，并最终定稿。在正式展示前，学生自行进行多次彩排和演练，仔细打磨，完善演讲的呈现效果。

（4）课堂分享，展示成果。

任课教师在课堂上安排学生依次上台进行演讲，讲述各自的人生理想以及成长过程中的思想变化。真诚的交流，生动的言语，既是学生人生历程的一次回顾，也是滋养彼此的精神营养。

（5）教师点评，互动交流。

任课教师对演讲者进行引导性点评。教师可以提出问题、补充观点或引导进一步的思考，以促进学生的深入思考，并鼓励学生坚定人生理想，明确奋斗目标，在实践中努力实现梦想。

### （二）晒图大赛

**1. 活动主题**

图说家乡改革开放以来的巨大变化。

**2. 活动目的**

风雨兼程的改革开放推动中国大地发生翻天覆地的变化。在教学中安排学生参与晒图大赛，让学生从网络搜集或者亲自拍摄家乡的照片，了解家乡的巨大变化，在变迁中深刻感受改革开放所取得的巨大成就。此项活动有助于增进学生对家乡的了解，也有助于增强大学生对中国特色社会主义制度的情感认同，不断坚定马克思主义、共产主义信仰。

**3. 活动流程**

（1）导入活动，讲解要求。

任课教师在讲解本专题教学内容时导入此项活动，详细讲解活动要求及比赛方案，并用幻灯片展示往年优秀作品（或教师准备相关照片作为示范），确保学生理解活动要求。开展此次活动应给学生预留足够的时间，确保他们能认真实施。

（2）学生谋划，准备素材。

学生可以通过网络搜索、查找往年拍摄的照片、亲自现场拍摄等渠道搜集家乡改革开放以来的照片，在对比中感受家乡翻天覆地的变化，进而加深对"中国特色社会主义为什么好"的理解。

（3）制作课件，准备讲稿。

学生在完成照片搜集的基础上，开始撰写发言稿以及制作展示课件，重点讲述家乡的变化以及个人的感想。学生应对讲稿和幻灯片内容反复修改、不断完善，确保呈现效果。在正式展示前，学生应进行多次演练，提高发言质量。

（4）课堂展示，分享成果。

学生将作业以幻灯片形式上交任课教师。鉴于课堂时间有限，任课教师根据实际情况再安排展示的具体人数。本活动内容本土化，方式生活化，有助于活跃课堂气氛，也有助于达成教学目标。

（5）教师点评，互动交流。

任课教师对发言情况进行总结，肯定学生的表现，也适当提出建议，旨在引导学生树立崇高的理想信念，不断增强中国特色社会主义的信念，为实现中国梦贡献自己的力量。

## 四、知识拓展训练

### （一）训练主题

探寻中医药文化中的理想信念元素。

### （二）训练目的

本训练组织学生以小组为单位，以中药材或药方为例子，阐述中医药文化中蕴含的理想信念元素。这种融合训练，不仅能够帮助学生更深入地理解中医药的医学原理和哲学思想，也能启发学生更深刻地理解理想信念的重要意义、坚定自己的人生方向。

### （三）训练内容

阅读资料内容。中医药文化源远流长，承载着丰富的价值观念，如尊重生命、和谐共生、敬畏自然、顺应自然、顺应生命等。在中医药文化的熏陶下，许多中医都秉持着救死扶伤的仁爱精神，怀揣着崇高的信念，致力于医学事业的发展，为人类健康做出不懈的努力。他们在实践中传承和弘扬中医药文化，也用实际行动展现大医精诚的深刻内涵。教师带领学生学习中医药文化中关于理想信念的相关知识，探究其蕴含的智慧与哲学，引导学生思考中医药文化与理想信念之间的深刻联系。

小组开展讨论。各小组应商议组内规则，并制定激励措施，确保小组成员积极合作、踊跃参与。各小组根据自己的兴趣和所掌握的知识，在充分讨论的基础上，小组商定以一个中药材、药方或一位医家作为研究对象。小组成员需要深入了解所选药材或药方的性质、功效、应用等方面，或者医家的生平事迹，从中提炼出能反映理想信念的要素。

分享研究报告。各组选定一位学生作为代表，在课堂上进行汇报。在分享过程中，学生需要清晰地阐述所选药材或药方中所体现的理想信念要素。教师在分享讨论的过程中扮演着引导者的角色，鼓励学生们提出有针对性的问题，引导他们探索更深层次的意义，帮助他们更好地理解中医药文化与理想信念的关系。

# 第三节 ｜ 坚定崇高信念

## 一、专题理论导学

### （一）教学目的

理想指引方向，信念决定成败。作为未来社会的建设者和接班人，大学生应增强社会责任感，树立远大的理想。一般来说，理想越远大，实现的过程越复杂，需要的时间也越长，越需要以坚定的信念作为精神支撑。通过本专题内容的学习，大学生应学会辩证看待理想与现实的关系，正确处理个人理想与社会理想的关系，自觉将个人理想追求融入党和国家事业，为实现中华民族伟大复兴的中国梦贡献力量。

### （二）教学重点

科学把握理想与现实的辩证统一；坚持社会理想与个人理想的有机结合；为实现中国梦注入青春能量的途径。

## 二、典型案例分析

### 案例一 "敦煌的女儿"樊锦诗

樊锦诗，浙江杭州人，被誉为"敦煌的女儿"。她将一生大部分时间投入敦煌文化遗产保护、研究、弘扬和管理工作，为敦煌莫高窟的永久保存和永续利用做出重要贡献。

樊锦诗毕业于北京大学，她听从学校的工作安排，和另外三位同学一起去敦煌文物研究所实习和工作。曾有记者采访她，问她被安排到偏远的敦煌工作，有何感想。樊锦诗表示，在那个年代，报效祖国、服从分配、到最艰苦的地方去都是影响青年人人生走向的主流价值观。1963年，樊锦诗从北京出发奔赴 2300 千米外的敦煌文物研究所工作。那时的莫高窟，工作、生活条件非常艰苦。樊锦诗此前对大西北恶劣的自然环境是有心理准备的，但住进莫高窟旁的破旧庙宇后，才真正体会到条件之艰苦、反差之巨大。除去大西北恶劣的自然环境，樊锦诗还面临着诸多的困难和挑战。一是通信困难，当时敦煌保护研究所只有一部手摇电话；二是用电困难，晚上只能用蜡烛或手电筒进行照明；三是如厕困难，从宿舍出发去一趟厕所要走挺远的路；四是远离家人，她默默忍下了对新婚丈夫的思念，与丈夫分居长达 19 年。樊锦诗曾坦诚地表示，她也曾动摇过，但最后还是选择留在莫高窟潜心于石窟考古研究工作。

在 40 多年的时间里，樊锦诗完成了敦煌莫高窟北朝、隋、唐代前期和中期洞窟的分期断代，为敦煌石窟研究奠定坚实基础，并受到国内外学界广泛认可和采纳。她主持编写的《敦煌石窟全集》第一卷《莫高窟第 266—275 窟考古报告》，是国内首部兼具科学性和学术性的石窟考古报告，具有重要的参考和借鉴价值。面对有关部门想把莫高窟捆绑上市的压力，樊锦诗力排众议，严词拒绝。为了保护莫高窟，在她的带领下，敦煌研究院在全国率先建设数字敦煌档案，实现文物数字化和永久化保存利用。与此同时，樊锦诗积极推动敦煌研究院将莫高窟的保护、研究、利用和管理纳入法治化轨道，促成《甘肃敦煌莫高窟保护条例》的颁布，这在全国文物保护专项法规中尚属首例，也让敦煌莫高窟的保护开启了新的历史阶段。

### ❓思考讨论

❶理想和现实是辩证统一的，既存在对立的一面，也存在统一的一面。实现理想往往是一个过程，具有长期性、艰巨性和曲折性。理想越远大，它的实现过程就越复杂，需要的时间就越漫长。樊锦诗从北京大学考古专业毕业后，听从学校的安排来到了艰苦的地方报效祖国。面对恶劣的环境、简陋的条件，她有过动摇，但未曾退缩，踏实工作几十载，为敦煌石窟的研究、保护和管理工作奠定了坚实的基础。请结合自身经历，谈一谈你对理想与现实辩证统一关系的理解。

❷艰苦奋斗是实现理想的重要条件。但现实生活中，有人认为，当代青年

人拥有丰厚的物质基础，已经不需要艰苦奋斗了。针对这种观点，请谈一谈你的看法。

### 案例二 "数学之王"苏步青

苏步青，浙江温州平阳人，中国科学院院士，中国著名的数学家、教育家，中国微分几何学派创始人，被誉为"数学之王"。

苏步青以优异的成绩考入浙江省立第十中学。从日本留学回国的杨霁朝老师曾说："当今世界，弱肉强食。为了救亡图存，必须振兴科学。数学是科学的开路先锋，为了发展科学，必须学好数学。"这对苏步青影响深远，学好数学报效祖国的理想让苏步青心潮澎湃。他刻苦学习，在17岁时以第一名的成绩被日本高校录取。在日本求学期间，苏步青刻苦学习，在完成学业的基础上深入钻研，发表数十篇论文。26岁时，他在四次代数锥面研究中取得重大突破，因而在国际上声名大噪。国际微分几何领域的权威学者称赞苏步青是"东方第一几何学家"。1931年，苏步青顺利获得博士学位。面对高薪聘请以及日本亲友的挽留，苏步青毅然决定回到自己的祖国。

苏步青在众多邀约中选择了新建立的浙江大学，因为他和同学约定要一起为家乡做贡献。当时，浙江大学基础薄弱，图书资料奇缺，实验设备全无，教学条件很差，甚至连工资都时常发不出。即使困难重重，苏步青不曾后悔，不曾抱怨，他说："吃苦算得了什么，我心甘情愿，因为我选择了一条正确的道路，这是一条爱国的光明之路啊！"苏步青潜心教学，刻苦研究，在他的带领下，浙江大学微分几何学派声誉鹊起，被称为"陈苏学派""浙大学派"。

### 思考讨论

❶苏步青选择研究数学，是因为振兴科学才能救国。他立下"读书不忘救国，救国不忘读书"的座右铭，都体现出他的个人理想是以社会理想为指引。他在国外学有所成，却决定回祖国到浙大任教。他是将个人理想融入社会理想，在为国家做贡献的同时，个人理想也得以实现。请结合自身情况，谈谈大学生应该如何将社会理想与个人理想相结合。

❷个人理想与社会理想相互联系、相互影响、相互制约。个人理想以社会

理想为指引，社会理想是个人理想的汇聚和升华。但有人认为，个人理想可以脱离当代中国的社会现实，可以脱离社会理想而存在。请谈谈你对这种观点的看法。

### 案例三 小吕和小武，你俩有出息了

2021年6月13日18点多，浙江中医药大学学生公寓内发生一起电工触电的紧急事件。危急关头，浙江中医药大学小吕和小武在听到呼救声后，第一时间赶到了事故现场。面对突发状况，两位学生沉着冷静，对触电的电工师傅立即开展评估。

随后，小吕迅速解开电工师傅的上衣纽扣，以便进行胸外按压。与此同时，小武跪在师傅身旁，负责打开气道并进行人工呼吸。尽管来自不同的专业，这两位陌生女孩凭借在学校学到的心肺复苏操作技能，在实践中配合默契。她们按照心肺复苏的标准流程——30次胸外按压配合2次人工呼吸，开展了几轮有效的抢救操作。在她们的共同努力下，电工师傅的脉搏和呼吸逐渐恢复正常。等救护车将电工师傅接走，小吕和小武才放心地离开现场。

6月15日，电工师傅所在物业公司特意赶到学校，为两人送上锦旗，以表达对她们英勇行为的感激之情。小吕曾在接受采访时表示，救人的时候，脑子里就只有一个念头，心肺复苏也练过无数遍，不能躲，一定能行。小武表示，知识只有反复强化，变成我们的本能，真要用的时候才能顶得上。在即将毕业之际，这两位学生用自己所学的知识和技能救了一条人命，也用实际行动诠释了医学生的责任与担当。

### ❓思考讨论

❶这两位即将毕业的医学生小吕和小武发现电工师傅触电，主动运用所学的急救知识和专业技能为其开展心肺复苏。在危急关头，她们敢于挺身而出、挽救生命，既展示了自己过硬的技能本领，也体现了浙江中医药大学学生的担当精神和仁爱情怀。请结合材料谈一谈，大学生应该如何做才能更好地将个人梦与中国梦相结合。

❷习近平总书记指出："中国梦是我们的，更是你们青年一代的。中华民

族伟大复兴终将在广大青年的接力奋斗中变为现实。"[1]请结合自身情况，谈一谈大学生应该如何做才能为实现中国梦注入青春能量。

## 三、实践活动指导

### （一）观看红色电影

**1. 活动主题**

观看《建国大业》《建党伟业》《长津湖》等红色题材影视作品。

**2. 活动目的**

为了牢记中国共产党的光辉历程，重温红色记忆，激发广大学生的爱国热情，该项活动借助红色电影，以声音和画面多维融合的形式，营造物理空间与情感空间相融合的氛围，让学生更为直观地感受革命先烈们为实现共产主义事业而不懈奋斗的历史场景，激发学生对崇高理想和信念的认同和追求，感受浓烈的爱国情怀。

**3. 活动流程**

（1）公布影单，讲解要求。

任课教师在教学中公布红色影单，要求学生在业余时间完成观影任务，并讲解本项活动的具体要求。

（2）学生分组，观看影片。

任课教师指定或学生自主分组，各小组人数适中，确保交流活动开展充分深入。小组从影单中选定一部共同观看的红色电影。在观影过程中，学生需要注意历史背景、剧情发展、人物特点等细节，以便后续进行深入讨论。

（3）小组讨论，交流心得。

以小组为单位，围绕观看的影片进行观后感交流，分析电影中人物的情感转变、心路历程，探讨影片所呈现的革命理想、坚定信念和家国情怀，以及对自身成长成才的启示等，并结合所学知识，谈谈大学生为何要树立马克思主义信仰。

---

[1] 习近平系列重要讲话数据库 http://jhsjk.people.cn/article/21367227，《习近平同各界优秀青年代表座谈时的讲话》，2013 年 5 月 4 日，查询时间：2024 年 12 月 1 日。

（4）代表发言，小组互评。

各小组选出一名代表参与发言环节，分享小组的讨论成果。其他小组可以对小组代表的发言进行提问，促进更深层次的思考和交流。全班同学进行票选，投出优秀观影发言，并纳入平时成绩考核，以此激发学生参与活动的积极性和认真完成任务的主动性。

（5）教师点评，总结升华。

任课教师对学生的发言进行点评，主要从主题、逻辑以及表达等方面进行点评。教师要将影片内容与教学内容进行链接，将抽象的理论具象化，加深学生对理论的理解，实现本次活动主题的升华。

### （二）"滴水公益"劳动教育

#### 1. 活动主题

"滴水公益"劳动教育，让理想照进现实。

#### 2. 活动目的

为了不断提高学生的道德素养，增强学生开展道德实践的行动自觉，本活动以小组创业的形式鼓励学生发挥自己的创意和特长，在实践中靠自己的才智和劳动赚取公益金，并将部分公益金进行捐赠。该项实践活动既能培养学生的团队合作意识和创新创业能力，也能激发大学生的社会责任感和参与公共事务的热情，增强他们的主人翁意识。

#### 3. 活动流程

（1）导入活动，讲解要求。

任课教师在本专题授课过程中导入"滴水公益"劳动教育。该实践活动组织学生以小组的形式，发挥自身的特长和能力赚取公益金，并将劳动所得捐出，金额不限，建议至少捐出盈利的50%。

（2）学生分组，讨论方案。

学生自行进行分组，每个小组选定一位组长，全权负责组内各项工作的开展。各小组结合成员的爱好、特长、所学专业等群策群力，协商小组赚取公益金的方式，并进行任务分工，列好项目进度表，确保高质量完成任务。

（3）开展实践，记录过程。

各小组按照方案开展勤工助学或其他具有创业性质的实践活动，从中赚取公益金。小组成员应做好各项开支和收入的记录，统计盈利状况。各小组可以视频或照片的形式记录活动开展的情况，用于后续制作展示课件。

（4）素材整理，撰写材料。

各小组成员按照要求撰写个人实践心得，分析不足，总结经验，复盘心路历程，在总结分析中提升实践活动的成效。各小组整理相关照片、视频等素材，自行制作课件展示本组实践活动的情况，按要求提交展示课件和实践学习报告。

（5）开展捐赠，课堂分享。

各小组沟通协商捐出公益金的金额，可选择小组自行捐款或参加班级集体捐赠，班级统一做好登记。课堂上，任课教师安排每个小组的代表上台分享他们的实践过程。全班票选优秀实践小组，并纳入平时成绩考核。

### 四、知识拓展训练

#### （一）训练主题

阅读马克思《青年在选择职业时的考虑》一文，思考自己的人生理想是什么。

#### （二）训练目的

本训练组织学生们一起阅读与其年龄相仿的青年马克思所写的文章，以加深他们对人生理想和职业认知的思考。1835 年，马克思在中学毕业考试时写下了《青年在选择职业时的考虑》。在文中，马克思并未明确自己的职业选择，但对于职业的选择已提升到了对社会的思考以及对人生价值、人生态度的认知高度。学生阅读该文，既能增进对马克思的了解，也对自己树立远大的人生理想具有积极的启迪作用。

#### （三）训练内容

导入活动，布置任务。教师在课堂中导入该项活动，介绍马克思撰写该文的背景，陈述开展此项活动的目的和意义，增强学生参与此项活动的积极性。

马克思在文章中论述了职业选择的重要性，这并非易事，既要考虑个人的意愿，也要考虑自身身体条件、能力等因素。他在文末宣告，选择了为人类工作的职业，重担不会将自己压倒，幸福将属于千千万万的人。

独立阅读，开展思考。学生需独立完成阅读任务，在阅读中思考马克思是如何认识职业的，再结合自身情况，思考人生理想和职业选择之间的关系。

小组讨论，分享心得。小组内开展讨论，学生依次发表自己的看法，谈谈这篇文章对自己的启发，在交流中碰撞思维的火花。

学生发言，教师总结。教师选取部分同学作为代表，在全班同学面前分享自己的感悟。在倾听了学生们的发言后，教师进行活动总结，引导学生明确人生目的，树立崇高理想，在追求人类幸福和自身完美之间寻找平衡。

专题二

中国精神及
其在当代的
集中体现

中国精神是兴国强国之魂。全面建设社会主义现代化国家、全面推进中华民族伟大复兴，必须大力弘扬中国精神，这就是以爱国主义为核心的民族精神和以改革创新为核心的时代精神。本专题开篇引入浙江历史上的爱国事迹，激发学生的爱国情感。阐述爱国主义的时代内涵，结合浙江人民在现代化建设中的贡献，强调爱国与爱家乡的统一。概述浙江作为改革开放前沿阵地的历史地位，分析"互联网＋"等创新实践。强调改革创新对浙江经济社会发展的推动作用，引导学生理解改革创新的必要性。党的十九大报告指出，社会主义核心价值观是当代中国精神的集中体现。结合浙江在文明建设、社会和谐等方面的成就，阐述社会主义核心价值观的浙江实践。强调社会主义核心价值观对个人成长和社会进步的重要意义，引导学生树立正确的价值观，将社会主义核心价值观内化于心、外化于行。

# 第一节 | 弘扬中国精神

## 一、专题理论导学

### （一）教学目的

围绕"什么是中国精神""如何理解中国精神是凝聚民族复兴的磅礴伟力""如何做忠诚的爱国者"三个关键问题展开。旨在通过教学内容，使学生深入理解中国精神的内涵，帮助学生坚定对马克思主义的信仰、对中国特色社会主义的信念、对中华民族伟大复兴中国梦的信心，通过教学内容，使学生全面理解爱国主义的基本内涵，科学把握新时代弘扬爱国主义精神的主要内容。引导学生积极弘扬爱国主义精神，忠于祖国、忠于人民，做新时代的坚定爱国者，以昂扬姿态把爱国之情、强国之志转化为报国之行。

### （二）教学重点

中国精神的内涵；实现中国梦必须弘扬中国精神；做忠诚的爱国者。

## 二、典型案例分析

### 案例一 岳飞与《满江红》

抗金名将岳飞（1103—1142），字鹏举，宋相州汤阴县（今河南安阳汤阴县）人，岳飞于北宋末年投军，是中国历史上著名的军事家、战略家。他率领岳家军，从1128年到1141年同金军进行了大小数百次战斗，所向披靡，"位至将相"。在宋金议和过程中，岳飞因遭受秦桧、张俊等人的诬陷被捕入狱。岳飞以莫须有的"谋反"罪名，与长子岳云和部将张宪于1142年1月一同被杀害。宋孝宗时，冤狱被平反，岳飞改葬于西湖畔栖霞岭，追谥武穆，后又追谥忠武，封鄂王。

岳飞的《满江红》是一首充满豪情壮志与家国情怀的佳作，是岳飞镇守鄂州（今湖北武昌）时所作，其原文如下：

> 怒发冲冠，凭阑处、潇潇雨歇。抬望眼，仰天长啸，壮怀激烈。三十功名尘与土，八千里路云和月。莫等闲，白了少年头，空悲切。靖康耻，犹未雪；臣子恨，何时灭？驾长车，踏破贺兰山缺。壮志饥餐胡虏肉，笑谈渴饮匈奴血。待从头，收拾旧山河，朝天阙。

"怒发冲冠""仰天长啸"，面对中原沦陷的悲愤，岳飞满怀收复失地、报效国家的壮志，但因北伐失败，前功尽弃，心情沉重而郁闷，内心是痛苦和愤慨的。"三十功名尘与土，八千里路云和月"则是岳飞艰辛抗金历程的形象描绘。但岳飞依然满怀驱除鞑虏、收复失地的坚定信念："驾长车，踏破贺兰山缺。""壮志饥餐胡虏肉，笑谈渴饮匈奴血"则表达了岳飞对敌人的刻骨仇恨和报仇雪耻的决心。

岳飞此词，充满对国家的热爱和对敌人的仇恨，充满豪情壮志与家国情怀，成为千古传诵的爱国名篇。他渴望收复失地，报效国家，这种精神激励着中华民族的爱国心。

## 思考讨论

❶岳飞的《满江红》代表了岳飞"精忠报国"的英雄之志，充分展现了忧国报国的壮志豪情，体现了报国立功的信心和乐观奋发的精神。请问什么是中国精神？

❷《满江红》这首词已成为反侵略战争的名篇，作为爱国将领的抒怀之作，情调激昂，慷慨壮烈，充满浩然正气和英雄气概，是中华民族不甘屈辱、奋发图强、雪耻若渴的精神的代表。请讨论：如何理解以爱国主义为核心的民族精神？

### 案例二 "封侯非我意，横戈卫海疆"

——戚继光抗倭斗争中的爱国主义精神

戚继光是明朝抗倭名将、民族英雄。面对倭寇肆虐东南沿海的危局，他写下"封侯非我意，但愿海波平"的豪迈诗句，毅然投身抗倭斗争。他组建戚家军，创立"鸳鸯阵"，先后取得台州大捷、平海卫大捷等重大胜利，最终平定东南倭患，保卫了祖国海疆安全。在抗倭战争中，戚继光身先士卒，与士兵同甘共苦，其"一年三百六十日，多是横戈马上行"的战斗精神，成为中华民族抵御外侮的典范。戚继光的诗句作为爱国将领的抒怀之作，慷慨壮烈，充满浩然正气和英雄气概，是中华民族抵御外辱、奋发图强精神的代表。

### ❓思考讨论

戚继光以"封侯非我意，但愿海波平"的胸怀投身抗倭，其"鸳鸯阵"的战术智慧与"横戈马上行"的牺牲精神，不仅展现了个体的家国担当，更折射出中华民族在危难之际团结御侮的集体意志。在当今时代，戚继光所代表的以爱国主义为核心的民族精神，如何从历史具体实践升华为一种超越时空的文化认同？这种精神又如何与当代国家发展、社会进步及个体价值实现相结合，继续发挥凝聚人心、激励奋进的作用？

## 三、实践活动指导

### （一）活动主题

爱国有我，以实际来体现。

### （二）活动目的

通过组织学生参与各种爱国主义教育活动，加深学生对爱国主义精神的理解，培养他们的国家意识和责任感，同时激发他们为国家的繁荣和发展贡献力量的热情。

## （三）活动流程

参观浙江省内的爱国主义教育基地，了解中国共产党的发展历程和中国革命的历史。

开展"我与国旗同框"摄影比赛，鼓励学生在重要节日或纪念日拍摄与国旗合影的照片，分享自己的爱国故事。

组织志愿服务活动，如支教、扶贫、环境保护等，让学生在实践中体验服务社会、奉献国家的意义。

成果展示：鼓励参与者将活动过程中的照片、视频等成果进行展示、分享。利用社交媒体、网络平台等渠道，持续传播探访活动的精彩瞬间和成果，让更多人能够了解中国精神谱系形成的过程，进一步激发情感认同。亲身体验到爱国主义的实际意义，将爱国情感转化为具体行动，增强国家认同感和自豪感。

# 四、知识拓展训练

## （一）训练主题

线下调研与线上微视频展示。

## （二）训练目的

通过采访生活中身边的普通人，获取对于什么是爱国主义的系统认知，了解生活中普通人的爱国情怀和感人事迹。

## （三）训练内容

采访和调研普通人的爱国情怀和事迹，并制作成微视频进行展示。布置街访和入户采访任务，要求学生以小组为单位，采访企业白领、在校学生、教师、退役老军人、医生、中共党员、普通职员等。进行采访内容设计，要求学生针对不同的访谈对象设计问题，整理资料，拍摄视频，提交作品。

各小组通过文字笔录、有声录音、拍照、摄影等方式记录访谈内容，收集爱国者的故事和历史信息，学生将制作的作品上传至智慧树平台。

采访结束后，每组学生按照采访任务的要求撰写800字的心得体会。

# 第二节 | 做改革创新生力军

## 一、专题理论导学

### （一）教学目的

阐述改革创新是当代中国最突出、最鲜明的特点，理解改革创新是发展进步的活力之源。培养学生的创新意识，理解为何实现中国梦必须弘扬中国精神；深刻理解改革创新的时代要求和重要意义，掌握做改革创新生力军的行为要求。在日常生活和工作中能够运用所学知识积极实践，弘扬时代精神，以时代使命为己任，把握时代脉搏，迎接时代挑战。培养学生成长为中华民族伟大复兴的先锋力量。

### （二）教学重点

改革创新是新时代的迫切要求；当代大学生如何做改革创新生力军。

## 二、典型案例分析

### 案例一 从河埠码头到全球第一大港

宁波舟山港傲然屹立在东海之滨，19个港区散落在绵延的海岸线上，码头星罗棋布。数百米长的巨轮不间断地进出港区，装卸码头24小时运转，一片繁忙景象……它一头通过21世纪海上丝绸之路连接全球600多个港口，另一头依托丝绸之路经济带直抵欧亚大陆腹地。改革开放以来，宁波舟山港完成了从内河小港向东方大港的蜕变，助力宁波从浙东商埠小城成为现代化国际港口城市。

2023年，宁波舟山港货物吞吐量完成13.24亿吨，同比增长4.9%，连续15年位居全球第一，集装箱吞吐量完成3530万标箱，同比增长5.9%，稳居全球第三，现拥有300余条集装箱航线，密布的航线将200多个国家和地区的600多个港口织点成网，成为全球重要港航物流中心、战略资源配置中心和现代航运服务基地，为奋进"两个先行"提供重要支撑。

宁波舟山港的高速发展，离不开科技创新。近年来，宁波舟山港集团积极推动传统码头向智能化码头转型升级，以数智赋能，使智慧化在生产作业、物流供应链、客户服务等环节得到广泛应用。他们自主研发、拥有完全自主知识产权的"n-TOS+iECS"码头"双芯"大脑，通过采集整个港口的数据进行分析，随后进行全场景策划，控制集装箱装卸船和集疏运作业任务。如在梅山港区，"5G+北斗"的无人集卡已经在试用，无人集卡，指具备无人化作业能力的集装箱卡车，可自动驾驶，在收到系统给的指令后，根据规划好的路径依次前往泊位装卸集装箱，完成装卸后再自动回到始发地开始下一个任务，直至整船集装箱完成装卸。还有桥吊实现了远程操控，在码头附近的桥吊远程操作室内，通过面前的6块显示屏及背后搭载的"智慧大脑"，桥吊司机们握着手柄远程操控着4千米外的桥吊对船舶进行集装箱装卸。这样的智能化改变不仅仅出现在桥吊作业中。梅山港区在生产指挥端，搭建了数字孪生系统，能覆盖码头生产过程，能展现港区生产运营全貌，在监测分析和配置预控上实现高效率。

宁波舟山港成为中国最大的货物吞吐量港口，已经完成了从传统码头向智能化码头转型升级的转变，他们在关键核心技术上攻坚，已经在多个方面具备领跑实力，打造了"宁波舟山港"模式。它的建设和发展凝聚了无数浙江人民的智慧和汗水。

## ❓思考讨论

❶从改革开放到现在，中国经历了从计划经济向市场经济的转变，宁波舟山港完成了从传统码头向智能化码头转型升级的转变，不断提升港口的生产、经营、管理、决策的效率和服务水平，创造了新的经济增长点。请问宁波舟山港从"河埠码头"到"全球第一大港"的蝶变密码是什么？

❷唯改革者进，唯创新者强。改革开放是决定当代中国命运的关键抉择，

创新是改革开放的生命。请谈谈如何始终葆有敢于创新、善于变革的闯劲与韧劲。

### 案例二　"出生即参保"　杭州医保跑出服务"加速度"

周女士住在杭州市富阳区，在富阳区妇幼保健院生孩子，还没出院就为宝宝办理了"出生一件事"事项，通过"浙里办"APP办理的当天就收到了宝宝医保参保成功的短信，根据系统提示缴费后，宝宝的医保码自动激活并同步绑定到周女士的亲情账户上，出院当天周女士通过亲情账户直接结算了宝宝的医疗费。周女士的经历是许多新生儿家庭的缩影，宝宝刚出生就能够如此方便地参保，为他们省去了很多医保费报销、资金垫付的麻烦事。

在"出生即参保"系统实现之前，杭州新生儿参保必须在公安落户成功后才可办理，新生儿医疗费用需要家属后期携带相关资料至医保经办机构报销，较为费时、费力，特别是一些医疗费较高的家庭，还存在资金垫付压力。为切实破解这一难题，浙江省、杭州市两级医保部门在信息技术支撑下，通过加大数据应用，再造业务流程，同时联动公安、卫健等部门，不仅实现了新生儿"出生即参保"，而且将新生儿落户信息同步更新至医保系统，无须家属再到线下窗口办理信息变更手续，真正从办理"多件事"到办理"一件事"，在出生的第一时间宝宝即能实现参保，医保服务上做到了医疗费用"一站式"报销、个人信息自动变更等。

为全力推进"高效办成一件事"工作落地见效，杭州医保先后推出了生育医疗费用直接结算、生育津贴"免申即享"、新生儿"出生即参保"等创新服务举措，使新生儿出生后的医保服务从"一个环节"向生育"全链条"周期服务提能升级，跑出了医保服务"加速度"。下一步，杭州医保将不断提升服务质量和效率，在数字赋能、部门联动、完善流程、拓展渠道等方面持续发力，努力构建精准、高效、智慧、温暖的医保经办服务新格局。

### ❓思考讨论

❶杭州医保的创新服务，不仅体现了创新意识和改革精神，也反映了改革

创新对于提升政府治理能力和服务水平的重要性。请问什么是改革创新？

❷人类发展的历史证明，推动一个国家、一个民族向前发展的重要力量是创新，创新也是推动整个人类社会向前发展的重要力量。请讨论，如何理解"改革创新是发展进步的活力之源"？

### 案例三 从"资源小省"蝶变为"勇挑大梁"经济大省

地处我国东南沿海的浙江省陆域面积 10.55 万平方千米，海域面积 26 万平方千米，岛屿数量居全国首位，是中国面积较小的省份之一。"七山一水两分田"，山多地少，被称为"资源小省"。

如今的浙江，是经济大省。改革开放 40 多年，在推进市场取向改革、推动开放型经济方面，浙江率先蓬勃发展，实施"八八战略"，浙江大地发生了翻天覆地的变化。1978 年全省生产总值（GDP）仅 124 亿元，而 2023 年，全省生产总值突破 8 万亿元，人均地区生产总值达 12.5 万元。

如今的浙江，是市场大省。淘宝镇、淘宝村数量均居全国第一，拥有全球最大的中小企业电子商务平台、网络零售平台和各类活跃网店。

如今的浙江，是富民大省。2017 年城镇居民人均可支配收入是 51261 元，城镇常住居民人均可支配收入为全国平均水平的 140.8%，连续 17 年居全国第三、省区第一；农村居民人均收入 2017 年是 24956 元，农村居民人均可支配收入为全国平均水平的 185.8%，从 2014 年起超过北京居全国第二，连续 33 年居省区第一，2015 年全面消除家庭人均收入低于 4600 元的绝对贫困现象，为全国第一个较高水平完成脱贫攻坚任务的省份。

目前，浙江是我国民营经济最发达、县域经济最好、城乡差距最小的地方。近年来，浙江抓住信息经济的新动能，主打智慧经济、智慧产业，在转型升级过程中展现出了自己的新亮点。信息经济核心产业不断增加，诞生了世界知名的独角兽企业如阿里巴巴、华三通信、海康威视、聚光科技等。浙江省统计局数据显示，在全国民营企业 500 强中，浙江占比近 1/4，连续 19 年居全国第一。

浙江，是中国式现代化的先行者，是进一步全面深化改革的排头兵。经济社会发展成就巨大，社会生产力、社会活力都得到极大解放和发展，成就令人瞩目，实现了从资源小省到经济大省的历史性跨越。

**❓思考讨论**

❶在新时代背景下，改革创新是国家竞争力的核心，也是实现中华民族伟大复兴中国梦的必由之路。改革创新不断推动社会向前发展，40多年来浙江的快速发展充分证明了这一点。改革创新是新时代的迫切要求，新时代是青年大有可为，也必将大有作为的大时代。谈谈你是如何看待青年一代是堪当民族复兴重任时代先锋的。

❷青年富有想象力和创造力，是改革创新的生力军，青年一代要在改革创新的实践中奉献祖国、服务人民、实现价值，让改革创新成为青春远航的强大动力。以"我敢闯，我会创"为主题，谈一谈青年一代如何奋力跑出中国创新的加速度。

## 三、实践活动指导

### （一）活动主题

努力成为新质生产力青年。

### （二）活动目的

培养学生的创新思维和改革精神，鼓励他们在学习和生活中积极探索新思路、新方法，为社会发展贡献智慧和力量。

### （三）活动流程

为改革开放以来的时代楷模和榜样群体画像，上传至智慧树。

开展"改革观察团"活动，让学生调研浙江省内正在进行的改革实践，如"最多跑一次"改革的实施情况，撰写调研报告并提出改进建议。

举办"青年创新大赛"，鼓励学生围绕科技、环保、社会服务等领域提出创新项目，并给予实施机会。

预期效果：通过实践活动提升自身的创新能力和实际操作能力，同时对社会改革有更深刻的认识和体验，为将来成为社会的创新者和改革者打下基础。

## 四、知识拓展训练

### （一）训练主题

在改革和创新的时代大环境中提升能力，坚定信念。

### （二）训练目的

通过实地考察和企业家访谈，近距离感受创新企业和改革实践的氛围。利用在线课程和研讨会，让学生接触到前沿的创新理论和实践案例，激发创新热情和实践能力。

### （三）训练内容

分析浙江省改革开放以来的重大创新案例，如阿里巴巴的电子商务模式等，了解其对中国乃至全球的影响。

研究浙江的创新趋势和改革经验，探讨其对中国改革创新的启示。

探索创新思维的培养方法，如设计思维、敏捷开发等，提升创新能力和问题解决能力。

# 第三节 | 弘扬社会主义核心价值观

## 一、专题理论导学

### （一）教学目的

社会主义核心价值观则是当代中国精神的集中体现，凝结着全体人民共同的价值追求。本节一是阐释当代中国的核心价值观，即社会主义核心价值观的科学内涵，让学生对社会主义核心价值观形成更加深入、清晰的认识；二是帮助学生建立批判性思维和辨析能力，从而更加客观地审视现实社会，自觉树立起社会主义核心价值观自信；三是通过了解社会主义核心价值观对个人的作用，可以更深刻地理解它在个人成长中的重要性，探讨如何践行社会主义核心价值观，激励学生自觉做到勤学、修德、明辨、笃实，将社会主义核心价值观内化于心、外化于行，进一步促进个人践行社会主义核心价值观的意愿和行动，形成良性循环。

### （二）教学重点

社会主义核心价值观的科学内涵；坚定社会主义核心价值观自信；积极践行社会主义核心价值观。

## 二、典型案例分析

### 案例一 杭州十年"最美"路

杭州，自古以来以美闻名于世。"江南忆，最忆是杭州"，诗人白居易的一声喟叹，道出了无数生活在杭州、到过杭州的人的心声。如今，礼让斑马线、喇叭不乱鸣、志愿服务微笑亭等等，又为杭州增添了一道文明之美。礼让一小步，文明一大步。据统计，目前杭州市区主要道路斑马线前的礼让率已达

93.91%，公交车礼让率达 99%。斑马线上，两侧车辆安静等候，行人快速通过。这一幕，是杭州随处可见的一道风景线。

这片"美景"背后，离不开一个个"最美杭州人"的动人故事，他们用实际行动展示了这座天堂之城的文明底色。杭州与"最美"结缘，源自 2011 年的夏天。面对从 10 楼坠落的 2 岁女童，市民吴菊萍毫不犹豫地张开双臂。孩子接住了，她的手臂却粉碎性骨折。从此，她被大家亲切地称为"最美妈妈"。"最美教师"冯亦斌，用一生诠释了"燃烧自己、照亮学子"；勇士向达勇用臂弯托起生命，给落水者以生的希望；"最美校长""时代楷模"陈立群用爱点亮贵州大山孩子的希望；杭州公交 28 路司机、全国劳动模范、全国道德模范、"最美杭州人"孔胜东数十年如一日，敬业奉献，热心公益，主动为乘客提供最佳服务。杭州市拱墅区朝晖街道应家桥社区"黄飞华爱心车队"队长、党支部书记黄飞华坚持公益 20 多年，从一个人到一群人，如今已有 200 多名爱心司机加入"黄飞华爱心车队"，打响了"送医、助考、扶老"三大服务品牌，每年服务的人不计其数。杭州图书馆向流浪汉开放……十余年间，一个个平凡的杭州人用大爱创造了一次次非凡之举。

杭州成为"最美现象"发源地，"最美精神"已成为杭州城市的新气质。从"最美个体"到"最美群体"，从"各美其美"到"美美与共"，在"最美"导向之下，道德力量突破群体、地域、行业拘束。杭州"最美现象"从开始的一株株"盆景"发展成为一片引人入胜的"风景"，转化为良好的道德风尚。

十余年巨变发展，杭州坚持将社会主义核心价值观融入城市文明创建，持之以恒地"发现美""倡导美""培育美"，砥砺杭州的精神气度和价值品格。如今，杭州先后涌现出了 1 位"时代楷模"、7 名全国道德模范、17 名省道德模范、150 名市道德模范，全市最美人物群像日益壮大。

杭州，也成为一座最有温情的善城。大美杭州，美的不仅是如诗如画的自然风光，更有"向美而生""从善如流"的底蕴和风骨。

## ❓思考讨论

❶作为"最美现象"的发源地，杭州还把更多温暖善意体现在城市的每个

场景、每个流程、每个细节。在"最美"导向下，排队上公交、文明过马路、排队守秩序、礼仪待宾客、垃圾不落地等文明实践，已经融入杭州市民生活的角角落落，道德之光、精神之美生生不息。杭州，也成为一座有温情的善城。请问，杭州十年"最美"路体现了社会主义核心价值观的哪些内涵？

❷杭州市的"最美现象"是社会主义核心价值观在地方层面的生动体现。通过对"最美现象"的分析，可以看到社会主义核心价值观不是高高在上的口号，而是可以融入日常生活的点点滴滴。核心价值观融入文明城市、文明村镇、文明单位、文明家庭、文明校园等各类活动，改善了社会风气，引领了社会风尚，"最美"现象逐渐从盆景变风景成风尚，"最美"已逐渐成为百姓日用而不觉的行为准则。谈谈如何坚定社会主义核心价值观自信。

## 案例二 农村文化礼堂成为乡村文化建设的"浙江模式"

基于农村文化发展实际和农民日益增长的精神文化需要，浙江省在全省范围内逐步建设农村文化礼堂。农村文化礼堂以教育教化、乡风乡愁、礼仪礼节、家德家风和文化文艺"五进"文化礼堂为建设内容，成为传承弘扬农村优秀传统文化和社会主义核心价值观的新阵地，是新时代农村的精神家园。

农村文化礼堂的核心需求是丰富"农民群众的精神家园"，并以社会主义核心价值观为引领，发掘各地特色的农村优秀传统文化，吸收现代文明养分，满足农民群众美好生活文化需求，弘扬主旋律和社会正气，丰富农民群众的精神世界。浙江省农村文化礼堂建设，已经成为我国乡村文化建设中的成功模式。

在农村文化礼堂建设中，充分体现农村特点，注意乡土味道，保留乡村风貌，留得住青山绿水，记得住乡愁。如非遗传承，恢复和生产传统民间工艺，是对农村优秀传统文化的最好保护和传承。2012年，临安上田村建立了浙江第一个综合型村级文化礼堂。设置村史廊、荣誉廊、励志廊、书法廊、武术廊，创设了孝老礼、开蒙礼等礼仪活动，并成立了武术队、锣鼓队等村民兴趣表演队伍。现在，各地乡村依托自身特有的自然和人文历史资源，如孝德文化、农耕文化、戏曲文化、渔俗文化、运河文化等，把散落在乡间的民间工艺、民风民俗、民间曲艺重新融入现代乡村建设，独特性和不可替代性得到有效的传承和创新。一个个主题鲜明、风格独特的文化礼堂，在浙江大地拔地而起。

现在，浙江各地以农村文化礼堂为依托，通过历史文化普及、礼仪培训、道德讲堂、法律讲座等活动，传播先进文化，凝聚价值共识，推动社会主义核心价值观通俗化、大众化。它丰富了农民的文化娱乐生活，凝聚了村民的集体归属感，拓展了乡村自治的层次和内涵，成为浙江基层宣传思想文化领域不可或缺的阵地以及乡村文化建设领域一张亮丽的名片。

**❓思考讨论**

❶党的十九大报告指出，社会主义核心价值观是当代中国精神的集中体现，凝结着全体人民共同的价值追求。请结合浙江农村文化礼堂的"浙江模式"，谈谈你是如何理解这句话的。

❷我国是一个有着 14 亿多人口、56 个民族的大国，确立反映全国各族人民共同认同的价值观"最大公约数"，使全体人民同心同德、团结奋进，关乎国家前途命运，关乎人民幸福安康。在农村思想文化这块阵地上，如果正确的思想不去占领，错误的思想就会去占领；真理不去占领，谬论就会去占领；真善美不去占领，假恶丑就会去占领。请问浙江农村文化礼堂在培育和践行社会主义核心价值观方面发挥了哪些重要的作用？

### 案例三 医者仁心 时代楷模

姚玉峰，浙江省跨世纪学科带头人"151"一层次人才，兼任中华医学会眼科学分会青年委员、中华医学会眼科学分会角膜病学组委员、中国医师协会眼科分会委员、浙江省眼科学会副主任委员、美国视觉及眼科研究协会（ARVO）终身会员、美国眼科科学院（AAO）国际会员、国际眼科学会会员。

姚玉峰为了掌握更多的知识和技术，1990 年留学日本大阪大学。他用三年时间取得了三项当时在国际上有影响力的成果，提前完成了博士答辩。为了回来可以帮助治好国内的病人，为了报效祖国，姚玉峰抵住了诱惑，拒绝了大阪大学的挽留和美国哈佛大学的邀请，毅然回国。

姚玉峰的专长是治疗角膜病。1995年，他做了世界上第一例不会发生排斥反应的角膜移植，解决了角膜移植世界性难题，为无数患者带来光明。美国医学教科书把"姚氏法角膜移植术"作为教材资料。20多年来，他用独创的、标志着中国眼科医学世界地位的"姚氏法角膜移植术"，为近3万病人重新带去了光明。

姚玉峰也是中国最早用三焦点人工晶状体植入一体化解决老视白内障的眼科医师，并成立了我国第一家培训基地，把该技术向全国进行推广。从2009年起，姚玉峰开始举办全国性的角膜病学习班。连续11年，他培训了7000多人次的眼科医生，相当于全国眼科医生总数的四分之一。

面对社会的赞誉，姚玉峰更加坚信，医生的职业情怀、责任、勇气和担当有时比知识和技术更珍贵。他表示会继续不忘初心，永远牢记自己肩负的使命，一如既往地让自己的每一个选择、每一分努力，都无愧于党，无愧于国家，无愧于人民。

### ❓思考讨论

❶姚玉峰是我们身边弘扬社会主义核心价值观的典型，姚玉峰有坚定的信念，有一心报国的忠诚与担当，有勇攀高峰、敢为人先的坚持与追求，有淡泊名利、甘于奉献的仁爱与情怀。在姚玉峰身上，折射了社会主义核心价值观的光芒，闪耀着时代和人性的光辉。这个时代，需要千千万万个姚玉峰。讨论思考，我们应如何培育社会主义核心价值观？

❷社会主义核心价值观倡导的敬业，要求热爱和认同自己的职业和工作，要求人们有全身心投入的敬业态度和精益求精的工匠精神，保持和发扬为人民服务孺子牛、创新发展拓荒牛、艰苦奋斗老黄牛的精神；要求人们视劳动、创造、贡献为公民的社会责任和义务。请结合姚玉峰的事迹，谈谈作为当代大学生，应如何践行社会主义核心价值观。

## 三、实践活动指导

### （一）活动主题

社会主义核心价值观引领实践。

### （二）活动目的

通过实践活动，让学生深入理解和践行社会主义核心价值观，将其融入日常行为和决策，形成积极向上的个人品德和社会风尚。

### （三）活动流程

开展"身边的好人好事"征集活动，鼓励学生发现并分享身边践行社会主义核心价值观的典型人物和事迹。

通过社会调查和志愿服务活动，如老年人关怀、环境清洁、文明交通引导等，让学生在服务中实践和传播社会主义核心价值观。

举办主题班会或辩论赛，围绕如何在日常生活中践行社会主义核心价值观进行讨论和交流，提高学生对社会主义核心价值观的认识和表达能力。

实践成果：将社会主义核心价值观融入学习、工作和生活的各个方面，提升个人的道德素养和社会责任感，为构建和谐社会贡献力量。

## 四、知识拓展训练

### （一）训练主题

穿越时空的足迹，建立共同的价值目标。

### （二）训练目的

通过理论探源和案例分析，能更深刻地理解社会主义核心价值观是一个国家和民族赖以维系的精神纽带，是一个国家的重要稳定器。通过对中西方核心价值观的比较分析，充分认识到有核心价值观，才会有统一的意志和行动，才会有强大的凝聚力、向心力。

### （三）训练内容

深入研究社会主义核心价值观的理论来源和发展历程，如儒家思想中的

"仁爱""诚信"与社会主义核心价值观的关系。

分析社会主义核心价值观在不同社会群体中的践行情况，如青少年、企业家、公务员等，探讨如何更好地推广和实践这些价值观。

考察国际上的价值观念体系，如联合国的可持续发展目标等，与社会主义核心价值观进行比较分析。

专题三

社会主义道德的理论与实践

大学是青年人塑造道德意识、培育道德情感和巩固道德信念的重要时期。道德教育，不仅应关注青年人道德理论的学习和道德观念的构建，更应在实践中检验育人效果。作为社会建设的未来栋梁，大学生需要在理论上理解道德的本质和功能，也应将道德融入日常生活，在实践中明辨是非善恶，身体力行做道德的践行者和道德风尚的引领者。本专题聚焦道德理论与实践的深度融合教学，结合本土化的案例，运用生活化的实践教学，让大学生了解道德的形成和发展，理解社会主义道德的核心和本质，引导大学生形成对社会主义道德的认同自觉，主动继承中华优秀传统美德、弘扬中国革命道德，并在日常生活中践行社会公德、遵守职业道德、树立家庭美德和锤炼个人品德，以每个人的向上向善之力，汇聚成引领社会正向发展的道德风尚。

# 第一节 | 社会主义道德的核心与原则

## 一、专题理论导学

### （一）教学目的

大学生正处于青春阶段，这一阶段他们思维活跃、充满好奇，同时也经历着情绪冲撞，充满了矛盾。大学生只有从底层逻辑上真正理解道德的本质与功能，从主观倾向上形成对道德的情感认同，他们才能自觉、自愿地在生活中践行道德。本节内容将从道德的基本概念入手，让大学生了解道德的内涵，掌握道德的功能与作用，把握社会主义道德的核心和原则，并结合本土化的案例，将抽象的教学内容具象化，激发学生学习道德的主动性，从而形成社会主义道德的行动自觉，争做有道德的人。

### （二）教学重点

道德的功能与作用；社会主义道德的核心；社会主义道德的原则。

## 二、典型案例分析

### 案例一 礼让斑马线先行城市——杭州

作为礼让斑马线的先行城市及"最美现象"的发源地，杭州正深度践行以"礼"为基石的中华传统美德，其示范效应逐步跨越地域界限，影响着越来越多的人。

2018年，杭州公交创新性地选定每年1月11日为"斑马线互敬日"，旨在通过公共交通的力量，推广斑马线前的相互尊重与礼让。那一年，82辆精心设计的主题公交车穿梭于杭州的大街小巷，它们既是便民的交通工具，更成为传递礼让文明的使者。行人们纷纷向这些主动停车礼让的公交车司机竖起大拇指。这样的温馨互动，如同一股暖流，温暖了这个城市，也让"礼"的文化在杭州的土地上深深扎根。2018 年，"礼让互敬成常态"被评为杭州市 2018 年度精神文明建设十件大事之一。

时间流转至 2020 年，"1·11 斑马线互敬日"活动迈出了新的步伐，杭州公交巧妙地将这一理念引入校园，借助孩子们纯真无邪的双眼和心灵，将"礼让斑马线"的种子播撒至更广阔的家庭和私家车群体中。在路口，无论是否为红灯，只要有行人在等候，杭州的司机都会礼貌停车，让行人先走。这已成为杭城随处可见的文明景象，也成为涌动在市民心间的一股温暖热流。2024 年，温情持续升温。精心打造的公益候车亭，不仅为市民提供了更加美观、舒适的候车环境，更成为城市文明的新地标，传递了文明出行的正能量。

## ❓思考讨论

❶杭州"礼让斑马线"公益活动，引导公交车司机以及私家车司机在斑马线前礼让行人。司机通过前期的道德学习，在意识层面已经形成了斑马线前要礼让行人的道德认知，这是道德的认识功能。道德的认知会指导人们的行为，司机在开车时，道德意识会规范他们的行为，引导他们礼让行人，这是道德规范功能在发挥作用。道德会借助内心信念、社会舆论等方式调节人们的行为。行人为礼让的司机们竖起大拇指，社会舆论为礼让的司机点赞，这些激发了司机礼让行人的行动意愿。这是道德的调节功能在发挥作用。请结合日常观察，谈一谈道德在社会交往中是如何发挥功能和作用的。

❷道德是立身兴国之本。但有人认为，在现实生活中，讲道德的人一定会吃亏。针对这种观点，请谈谈你的想法。

### 案例二 全国道德模范孔胜东

孔胜东，1982 年加入杭州公共交通系统，先后担任机修钳工、乘务员、驾驶员等职务，以其优质的服务品质和无私的奉献精神，赢得了社会的广泛赞誉。他先后荣获全国劳动模范、全国道德模范等荣誉称号。

作为一名公交车司机，孔胜东会根据不同乘客的需求，提供个性化的服务。为了便利乘客，他的车上常备"为民服务箱"，并张贴了自制沿线导游图和车辆转乘示意图。他自费购买各种报纸，免费供乘客乘车时阅读；自费购买茶叶和一次性茶杯，为乘客提供免费的茶水服务，为乘客们提供一份解渴的清凉。在公交服务生涯中，孔胜东还扮演着"反扒"志愿者的角色，为乘客找回手机和钱包等80多个，折合人民币十多万元。他以卓越的表现赢得社会的广泛赞誉，累计接收到的表扬信函及电话4000余个。

"公交车有终点和起点，为人民服务却没有终点。"孔胜东是这样说的，也是这样做的。自1986年起，无论酷暑严寒，刮风下雨，孔胜东每周六晚上都会在中山北路设立义务修车点，为市民免费修理自行车。他不仅不收修理费，还会贴上小配件。这一善举坚持了数十年，累计免费修理自行车数万辆。2012年初，孔胜东所在的杭州公交三公司成立"孔胜东志愿服务队"，全公司有200多人自愿报名参加。

### ❓ 思考讨论

❶为人民服务既伟大又平凡。为人民服务，不是高不可攀的道德口号，也不是遥不可及的道德理想。专门利人、无私奉献是为人民服务，爱岗敬业、办事公道是为人民服务，助人为乐、互相帮助是为人民服务，遵纪守法、诚实劳动是为人民服务。孔胜东立足岗位，从细节处入手，力争为乘客提供最优质的服务，这是在为人民服务。他学习修车技能，风雨无阻，力所能及为百姓免费修理自行车，这也是在为人民服务。请结合自身情况，谈谈大学生应该如何为人民服务。

❷人只有在"人民"中才能找到自己的归宿，只有在为人民服务的过程中，才能实现自身的永恒追求。[1]但有人提出，我只想人人为我服务，但我不想服务他人。请针对这种观点，谈谈你的想法。

---

① 刘建军：《从信仰视角看为人民服务》，《思想理论教育导刊》2004年第12期。

### 案例三 "村民的圆梦人"王丰华

"我愿意作为你们实现梦想的催化剂，只要你说出自己的梦想，我们就有动力和信心去帮助你一起实现。"在浙江省杭州市临安区的湍口镇迎丰村，原村委会负责人王丰华以其独特的方式成为村民实现梦想的坚实后盾。他的21本工作笔记，记录着美丽乡村的憧憬与蜕变，也见证了他带领村民共筑梦想的坚实步伐。

王丰华是村里公认的能人，在事业上取得不小的成就，家境殷实。"知天命"之年的他富而思源、回报乡梓，一直默默地为家乡、为村民作奉献。2008年大雪封山，道路被堵，王丰华驾驶自家铲车挖了一天一夜的雪，解救被困群众。2009年，在他的牵线搭桥下，成功引进湍口众安氡温泉度假酒店，将湍口温泉打造成为乡村振兴的金色名片。2013年夏，天气大旱，他为村民购买抗旱油票，资助他们去村旁的加油站免费取油，为山核桃树打水抗旱……

在王丰华的21本笔记本的封面或者扉页，他都工工整整写下"只饮迎丰一湾水，只用迎丰一张纸"，并且用行动践行着这句承诺。担任村民委员会主任五年多，村务无论巨细，他都力求亲力亲为，千方百计地精打细算、开源节流。但在关键时刻，他从不吝惜个人财产，慷慨解囊，自己的工资全数给村里的老人包了红包。他经常默默承担村内的接待开销、学习考察费用；为了让村里80岁以上的老人只付1元钱就可以吃到荤素搭配的营养午餐，王丰华悄悄贴钱；王丰华的家，成为村委会的"第二会议室"，开会开晚了，免费提供茶水、水果、用餐、夜宵……据王丰华的妻子方永娥粗略计算，这五年多他为集体、为村民"买单"至少几十万元。

2018年7月，王丰华带领干部为露天浴场清理水草，上岸时发现腰痛难忍，医院诊断结果出来，方知已罹患绝症。即便在生命的倒计时中，他仍心系村庄的发展，不顾身体虚弱，多次亲临建设一线。2019年6月16日，王丰华溘然辞世。

### ❓思考讨论

❶社会主义道德的原则是集体主义。国家利益、社会整体利益和个人利益

辩证统一,三者相辅相成。集体主义重视保护个人利益,只有当个人利益和集体利益发生了不可调和的矛盾时,个人利益才要服从集体利益。请结合王丰华的事迹,谈谈他如何践行集体主义原则。

❷王丰华高度重视国家利益、社会整体利益,使用公家财产时精打细算、开源节流。他为集体掏自己腰包时却十分慷慨,体现了王丰华将集体利益置于个人利益之上。有人说集体主义就是不保障个人利益,请谈谈你对此的看法和思考。

## 三、实践活动指导

### (一)辩论赛

#### 1.活动主题
道德是束缚人的,还是让人过上更好生活的?

#### 2.活动目的
本活动将以小组辩论赛的形式引导学生开展讨论,在交流中加深学生对道德的内涵及其作用的理解。辩论赛这一活动形式,既能增强学生的课堂参与感,激发学生的思维火花,也有助于培养学生的批判性思维、合作能力和表达能力,从而加深理解道德在国家治理、社会稳定和个人交际中的重要作用,增进对教学内容的把握。

#### 3.活动流程
(1)发布辩题,搜集资料。

教师在课堂上开展引导,并发布辩题。这个阶段学生应自行检索相关资料,通过阅读书和文献,独立思考道德的功能及其局限性,从而形成个人的观点。

(2)独立思考,自愿分组。

教师在学生独立思考的基础上,为学生提供一些支持或反对辩论主题的相关论据,辅助学生进行更深入地思考。教师解释正方和反方所代表的观点,讲解辩论中的注意事项,引导学生依据观点分为正方和反方两个小组,并选出辩论代表。

（3）开展辩论，引发思考。

教师抛出命题，引导正方和反方的学生代表开展辩论。在辩论过程中，学生就道德的作用展开辩论，陈述自己的论据，并反驳对方的论点，在思想交锋中更全面、更深刻地理解道德的内涵及其功能作用。

（4）学生互评，教师总结。

辩论结束后，双方学生就对方的发言进行复盘。教师对辩论活动进行总结和点评，从双方陈述论据的逻辑性、说服力、支撑性等角度给出评价和建议。同学们在辩论活动中的表现，将纳入实践活动的考评成绩。

## （二）小组讨论

### 1. 活动主题

有人说市场经济追逐利益至上，为人民服务已经过时了，对此，你怎么看？

### 2. 活动目的

本活动将以小组讨论的形式，组织学生就"为人民服务"与"市场经济大环境"二者的关系进行讨论，旨在引导大学生拨开市场经济外在表现的迷雾，深入理解为人民服务不仅是社会主义经济和人际关系的客观要求，也是社会主义市场经济健康发展的内在要求。小组讨论的活动形式，有助于学生在讨论交流中加深对教学内容的理解，也有助于引导学生树立为人民服务的思想。

### 3. 活动流程

（1）导入主题，讲解要求。

任课教师在教学中导入本项活动，讲明讨论主题和活动规则，要求学生应结合生活实际开展讨论，确保学生了解讨论的目的和重点。

（2）学生分组，确定组长。

全班学生分为若干小组，通过指定、票选、随机等方式确定组长。组长负责组织本组讨论活动的开展，包括安排发言先后顺序、控制发言时间等工作。

（3）搜集资料，开展讨论。

各小组成员收集讨论主题相关的资料，在独立思考的基础上开展小组讨论。讨论中组长应做好任务分工和时间管理，确保活动开展的效率和节奏，并安排专人负责记录小组讨论的内容。

（4）教师观察，实时指导。

任课教师在讨论过程中发挥监督和指导的作用。在各组开展讨论时，教师应观察各小组的讨论情况，提供必要的指导和帮助，确保每位学生充分参与讨论，并提高讨论的效率。

（5）代表汇报，教师点评。

时间截止后，各小组代表轮流上台展示讨论成果。教师可以提出问题、补充观点，着重讲解讨论过程中产生的焦点问题，并鼓励学生继续查阅相关资料，做进一步思考。对发言质量较高的小组，教师应给予表扬和鼓励，以激发学生的积极性。

## 四、知识拓展训练

### （一）训练主题

公交让座道德绑架论，你怎么看？

### （二）训练目的

公交让座，是日常生活中常见的场景。本活动先让学生阅读社会新闻事件的有关资料，并分析"点名让座"是不是一种道德绑架。公众对道德现象进行评价和讨论的行为本身就是道德功能的反映。该思维训练有助于加深学生对道德功能的理解，也有助于提高自身的道德素养。

### （三）训练内容

阅读资料内容。济南市122路公交车驾驶员杨涛按了两次"文明礼让宣传键"，仍旧没有乘客给一位站立的老人让座，便对坐在前排座位的女乘客进行了让座提醒。而这名女乘客在让座之后，把杨涛投诉到了公交车公司，认为公交司机提醒她让座的做法侵犯了自己的权利。《"点名让座"更像是一种道德绑架》一文对此事评论说："让座不是一种法律责任与义务，而只是一种道德自律行为，所以让还是不让的权利，掌握在当事人自己手里，别人并无权干涉。"笔者认为，作为公交车辆的驾驶者和管理者，司机提醒乘客给老幼病残孕让座是职责所在。公交是带有公益性质的交通。对于生理上处于弱势、需要照顾的老幼病残孕群体，公交公司通过设置专座、提醒乘客为他们让座等方式以保证这些群体的优先权，体现的是人道主义关怀。对乘客而言，在力所能及的情况下，为有需要的人让座可谓举手之劳见美德。[①]

学生分组开展讨论。学生自行分组，小组成员围绕讨论的主题轮流发言。在讨论过程中，学生们不同的思维方式能丰富讨论的内容，也能加深思考问题的深度。

代表发言，教师总结。各组选定发言代表阐述小组的观点，并陈述具体的理由。教师对各小组的讨论和发言情况进行点评，并强调道德对社会稳定所发挥的重要作用，鼓励大学生争做道德风尚的倡导者和引领者。

---

① 《公交让座"道德绑架"论可以休矣》，《光明日报》2016 年 5 月 3 日第 2 版，略有改动、删减。

# 第二节　吸收借鉴优秀道德成果

## 一、专题理论导学

### （一）教学目的

社会主义道德不是凭空产生的，中华传统美德蕴含着丰富的道德资源，是社会主义道德的源头活水，应注重创造性转化和创新性发展。中国革命道德是社会主义道德的红色基因，对巩固社会主义和共产主义理想信念、培育和践行社会主义核心价值观都具有重要价值。同时，社会主义道德还吸收借鉴人类文明的优秀道德成果。本节教学内容旨在帮助大学生对社会主义道德的来源有更全面的认识，引导大学生继承和弘扬中华传统美德、中国革命道德，不断拓宽视野，学习人类优秀道德成果，努力锤炼个人的优秀道德品质。

### （二）教学重点

中华传统美德的基本精神和创新创造；中国革命道德的主要内容和当代价值；借鉴人类文明优秀道德成果。

## 二、典型案例分析

### 案例一　"心愿"老人的慈善之路

在宁波，有一位被居民们亲切地称为"心愿"的老人，他是一名退役军人和共产党员。在过去的 20 多年里，"心愿"老人方老伯累计捐款近 50 万元，默默为困境中的人们点亮希望之光。

20 多年前，方老伯在报纸上偶然读到一条关于丽水市景宁畲族自治县一个孩子因贫困而失学的新闻，深受触动。即便退休金微薄，每月仅 200 元，他仍决定每年挤出 400 元，连续 8 年资助那名孩子重返校园。这不仅是方老慈善之旅的起点，更是他心中"心愿"种子的萌芽。2008年，方老伯决定以"心愿"的名义每年向宁波恩美福利院捐款2万元。这一善行持续了12年，从未间断。他一直低调行善，从未对外透露他的真实身份，但随着捐款流程的透明化，福利院终得知这位幕后英雄的真实身份。2008年汶川地震，方老伯捐款1万元；2013年余姚遭遇"菲特"台风，方老伯向宁波市红十字会捐款2万元。方老伯的慈善行动远不止于此。他积极参与社区的各种慈善活动，每年在社区举办的"慈善一日捐"广场活动上，他都会以"心愿"的名义捐赠1000元至2000元不等。社区因此成立了"心愿基金"，惠及更多社区居民。同时，他还心系故乡余姚，慷慨解囊，助力村道修缮、老年活动室建设及公共设施改善，累计投入近15万元。

方老伯对外始终不愿透露自己的真实姓名，他坦言，自己和老伴的退休金并不高，但生活俭朴，平时开销不大，节省下来的每一分钱都希望能帮助更多需要帮助的人。他表示，自己从小失去双亲，吃过很多苦，是党和国家培养了他，现在生活好了，希望尽自己的力量去帮助那些生活有困难的人。

## ❓思考讨论

❶中华传统美德既是中华优秀传统文化的重要组成部分，也是引领当代社会风尚、促进和谐发展的重要力量。请结合材料谈一谈，方老伯的事迹中体现了哪些中华传统美德的基本精神。

❷传统道德具有鲜明的两重性，精华部分对当代社会道德建设具有积极的影响，但糟粕部分则表现出消极、落后的特点。请谈一谈大学生在对待传统道德时，应该反对哪两种错误思潮。

## 案例二 海空卫士王伟

王伟，浙江湖州人，中共党员，生前系原南海舰队航空兵某团中队长，一级飞行员。早在中学时期，王伟的心中便已种下从军报国的种子。这份对国家的赤诚之情，驱使着他不断努力，以期有朝一日穿上军装保家卫国。

1986年，经过不懈的努力和奋斗，王伟终于成功踏入军校的大门。军校的四年，他刻苦钻研，不断提高军事素养和飞行技能。1991年，王伟从军校毕业，主动请缨前往天涯海角，守卫祖国的大门。面对他人的质疑和不解，王伟坚定地表示，美好的生活人人向往，但总要有人做出牺牲，对他来说，祖国的需要永远是唯一的选择。步入婚姻殿堂后，王伟深知自己的职业需要付出很多牺牲。他耐心说服妻子随军到部队，共同承担起这份使命和责任。在随后的15年飞行生涯中，王伟始终保持着对飞行的热爱和对祖国的忠诚。他刻苦训练，不断提升飞行技能，创造了诸多辉煌业绩。

2001年4月1日，美军一架侦察机无视国际法和我国主权，擅自进入我国专属经济区上空进行侦察活动。王伟奉命对其进行跟踪监视，以维护国家安全和主权。在飞行过程中，美侦察机多次无视警告，在飞行中突然大转向，与王伟驾驶的战斗机发生碰撞。在极力救护战斗机未果后，王伟不得不选择跳伞弃机，坠入大海。事发后，军民迅速出动搜救人员10余万人次，展开大规模搜救行动，连续奋战14个昼夜。然而，令人惋惜的是，最终未能唤回飞行英雄，王伟被确认牺牲，年仅33岁。王伟用自己年轻的生命守护了祖国的海空，保卫了自己的家园。他的家人受其影响，妻子阮国琴被特招参军，凭借自己的努力，从一名海军少校升级为上校。他的儿子继承父亲的遗志，已大学毕业，成为一名优秀的海军。

## ❓思考讨论

❶王伟自小就有参军报国的愿望，在面临职业选择时，认为祖国的需要就是他的选择，因此他选择去天涯海角。当美军侦察机进入我国专属经济区上空，王伟奉命跟踪监视，最终献出宝贵生命。他始终将国家利益、社会整体利益置于个人利益之上，他的事迹是中华传统美德"重视整体利益，强调责任奉献"在当代传承和弘扬的生动体现。请谈谈大学生应该如何处理国家利益、社会整体利益和个人利益之间的关系。

❷"公义胜私欲"是中华传统美德的根本要求。中华传统美德始终重视整体利益、国家利益和民族利益。请回溯中华民族的历史，举几个"公义胜私欲"的典型人物事迹。

案例三 **九旬抗美援朝老兵的最后愿望**

2023 年 3 月 18 日 7 时 49 分，在浙江金华的浦江县中医院，93 岁抗美援朝老兵张序熙与世长辞。遵照老人的遗愿，他的遗体将被用于医学教育，成为实验室的"大体老师"，为培养未来的医学人才贡献最后的一份力量。

张序熙在童年亲眼看见日寇的残忍暴行，便下定决心要保家卫国。1951 年，他在河南洛阳铁道兵团干部学校接受了严格的训练。正值朝鲜战争爆发，张序熙响应国家号召，毫不犹豫踏上了前往战场的征途。次年，他被分配至中国人民志愿军铁道兵团政治部，穿梭于烽火连天的前线与后方。在一次执行任务返回的途中，他们的车辆不幸被敌机发现。危急时刻，司机迅速将车停靠在山体旁，试图躲过敌机的致命打击。敌机绕了一圈又一圈，对着车辆来回扫射了两遍。张序熙回忆道，有三颗子弹分别击中距离他头、胸、腰不到 3 厘米的地方，幸运的是他与死神擦肩而过活了下来。在他心里，能活着从朝鲜战场上回来已经算是幸运了，那些长眠在朝鲜的志愿军烈士才是真正的英雄。

战争结束后，1953 年，张序熙被安排进入天津铁路工程学院学习桥隧专业，毕业后成为一名桥隧技术员，用智慧和汗水为国家基础设施贡献力量。1969 年，张序熙复员回到家乡浦江，默默工作直至退休。2009 年，张序熙有了捐献器官遗体的想法。面对家人的疑惑和不解，他坚定表示，他从 21 岁参军以来就一直在为人民服务，希望死后也能继续为人民服务，要把一切都献给国家。在张序熙老人的告别仪式上，张序熙的孙子张骐朝着爷爷深深地鞠了三个躬，他表示将会继承爷爷的遗志，将无私奉献的精神传承下去。

❓**思考讨论**

❶张序熙老人始终将革命利益放在首位，为实现社会主义和共产主义的理想而奋斗。朝鲜战争爆发后，他积极响应国家号召，主动奔赴战场保家卫国。不论是在战场还是在其他工作岗位上，张序熙老人一直在为人民服务。即使是死后，他也选择捐赠器官遗体，为国家的医学事业做贡献，体现了全心全意为人民服务、修身自律和保持节操的革命道德。请结合张序熙老人的事迹，谈一谈大学生应该如何传承中国革命道德。

❷习近平总书记强调要"用好红色资源，传承红色基因，把红色江山世世代代传下去"①。中国革命道德是社会主义道德的红色基因。请结合自身情况，谈一谈大学生应该如何做才能更好地传承红色基因。

## 三、实践活动指导

### （一）诵读红色家书

#### 1.活动主题

诵读红色家书。

#### 2.活动目的

该活动通过组织学生诵读红色家书，让学生从字里行间中更直观地感受革命前辈的心路历程及思想变化，更深切地体会革命前辈高尚的道德追求和坚定的理想信念，从而加深对中国革命道德的理解。该活动有助于提高大学生的思想觉悟和道德水准，引导他们自觉投身崇德向善的道德实践。

#### 3.活动流程

（1）导入主题，讲解要求。

课前，教师通过智慧教学软件工具发送通知给学生，提前完成活动的准备工作：一是课前认真搜集资料，自选一封红色家书；二是课前进行诵读和彩排，为课堂上开展活动做好准备。

（2）讲解内容，强调重点。

课堂上教师在开始讲解中国革命道德之前，引入"红色家书诵读"活动，提前告知学生边学习该部分教学内容，边思考红色家书与其内在的联系。这有助于提高学生学习教学内容的主动性，也有助于加深学生对教学内容的理解。

（3）学生诵读，交流感想。

教师依照预留的活动时间随机抽取学生进行展示。完成诵读后，邀请学生讲述红色家书与中国革命道德的内在联系，或者邀请台下的同学分享他们聆听后的感受，在交流沟通中增进学生对教材内容的理解。

---

① 习近平：《用好红色资源，传承好红色基因，把红色江山世世代代传下去》，《求是》2021 年第 10 期。

（4）教师记录，点评总结。

学生在诵读红色家书和参与讨论时，教师应认真倾听他们的发言。在总结点评时，教师既要关注学生诵读时的表现情况，也要觉察他们对中国革命道德的理解程度，引导学生感恩革命前辈，向优秀前辈学习，争做社会主义道德的践行者和引领者。

### （二）情景剧表演

**1. 活动主题**

道德情景剧大赛。

**2. 活动目的**

情景剧比赛旨在借助活泼、生动的方式，向参与者和观众传达积极的道德理念。该活动鼓励学生们通过创作和表演情景剧来探讨道德议题，让道德教育以一种更贴近生活、更富吸引力的方式进行呈现。剧中所呈现的道德困境及其解决方案，能唤起学生对现实社会问题的关注，从而培养他们的社会责任感。开展此项活动，有助于提高大学生的道德素养，也能提高学生的语言表达能力和团队协作能力。

**3. 活动流程**

（1）明确主题，讲解要求。

课堂上教师讲解道德情景剧比赛的主题、形式、具体要求等。学生5—8人自行组队。情景剧要求时间控制在8分钟以内，主题应与道德有关。团队成员应明确分工，人人参与，合作完成。

（2）学生创作，认真彩排。

各小组自行确定一名组长，小组成员查阅资料，选取题材，开展头脑风暴，创作情景剧的故事梗概，并对剧本认真打磨。在正式表演前，各小组应认真进行彩排，确保演出质量。

（3）作品展演，交流心得。

教师可在教学安排中专门安排时间开展道德情景剧大赛。课前通过随机抽签的形式决定各组上台的顺序。教师或同学担任比赛的主持人，各小组依照抽签顺序依次上台表演。情景剧表演结束后，邀请部分同学分享自己对道德议题的思考以及参与活动的心得体会。

（4）学生互评，教师总结。

借助智慧教学工具，让全班学生票选出小组数的 40% 为优秀小组。得票数的高低以及教师的评分，共同决定各小组在此项实践教学中的得分情况。最后，教师作总结发言，点评比赛情况，结合教学内容做好主题升华，引导学生要讲道德、尊道德和守道德。

## 四、知识拓展训练

### （一）训练主题

朗诵经典《可爱的中国》。

### （二）训练目的

方志敏的《可爱的中国》以其深情的笔触，触动了无数国人的心弦，激发了人们对祖国的深厚情感，还鼓舞无数青年投身于拯救国家的行动，成为推动社会进步的力量。教师可以组织学生重温这一经典，在深情的朗诵中再次感受这份浓烈、纯粹的爱国情感和革命道德！

### （三）训练内容

在讲授中国革命道德的主要内容时，教师可以组织班级同学重温《可爱的中国》，在感人的文字中深刻体悟方志敏的爱国情感。

教师将全班学生分组，鼓励小组成员在朗诵的基础上融入其他形式，比如情景剧、红色歌曲等，以创新的形式呈现这篇文章。

各个小组进行展示后，教师随机邀请学生分享自己的心得体会，在交流互动中实现朋辈教育的目的。教师进行活动总结和点评，结合教学内容进行内容升华，引导学生传承红色基因，发扬中国革命道德。

# 第三节 投身崇德向善的道德实践

## 一、专题理论导学

### （一）教学目的

公民道德建设，对于提高人民道德水平和文明素养、提高全社会文明程度都具有至关重要的作用。大学生是弘扬社会主义道德的重要践行者、示范者和引领者。本节内容将借助本土化的案例，从社会公德、职业道德、家庭美德和个人品德等方面引导大学生将道德认知落实到日常生活实践中。大学生只有做到知行合一，并且持之以恒，才能不断提升自身的道德境界，从而成为德才兼备的时代新人。

### （二）教学重点

遵守社会公德；恪守职业道德；弘扬家庭美德；锤炼个人品德。

## 二、典型案例分析

### 案例一 网络不是法外之地

2020年7月7日，在浙江省杭州市余杭区良渚街道的一家快递驿站，郎某利用手中的手机，在未经允许的情况下，对正在等待取件的谷女士进行偷拍。随后，郎某与何某联手，共同编造了一个恶俗的谎言。他们分别伪装成谷女士和快递员，在社交媒体上编造了二人因取快递而相识并发生不正当关系的聊天记录。他们甚至虚构了约会现场等图片，并于7月7日至16日在某车队微信群中持续发布这些伪造材料，引发群内成员大量低俗评论。

这些不实材料很快被网友转发至多个微信群、公众号上，引发社会广泛关注。受此事件影响，谷女士遭受了巨大的心理压力，不仅失去了工作，更被诊断为抑郁状态。谷女士一纸诉状将郎某和何某告上法庭。2021 年 4 月 30 日，法庭当庭宣判被告人郎某、何某的行为均已构成诽谤罪，分别以诽谤罪判处有期徒刑一年，缓刑二年。

清朗、健康的网络环境，需要全体网民共同营造和维护。该事件不仅是对郎某和何某违法行为的惩罚，更是对网络谣言和诽谤行为的一次有力打击。网络不是法外之地，任何人在网络上发布信息时都应遵守法律法规，尊重他人的权利和尊严，遵守社会公德。

## ❓思考讨论

❶社会公德是社会公民参与社会公共生活时应遵循的基本道德规范。网络生活是社会公共生活的重要组成部分。作为网络生活的重要参与主体，大学生在参与网络生活时，应当遵循什么样的道德要求？

❷在材料中，郎某与何某出于寻求刺激、博取关注的目的，捏造不实信息，在网络中传播虚假谣言，对谷女士造成了严重的伤害。这样的行为不仅是违背网络社会公德，更是违法犯罪行为。大学生如果遭遇网络谣言或者网络暴力，请问应采取什么样的措施保护自己的合法权益呢？

### 案例二　"江南第一家"郑义门

被誉为"江南第一家"的郑义门坐落在浙江省金华市浦江县郑宅镇，以儒家孝义治家闻名于世。该家族的《郑氏规范》被后世视为中国传统家训典范，它涵盖了从家政琐事到子孙教育，从婚丧嫁娶到日常行为规范等各个层面，共计 168 条，堪称世上最齐全的家庭管理规范。当代的郑义门，是全国重点文物保护单位、浙江省廉政教育基地以及爱国主义教育基地。

郑氏家族重视孝道文化，家族中有众多感人至深以孝为本的故事。郑氏世祖郑绮的母亲张氏不幸罹患风挛之症，肢体僵硬，行动不便。郑绮坚守于母亲病榻之侧，不仅细致入微地照料其饮食起居，还亲手熬制汤药，30 余载未曾懈怠，展现出非凡的孝心与毅力。郑绮以自身行动深刻诠释了"孝"的真谛，为后世子孙树立了一个鲜活的道德典范。郑氏家族强调仁爱精神，倡导关爱自身，也要顾及他人，与邻里和睦相处。

郑氏家族倡导"勤俭持家，奢侈败业"，《郑氏规范》中戒奢的条目多达17条，多条专门针对出仕为官者的规定。郑氏家族强调为官必须奉公守法，廉洁自律。郑氏家族始祖郑绮以身作则，曾率全族子孙在祖宗牌位前立下誓言"子孙出仕，有以赃墨闻者，生则削谱除族籍，死则牌位不许入祠堂"。九世祖郑机在担任广东省仁化县知县时，生活极为简朴，即使是五十大寿，也仅购买一条鱼、一斤肉和一块豆腐庆祝。有部下悄悄为他置办了几个好菜，郑机得知后立即退还等价钱两，并以此为戒告示全城，展现郑氏家族清廉自守的高尚品质。尽管家族成员中为官者众多，却无一人因贪污腐败而身败名裂，这充分证明了郑氏家族家风的纯正与清廉。

**❓思考讨论**

❶家风家教是一个家庭最宝贵的精神财富，也是一个家族文化最生动的呈现形式。千千万万良好的家风共同支撑起全社会良好的风气。《郑氏规范》作为中国传统家训典范，是郑氏家族家风家教最集中的体现。浦江郑义门体现了哪些家庭美德？请结合材料具体展开谈一谈。

❷习近平总书记曾指出："家庭是人生的第一个课堂，父母是孩子的第一任老师。……家庭教育涉及很多方面，但最重要的是品德教育，是如何做人的教育。"[①]请回顾自己的成长历程，谈一谈父母教导和培养了你哪些美好的品德。

## 案例三 "万能电工"钱海军

"我愿意一辈子拎着工具箱，走在为人民服务的第一线。"钱海军，宁波慈溪人，中共党员，现为国家电网浙江省慈溪市供电公司客服中心社区经理、钱海军志愿服务中心理事长。他在自己平凡的岗位上，用志愿服务书写不平凡，成为老百姓最信赖的"点灯人"。他曾获时代楷模、全国劳动模范、全国

---

① 《习近平：在会见第一届全国文明家庭代表时的讲话》，《人民日报》，2016年12月16日第2版。

最美志愿者等荣誉称号。

作为电力服务领域的普通一员，钱海军立足本职岗位，心系万家灯火，为他们提供紧急维修、电力知识普及等便民服务。老百姓对他的服务非常满意，他所服务的社区，满意率始终为百分百。由他发起的"千户万灯"困难残疾人住房照明线路改造项目，为7000多户家庭提供用电环境，足迹遍及浙、藏、吉、黔、川五省（区），行程超过20万千米。

在业余时间，钱海军经常免费帮助身边群众排除电力故障。他自学家电维修技术，提升电力服务技能水平，以实际行动做到为人民服务。他视百姓为亲人，长期结对帮扶百余位空巢、孤寡老人，资助学生27名。为了及时帮助老人解决问题，他的手机24小时不关机，每周平均上门服务20余次，用实际行动践行志愿精神。钱海军带头示范，注册成立宁波、慈溪两级志愿服务中心，开展各类主题公益活动。他开发志愿服务中心云平台，线上线下协同推进志愿服务。在他的带动下，1000多名志愿者共同参与公益活动，累计开展服务超3万次，服务时长超21万工时。

### ❓ 思考讨论

❶道德意识是道德行动的先导，大学生应积极涵养高尚的道德品格。钱海军爱岗敬业，立足岗位，发挥特长，开展志愿服务活动，同时积极带动身边人参与志愿服务活动。道德修养重在践行，大学生要积极向道德模范学习，在参与志愿服务活动中长知识、强本领、增才干。钱海军在实践中服务他人、奉献社会，为推动志愿服务规范化作出贡献，他的行为引领了社会风尚，也促进了社会和谐。请结合自身实际情况，谈一谈大学生应该如何锤炼个人品德。

❷选择职业，其实也是选择一种生活方式。职业不分贵贱，在任何岗位上都可以成就自己的出彩人生。大学生作为最有激情、最具有创新意识的群体，是开展创新创业的重要生力军。请问大学生应该树立什么样的就业观和创业观呢？

## 三、实践活动指导

### （一）唱响红色歌谣

**1. 活动主题**

唱响红色歌谣，传承革命道德。

**2. 活动目的**

本活动借助唱响红色歌谣的形式，让学生了解红色歌谣背后的历史故事，从而更全面地学习党史，更深刻地认识社会和国家发展，更深刻地感悟中国革命道德，从而坚定对共产主义的信仰、对中国特色社会主义事业的信念和对中国共产党的信心。本活动有助于丰富教学形式，提高学生的艺术审美能力，也有助于培养学生的家国情怀和社会责任意识，不断提高道德素质。

**3. 活动流程**

（1）学生分组，选定组长。

学生由任课教师或自主完成分组，每个小组成员人数适中，确保参与活动的有效性和参与度。每个小组自行选定一位组长，统筹活动的各项工作。

（2）讲解要求，自选红歌。

任课教师在授课中公布红色歌谣的备选曲目，在课堂上对每首红歌的创作背景进行介绍，要求各小组在业余时间选定曲目，并完成学唱任务。

（3）小组彩排，拍摄视频。

各小组成员针对选定的红歌曲目进行练习。组长负责组织小组进行队形排练等相关任务。各小组在规定时间内完成唱响红歌的视频拍摄任务。

（4）上传网络，宣传推广。

拍摄完成后，各小组对视频开展后期剪辑和制作，并将红歌视频上传网络平台。小组成员开展视频的宣传和推广，增加点击量和关注度。点击量将作为唱响红歌作业的重要考核依据。

（5）教师点评，总结升华。

任课教师在思政课堂上邀请各小组组长上台分享唱响红歌视频制作的心路

历程，在交流和分享中引发学生思考。在课堂上，教师播放各小组的红歌视频，既是成果展示，也是进行二次熏陶。教师对各个作品和各小组的合作情况进行点评和总结，将红歌的内容与教学内容进行联结，将抽象的理论具象化，加深学生对理论的理解。

### （二）参加志愿服务活动

#### 1. 活动主题

"微炬成光"志愿服务活动。

#### 2. 活动目的

参与志愿服务活动，是培养大学生社会责任感的重要途径，也是大学生融入社会生活的重要渠道。本活动通过组织大学生参与志愿服务活动，借助无私奉献的形式，增加个人与社会的联结，传递个人对他人的关心和关怀，从而培育大学生的社会责任感。该活动不仅有助于学生理解并践行社会主义核心价值观，还能帮助他们形成乐观向上的生活态度、关心他人关心社会的情怀，提升个人的道德素养，促进个人的全面发展。

#### 3. 活动流程

（1）布置任务，讲解要求。

道德素养的提升，认知是基础，关键是践行，在实践中才能培养道德品质。教师可在本专题教学中安排一次志愿服务实践活动。在课堂上详细讲解开展志愿服务活动的具体要求及注意事项，确保学生按照要求顺利开展。

（2）提前谋划，制定方案。

学生在了解任务的基础上，提前谋划志愿服务活动的方案。可以几个同学组队自行设计志愿服务开展方式，也可联系志愿服务组织，参与相关活动。

（3）开展实践，撰写心得。

学生按照原定方案参与志愿服务活动，在为他人服务的过程中感受实现个人价值的满足感，在实践中学习和成长，丰富个人阅历，提升个人道德水平。学生在实践活动结束后，应撰写实践心得，记录参与志愿服务的过程，重点记录自己的心路历程和心得体会。

（4）课堂交流，教师点评。

在课堂教学上，安排心得交流环节。邀请部分同学分享他们参与志愿服务活动的收获和体会，可以分享最有触动的时刻，也可以交流志愿服务中产生的疑问和困惑。教师在听完汇报的基础上进行活动总结发言，强调活动的意义，鼓励学生在服务中学习，在实践中成长。

## 四、知识拓展训练

### （一）训练主题

实地参观胡庆余堂（亦可根据学校所在地，挑选本土化特色化的实践场所）。

### （二）训练目的

胡庆余堂强调在经营时应做到"戒欺"，即诚信经营，这是职业道德的基本要求，也是社会发展重要的价值观。教师通过组织学生实地探访胡庆余堂，深入了解它的历史发展和文化内涵，引导学生深入了解中医药文化，加强对诚信经营的价值认同，从而提升学生的道德修养和思想素质。

### （三）训练内容

学习内容。1862 年，江苏布政使蒋益澧率军攻破杭州城，收复了失地。长期的战乱和纷争下，杭州城百姓死伤不计其数。"大灾之后必有大疫"，蒋益澧和胡雪岩都意识到：若不采取措施，极易引起疫情发生和蔓延，后果将不堪设想。胡雪岩心急如焚地找来城中老中医进行商议，决定研制预防和治疗疫情的药汤，并在城内各处设点，供百姓免费索取。胡雪岩的这一善举，使得百姓纷纷称赞他为"胡大善人"。1874 年，胡雪岩着手胡庆余堂的筹备工作，他钻研宋代皇家药典，选取经过历朝历代检验的药方。他还邀请众多名医和药业商人研讨经营方针，并将药房名定为"胡庆余堂"。"庆余"出自《易传·文言传·坤文言》，原句是"积善之家，必有余庆"。胡雪岩认为药业关系性命，务必要诚信经营。他亲手写下"戒欺"二字，并派人拓在牌匾上，挂于药堂正堂。

实地参观学习，撰写学习心得。学生在业余时间参观胡庆余堂，在参观中将书本的理论知识与现实生活相联系，不断加深对教学内容的理解。该活动以文化人，有助于提高教学效果和育人实效。

专题四

中国特色社会
主义法治理论
和实践

在波澜壮阔的历史进程中，中国特色社会主义法治理论如同一颗璀璨明珠，镶嵌于中华民族伟大复兴的宏伟蓝图之中。它根植于中国土壤，汲取了中华优秀传统文化精华，融合了世界法治文明成果，是党领导人民在长期法治实践中不断探索、创新和完善的智慧结晶。本专题旨在引领学生深入探究中国特色社会主义法治理论的博大精深，以及其在实践中的生动展现，以期培育出新一代具备坚定法治信仰、卓越法治素养的社会主义建设者和接班人。习近平总书记在浙江工作期间，面对经济社会快速发展带来的新挑战，高瞻远瞩，首倡"法治浙江"，这一战略构想不仅为浙江的法治建设指明了方向，更为全国法治建设提供了宝贵经验和启示。他关于法治建设的一系列重要论述，深刻揭示了法治与国家治理现代化之间的内在逻辑，为中国特色社会主义法治理论体系的构建奠定了坚实基础。这些理论成果，既是对马克思主义国家与法基本原理的继承与发展，也是对中华法系深厚底蕴的传承与弘扬，更是对全球法治文明成果的借鉴与创新，展现了中国特色社会主义法治理论的鲜明特色与独特魅力。

# 第一节 社会主义法律的特征和运行

## 一、专题理论导学

### （一）教学目的

本节内容，我们将以浙江丰富的法治实践为蓝本，结合大学生面临的现实情境，探索社会主义法律的深刻内涵与生动实践，以达到以下教学目的。首先，我们将通过分析浙江在法治建设上的创新举措与成功经验，比如"最多跑一次"改革、"互联网＋监管"平台等，让学生直观感受到法律如何优化政府服务，提高社会治理效能，以及这些变革如何直接影响到大学生的日常生活，如便捷的公共服务、安全的网络环境等，从而培养学生的法治获得感与参与感。其次，我们将深入探讨社会主义法律在保护公民权益、促进社会公平正义方面的积极作用，通过分析浙江在劳动权益保护、知识产权维权、环境保护等领域的案例，让学生认识到法律不仅是抽象的概念，更是维护个体尊严与社会和谐的有力武器，激发学生对法律的信仰与尊重。再者，结合大学生普遍关注的话题，如校园安全、网络隐私、创业创新等，我们将探讨相关法律法规，以及学生如何在遇到法律问题时寻求帮助，通过模拟法庭、法律咨询等活动，增强学生的法律意识与自我保护能力，使其在遇到权益受损时，能够运用法律武器维护自身权益。最后，我们期待通过本节内容的学习，每一位学生都能深刻理解法律与个人成长、社会进步之间的紧密联系，不仅成为法律的遵守者，更能成为法治社会的积极推动者。无论是参与志愿服务、社团活动，还是未来的职业生涯规划，都能将法治精神内化于心，外化于行，为构建和谐校园、法治浙江乃至法治中国贡献青春力量。

### （二）教学重点

法律的概念；社会主义法律的本质特征；社会主义法律的运行。

## 二、典型案例分析

### 案例一 《浙江省家庭教育促进条例》①——家庭与教育的法治守护

2019年9月27日，《浙江省家庭教育促进条例》（以下简称《条例》）在浙江省第十三届人大常委会第十四次会议上全票通过，自2020年1月1日起正式实施。作为全国首个省级家庭教育地方性法规，该条例的出台标志着家庭教育已不再是纯粹的私事，而是纳入了法治轨道，成为政府、学校、家庭和社会共同关注和参与的公共事务。《条例》共分为七章35条，详细规定了家庭、政府、学校、社会在家庭教育中的责任与义务，旨在促进家庭教育的规范化、专业化，保障未成年人健康成长，同时也为家庭教育提供了明确的法律依据和指导。

《条例》明确规定，父母或其他监护人承担家庭教育的直接责任，应加强自身修养，注重言传身教，以健康的思想、良好的品行、适当的方法教育和影响未成年人。当父母死亡或丧失监护能力时，由依法确定的其他监护人履行家庭教育义务。《条例》还强调了家庭教育应遵循的原则，如尊重未成年人的身心发展规律、注重品德教育、倡导家庭成员间的平等沟通等。

《条例》的出台和实施，不仅填补了家庭教育领域的法律空白，而且对提升家庭教育质量、促进家庭和谐、保障未成年人权益起到了积极作用。它促使家长和其他监护人意识到家庭教育是一项严肃的社会责任，需要专业知识和技巧，不能仅凭个人经验或直觉行事。同时，《条例》也鼓励社会各界积极参与家庭教育，形成家校社协同育人的良好局面。

### 思考讨论

❶在学习了社会主义法律的本质特征后，我们可以通过具体案例来加深理

---

① 余文斌：《立法保障进一步全面深化改革》，《浙江人大》2025年第1期。

解。《浙江省家庭教育促进条例》作为一部地方性法规，体现了社会主义法律的多个重要特征。请结合课程内容，思考并讨论该条例体现了社会主义法律的哪些特征。

❷通过学习该条例，我们可以更好地理解自己在家庭教育中的责任，并学会利用法律手段维护自身的合法权益。大学生作为未来的社会栋梁，如何在家庭、学校和社会中发挥积极作用，也是值得深入思考的问题。请结合课程内容，思考并讨论以下问题：作为一名大学生，你认为自己在家庭教育中扮演什么角色？如何利用该条例维护自身权益，并积极参与家校社协同育人的良好局面？

### 案例二 "最多跑一次"改革——政务服务的法治革新

早在 2003 年 7 月，时任浙江省委书记习近平同志在浙江省委第十一届四次全体（扩大）会议上，作出发挥"八个方面优势"、推进"八个方面举措"的重大部署，这个被称为"八八战略"的纲领性文件强调"进一步发挥浙江的体制机制优势""进一步发挥浙江的环境优势""切实加强法治建设、信用建设和机关效能建设"。[①]在浙江工作期间，习近平同志就提出，要努力建设服务型政府、法治政府、有限政府。与此同时，浙江在全国率先开展行政审批制度改革，当年即成为全国审批项目最少的省份之一。在此基础上，浙江继续深化行政审批制度改革。

2016 年，浙江省委经济工作会议首次公开提出"最多跑一次"改革。旨在通过简化审批流程、优化政务服务，让企业和群众到政府办事"最多跑一次"。这项改革覆盖了行政许可、公共服务等多个领域，涉及工商登记、不动产登记、投资项目审批等高频事项。

浙江省"最多跑一次"事项覆盖率已达 98% 以上，网上办事实现率超过 90%，极大地提升了行政效率和服务水平，成为全国"放管服"改革的典范。"最多跑一次"改革不仅提升了民众的获得感和满意度，也为政府数字化转型

---

① 车俊：《坚定不移沿着"八八战略"指引的路子走下去 高水平谱写实现"两个一百年"奋斗目标的浙江篇章——在中国共产党浙江省第十四次代表大会上的报告》，《浙江日报》，2017 年 6 月 19 日第 1 版。

提供了宝贵经验。浙江省的实践表明，通过顶层设计、制度建设、技术创新和多方参与，可以有效推动政务服务改革，实现政府治理体系和治理能力现代化。

## ❓思考讨论

❶"最多跑一次"改革不仅提升了政府的服务效率，也直接影响了我们的日常生活，尤其是大学生在办理身份证、社保卡等事务时的便利性。通过具体的例子，我们可以更深刻地体会到这一改革带来的变化和好处。请结合个人经历，思考并讨论"最多跑一次"改革如何影响你的大学生活。

❷法治社会的建设离不开政府的积极作为和担当。政府不仅是法律法规的制定者和执行者，更是社会公平正义的维护者和服务的提供者。通过分析"最多跑一次"改革等具体案例，我们可以更好地理解政府在法治社会建设中的角色与责任。请结合课程内容，思考并讨论：如何看待政府在法治社会建设中的角色与责任？

## 案例三 杭州互联网法院——数字法治的先锋

杭州互联网法院成立于 2017 年 8 月 18 日，是全国第一家集中审理涉网案件的试点法院，标志着中国司法体系在互联网时代的一次重大创新。它的成立，旨在解决随着互联网普及而日益增多的各类网络纠纷，包括但不限于网络著作权侵权、网络购物合同纠纷、网络域名争议等，通过构建适应互联网特性的诉讼规则和审判模式，实现司法审判的数字化、智能化，提升审判效率和司法公信力。

互联网法院的创新亮点：（1）全流程在线化。杭州互联网法院实现了从立案、举证、质证、开庭、判决到执行的全流程在线操作，当事人无须到法院即可完成诉讼程序，极大地节约了时间和成本。（2）电子证据的规范化使用。法院建立了电子证据平台，确保电子数据的真实性、合法性和关联性，解决了网络空间中证据采集和认定的难题。（3）智能审判辅助系统。借助大数据、人工智能技术，开发了智能审判辅助系统，用于案件分析、裁判文书撰写、法律适用建议等，提高了裁判的精准度和一致性。（4）"元宇宙法庭"探索。杭州互联网法院在数字法治方面持续创新，探索元宇宙技术在庭审中的应用，构建了"元宇宙法庭"虚拟场景，以沉浸式体验提升庭审的参与感和互动性。

杭州互联网法院自成立以来，审理了多起具有里程碑意义的案件，如全国首例数据产品案件、首例涉及算法自动化决策审查案件，不仅确立了相应的司法裁判标准，还为互联网行业的健康发展提供了法律指引。

## ❓思考讨论

❶杭州互联网法院的设立，标志着中国司法体系在互联网时代的一次重大创新。通过全流程在线化、电子证据规范化使用、智能审判辅助系统的探索，互联网法院不仅提升了审判效率和司法公信力，还为解决网络纠纷提供了全新的路径。请结合课程内容，思考并讨论：互联网法院的设立体现了社会主义法律运行机制的哪些创新？

❷作为数字时代的原住民，大学生的生活与互联网息息相关。互联网法院的出现，不仅简化了诉讼程序，降低了维权成本，还为大学生提供了更多参与法治实践的机会。无论是处理网络购物纠纷，还是保护个人隐私，互联网法院都为大学生提供了便捷的法律支持。请结合个人经历，思考并讨论：对于大学生而言，互联网法院的出现有哪些实际意义？

❸随着互联网的普及，个人信息泄露、滥用等问题日益严重，给用户带来了诸多风险。互联网法院在处理网络纠纷时，如何确保个人信息的安全，成为亟待解决的问题。请结合课程内容，思考并讨论：在网络环境下，个人信息保护面临哪些挑战？互联网法院如何应对这些挑战？

### 案例四 《浙江省反家庭暴力条例》——家庭暴力防治的法治保障

《浙江省反家庭暴力条例》（以下简称《条例》）于2016年正式出台，作为中国较早的地方性法规之一，该条例旨在预防和制止家庭暴力，保护家庭成员的合法权益，维护平等、和睦、文明的家庭关系。

《条例》亮点与核心内容：（1）扩大了家庭暴力的定义范围。《条例》将家庭暴力定义为家庭成员之间以殴打、捆绑、残害、限制人身自由以及经常性谩骂、恐吓等方式实施的身体、精神等侵害行为，同时，也将具有家庭寄养关系等人员间发生的暴力行为纳入管理。（2）建立了家庭暴力告诫制度。对于情节轻微、不构成治安管理处罚的家庭暴力行为，公安机关可以出具书面告诫书，告诫书载明加害人的身份信息、家庭暴力的事实陈述、禁止加害人实施家庭暴力等内容，以此作为处理家庭暴力案件的依据。（3）推行"人身保护令"。《条例》明确规定，受害人可以向人民法院申请人身安全保护令，法院在收到申请后，应当在72小时内作出裁定，情况紧急的，应当在24小时内作出。人身安全保护令可以禁止被申请人实施家庭暴力、骚扰、跟踪、接触申请人及其相关近亲属，甚至可以责令被申请人迁出申请人住所。（4）加强了对受害人的救助与支持。《条例》要求各级人民政府、相关部门和单位建立家庭暴力临时庇护场所，为家庭暴力受害人提供临时生活帮助，同时，也鼓励和支持社会组织、企事业单位和个人为家庭暴力受害人提供心理辅导、法律援助等服务。

自《条例》实施以来，浙江省在家庭暴力防治方面取得了显著成效。据统计，《条例》实施后，家庭暴力案件的报案数明显下降，受害人得到及时救助的比例上升，社会公众对家庭暴力的认知和预防意识显著增强，家庭暴力防治工作得到了社会各界的广泛认可和支持。

## ❓思考讨论

❶《浙江省反家庭暴力条例》为受害者提供了多种法律途径，如报警、申请"人身保护令"等。了解这些法律手段，可以帮助大学生在遇到家庭暴力时，及时采取有效措施，维护自身和他人的安全。请思考并讨论：如果遇到家庭暴力事件，大学生应该如何运用法律手段保护自己或他人？

❷家庭暴力防治不仅是法律的问题，还需要社会各界的共同努力。除了法律手段外，家庭暴力防治还需要哪些社会支持系统？这些支持系统如何相互配合，形成一个完整的防护网络，帮助受害者走出困境？

### 三、实践活动指导

#### （一）活动主题

社会主义法律的运行机制与本质特征：以"最多跑一次"改革为视角。

#### （二）活动目的

通过组织课堂讨论活动，以小组的形式对社会主义法律的特征与运行机制进行深入探讨，特别是以"最多跑一次"改革为例，理解社会主义法律如何在实践中体现其本质特征，增强学生对社会主义法治理念的认识。小组讨论旨在培养学生的批判性思维、合作能力和表达能力，使学生能够从多个角度理解社会主义法律的运行，进而树立正确的法治观念，为未来投身法治社会建设奠定坚实的基础。

#### （三）讨论流程

预习准备。任课教师提前布置预习任务，要求学生通过查阅教材、观看视频、阅读相关文章等方式，了解社会主义法律的基本概念、本质特征及运行机制，特别是"最多跑一次"改革的背景、内容和影响。

导入主题。任课教师在课堂上简要回顾预习内容，导入讨论主题，明确讨论目标，强调"最多跑一次"改革是如何体现社会主义法律的本质特征和运行机制的。

分组讨论。将全班学生分成若干小组，每组五六人，确保小组成员背景的多样性，以便从不同视角展开讨论。每组选举一名组长，负责组织讨论，记录要点，确保每位成员都能参与。

内容与方式。各小组围绕"最多跑一次"改革，探讨其背后的法治理念、实施过程中的法律依据、政府角色与责任、改革成效与挑战等，鼓励学生提出问题，展开辩论，寻求共识。采用混合式学习策略，结合线上资料预习与线下小组讨论，利用多媒体教学资源，如视频、幻灯片、案例分析等，丰富讨论素材，提高讨论的深度和广度。

成果展示。讨论结束后，每组推选一名代表，向全班汇报本组的讨论成果，包括对社会主义法律特征的理解、对"最多跑一次"改革的评价以及从中获得的启示。

教师点评与总结。任课教师对各组的汇报进行点评，指出亮点与不足，补充关键信息，引导学生深化对社会主义法律本质特征与运行机制的认识。最后，教师总结讨论活动，强调社会主义法律在促进社会公正、保障公民权利、推动国家治理现代化等方面的重要作用，鼓励学生将所学知识应用于实践，为法治中国的建设贡献力量。

## 四、知识拓展训练

### （一）训练主题

"智能法治"：人工智能在社会主义法律体系中的角色与边界。

### （二）训练目的

通过主题辩论，深入探讨人工智能技术在社会主义法律体系中的应用潜力与伦理挑战，激发学生对社会主义法律本质特征与运行机制的深刻理解。活动旨在培养学生跨学科思考的能力，提升其对新兴技术与法律融合趋势的敏锐洞察，以及批判性思维和表达能力，为未来投身法治社会的建设与创新做好准备。

### （三）训练流程

发布辩题，搜集资料。教师在课堂上发布辩论主题，引导学生关注人工智能在社会主义法律体系中的应用现状与未来趋势。学生需利用图书馆资源、学术期刊、新闻报道等渠道，收集关于人工智能技术在法律咨询、司法裁判、法律监管等方面的案例和研究成果，为后续辩论做准备。

独立思考，自愿分组。学生在初步了解主题后，根据个人兴趣和观点，自愿组成正方（支持人工智能在社会主义法律体系中的广泛应用）和反方（主张谨慎对待，强调人的主体地位）。教师提供基本的辩论规则和技巧培训，确保辩论的公平性和有效性。

开展辩论，激发思考。在正式辩论前，各组内部进行模拟演练，磨合团队协作，细化论点。辩论过程中，双方围绕人工智能技术如何影响法律的制定、执行与监督，以及可能引发的伦理、隐私、公正等问题展开交锋，鼓励使用实例和数据支持论点，促进深度思考。

学生互评，教师总结。辩论结束后，正反两方相互评价对方的论证逻辑、论据充分性、表达清晰度等，促进相互学习与反思。教师对辩论内容进行点评，强调社会主义法律的核心价值，即以人为本、公平正义，以及在面对新技术挑战时，如何平衡技术进步与法律伦理，确保法律的权威性和公正性不受损害。最后，教师总结辩论亮点，提炼关键观点，引导学生思考如何在未来的法律实践中，既拥抱科技创新，又坚守法治底线。

# 第二节 ｜ 坚持全面依法治国

## 一、专题理论导学

### （一）教学目的

本节旨在深入解读和贯彻习近平法治思想，引领学生理解并掌握全面依法治国的战略布局和实践路径，特别是中国特色社会主义法治道路的独特价值和深远意义。通过系统学习，学生将深刻认识到法治在国家治理体系和治理能力现代化中的基石作用，以及在实现中华民族伟大复兴中国梦进程中的保障功能。我们将着重探讨如何在党的领导下，将人民当家作主与依法治国有机统一，构建和完善中国特色社会主义法治体系，推进法治国家、法治政府、法治社会一体化建设。

### （二）教学重点

全面依法治国的根本遵循；习近平法治思想的主要内容；坚持中国特色社会主义法治道路必须遵循的原则。

## 二、典型案例分析

### 案例一 台州"法治小镇"的创新实践

浙江省台州市近年来致力于打造"法治小镇"品牌，旨在构建一个法治理念深入人心、社会治理体系完善、法治环境优良的示范区域。小镇以创新的实践，回应了新时代对法治建设的呼唤，成为地方响应中央号召、探索法治建设新路径的鲜活样本。

社会治理中心的设立，是"法治小镇"最直观的体现。在这里，法律咨询、矛盾调解、法律援助、法治宣传等服务融为一体，形成了一站式接收、一揽子调处、全链条解决的高效机制。乡贤文化的巧妙融入，让退休法官、律师、教师等乡贤资源汇聚成一股强大的力量，他们运用传统"乡规民约"与"家风家训"，辅助解决民间纠纷，提升了调解的效率与公信力。同时，小镇还大力开展法治宣传教育，定期举办各类活动，线上线下同步推进，将法律知识普及每个角落，特别是在青少年心中播撒法治的种子。智慧法治平台的搭建，则让法治服务触手可及，居民通过手机即可享受到便捷的法律咨询与服务，实现了法治服务的智能化转型。

"法治小镇"的建设成效显著，不仅纠纷化解率大幅提升，社会治安状况持续改善，更塑造了一个法治环境优良、文化氛围浓厚的宜居之地。这一系列的变革，不仅提高了居民的法律素养，也让小镇成为法治建设领域的一颗璀璨明珠，吸引了全国各地的目光，为其他地区提供了宝贵的借鉴。小镇的法治品牌效应日益凸显，成为习近平法治思想在基层的生动诠释，它不仅展现了习近平法治思想中强调的"坚持依法治国、依法执政、依法行政共同推进，坚持法治国家、法治政府、法治社会一体建设"[1]的精神，也是地方积极响应中央号召、探索法治建设新路径的生动体现。

## ❓思考讨论

❶台州"法治小镇"巧妙地结合了地方传统文化和现代法治理念，通过引入乡贤文化，如退休法官、律师、教师等社会贤达，利用他们对本地情况的了解和在社区中的威望，以传统"乡规民约"与"家风家训"为基础，辅助解决民间纠纷。这种做法不仅增强了调解工作的效率和公信力，还促进了社区和谐，体现了法治与德治相结合的思想。此外，"法治小镇"还积极开展具有地方特色的法治宣传教育活动，使法律知识更贴近民众生活，提高了居民的法律意识。"法治小镇"模式在全国范围内推广的可能性及其面临的挑战是什么？

❷"法治小镇"的成功经验为全国其他地区提供了宝贵的参考，但其推广需要考虑各地不同的社会经济条件、文化背景以及基层治理现状。一方面，该

---

[1]　《高举中国特色社会主义伟大旗帜 为全面建设社会主义现代化国家而团结奋斗》，《人民日报》，2022年10月26日第1版。

模式强调因地制宜，尊重地方特色，这有助于提高模式的适应性和接受度；另一方面，推广过程中可能面临资源分配不均、专业人才短缺、技术基础设施不足等问题。因此，要在更大范围内复制"法治小镇"的成功，必须加强顶层设计，提供政策支持和技术援助，同时注重培养地方治理能力，确保模式的有效落地。作为一名大学生，你可以通过哪些方式参与和支持本地的法治建设？

### 案例二 宁波法治政府建设的典型案例——鄞州区法治化营商环境构建

2023年，鄞州区委、区政府启动了"探索建立法治化营商环境评价机制"项目，旨在构建一个公开透明、公平公正、高效便利的法治化营商环境，为区内企业创造良好的发展条件，促进经济持续健康发展。鄞州区法治政府建设的亮点在于其"政策全流程全闭环直达快享模式"。这一模式涵盖了政策制定、发布、解读、执行、评估和调整的全过程，确保每一项政策都能精准落地，企业能够及时、准确地了解并享受政策红利。具体而言，鄞州区政府采取了以下几项关键措施：（1）政策透明度提升。所有涉及企业的政策文件都通过官方渠道及时发布，并附有详细的解读说明，确保政策意图清晰传达给市场主体。（2）一站式服务平台。建立企业服务综合平台，集成了政策查询、业务办理、问题反馈等功能，企业可以在线上完成多项业务，极大地提高了办事效率。（3）政策效果评估与调整机制。定期收集企业反馈，对政策实施效果进行评估，对于不适应市场变化的政策及时进行调整，确保政策始终符合企业需求。（4）法治培训与法律服务。组织企业参加法治培训，提高企业法律意识；同时，提供法律咨询服务，帮助企业解决运营中的法律难题。（5）强化执法监督。严格规范执法行为，减少对企业的不必要干预，维护市场秩序，保护企业合法权益。

鄞州区的这一系列举措产生了显著的积极影响。首先，企业对政策的知晓率和满意度大幅提高，营商环境的法治化水平明显提升。其次，企业负担减轻，办事成本下降，激发了市场的活力和创造力。最后，法治化营商环境的建设增强了鄞州区对外部投资的吸引力，促进了区域经济的快速发展。这一项目的实施，彰显了依法行政、服务型政府的理念，为当地乃至全国的法治环境优化树立了标杆。

## ❓思考讨论

❶法治政府建设是社会主义法治国家的重要组成部分，它不仅关系到政府的治理效能，也直接影响着市场主体和社会公众的权益保障。在优化营商环境的过程中，地方政府通过一系列创新举措，努力构建公开透明、公平公正、高效便利的法治化环境，为企业提供良好的发展条件。鄞州区作为宁波市法治政府建设的典范，其"政策全流程全闭环直达快享模式"为其他地区提供了宝贵的借鉴。请结合鄞州区的具体案例，深入思考鄞州区在构建法治化营商环境过程中，具体采取了哪些创新措施来确保政策的透明度和企业服务的高效性？

❷法治社会的建设离不开每一位公民的积极参与。作为一名大学生，你在监督和支持地方政府依法行政方面可以发挥哪些作用？请结合鄞州区的经验，探讨你可以采取的具体行动，如参与公共政策讨论、利用信息公开制度、加入监督小组、参加志愿者活动或实习项目以及利用社交媒体和网络平台等。这些行动将如何促进地方法治环境的优化，并为法治政府建设贡献力量？

### 案例三　浙江"共享法庭"：法治触角的延伸①

"共享法庭"的概念源于2021年，浙江省高级人民法院积极响应中央关于深化司法体制改革的号召，开始探索一种新型的司法服务模式。这一模式的核心在于"不增编、不建房、快落实、广覆盖"，即在不增加人员编制和物理设施建设的前提下，迅速部署，广泛覆盖社会各个角落。具体而言，"共享法庭"通常设立在社区、乡镇、行业组织甚至是特定的场景（如亚运村），只需要一根网线和一块屏幕，便能连接法院系统，实现远程法律咨询、在线调解、在线诉讼、法律宣传等功能。

浙江省各级法院积极推动"共享法庭"的建设和应用的关键措施如下：

---

① 《浙江"共享法庭"创新司法服务"供给"》，《人民法院报》，2022年1月11日第5版。

（1）技术赋能。利用云计算、大数据、人工智能等技术，实现线上线下的无缝对接，确保服务的实时性和有效性。（2）资源整合。与当地政府、社会组织、法律服务机构合作，整合各方资源，形成多元化的纠纷解决机制。（3）服务下沉。将司法服务下沉到基层，让群众在家门口就能享受到专业、便捷的法律服务，减少诉讼成本，提高司法效率。（4）法治教育。通过"共享法庭"平台，定期开展法律知识普及和法治教育活动，提升公民的法律素养。（5）数据安全与隐私保护。重视用户数据的安全与隐私保护，确保在线服务的安全可靠。

自2021年以来，浙江省"共享法庭"的建设取得了显著成效。截至2023年初，全省已建成"共享法庭"超过2.7万家，累计指导调解纠纷20万件次，化解矛盾纠纷15万件，开展普法宣传5.2万次。这一模式不仅有效缓解了基层法院的压力，提升了司法效率，还显著增强了公众对司法系统的信任和满意度。"共享法庭"的实践，不仅为浙江省内的司法改革提供了有力支撑，也为全国乃至全球的司法现代化进程贡献了"浙方案"。

## ❓思考讨论

❶在信息化和数字化快速发展的今天，司法服务的创新与改革成为提升社会治理效能的重要课题。浙江省高级人民法院积极响应中央关于深化司法体制改革的号召，创造性地推出了"共享法庭"这一新型司法服务模式。"共享法庭"的出现，使得普通公民获取法律服务的方式发生了深刻变革。请结合浙江省"共享法庭"的具体案例，详细分析这一模式是如何通过技术赋能、资源整合和服务下沉等措施，让群众在家门口就能享受到专业、便捷的法律服务。你认为这种变化对普通公民的生活产生了哪些实质性的影响？

❷任何创新模式的成功与否，都需要经过时间和实践的检验。请结合浙江省"共享法庭"的建设成效，评估这一模式在提升司法效率、增强公众信任、普及法律知识等方面的实际效果。同时，思考"共享法庭"在推广过程中可能面临的潜在挑战，如技术安全、隐私保护、资源分配不均等问题。你认为应该如何应对这些挑战，确保"共享法庭"能够持续健康发展，并为全国乃至全球的司法现代化提供可借鉴的经验？

## 三、实践活动指导

### （一）活动主题

探索新时代法治思想在基层司法实践中的生动体现——"共享法庭"参观调研。

### （二）活动目的

通过实地参观调研，使学生深入理解习近平法治思想在基层司法实践中的应用，特别是在"共享法庭"这一创新模式上的体现。让学生直观感受司法服务如何贴近民众需求，理解"公正司法"与"全民守法"的现实意义。培养学生的观察力和分析能力，鼓励他们从理论与实践的结合点出发，思考如何优化基层司法服务，促进社会公平正义。增强学生对法治社会建设的责任感和参与意识，激发他们为推动法治进步贡献力量的热情。

### （三）活动流程

理论预习。活动前一周，邀请法学专家进行线上或线下讲座，介绍习近平法治思想的关键理念，重点解读"公正司法"和"全民守法"的内涵，为后续实地调研打下坚实的理论基础。

实地调研。选定周末或假期，参观"共享法庭"设施，了解其工作流程和技术支持。听取"共享法庭"负责人介绍其在化解矛盾、提供法律咨询等方面的作用。观摩"共享法庭"的模拟庭审，体验在线调解等服务。直观感受"共享法庭"如何将习近平法治思想转化为实践行动，服务于民。

案例研讨。实地调研后的一周内，分组研究"共享法庭"处理的案例，分析其法律适用、调解策略及社会影响。通过具体案例，深化对习近平法治思想指导下司法实践的理解。

总结汇报。调研结束后的第二周，组织汇报会，每组展示调研成果，包括案例分析报告、改进建议等。促进知识内化，增强团队协作和沟通能力，同时为"共享法庭"的发展提供青年视角的建议。

## 四、知识拓展训练

### （一）训练主题

模拟"共享法庭"——体验数字化时代的法治服务创新。

### （二）训练目的

通过模拟"共享法庭"的运行，学生将亲身体验数字化时代的法治服务创新，了解现代信息技术对司法效率和服务质量的提升作用。本次活动旨在增强学生的法治意识，培养他们对法治建设的兴趣和责任感，同时提高他们的实践能力和团队合作精神，为未来参与法治社会建设打下坚实基础。

### （三）训练流程

训练准备。将学生分为若干小组，每组5—7人。每个小组选择一个具体的"共享法庭"应用场景（如社区、乡镇、行业组织等），并确定模拟案件类型（如民事纠纷、合同争议、邻里矛盾等）。各小组查阅相关法律法规、政策文件和案例资料，了解"共享法庭"的运作机制和技术支持手段。特别关注云计算、大数据、人工智能等技术在司法服务中的应用。每个小组内部进行角色分配，包括法官、律师、当事人、调解员、技术支持人员等。确保每个成员都有明确的任务和职责。

模拟法庭搭建。选择一间教室或会议室作为"共享法庭"的模拟场所。布置必要的设备，如电脑、投影仪、摄像头、麦克风等，确保可以进行远程视频连线。由小组技术支持人员负责调试网络连接和视频会议软件，确保模拟法庭能够顺利进行，可以使用Zoom、腾讯会议等平台进行远程连线。各小组按照预定的案件类型和角色分工，进行一次全流程演练，熟悉各个环节的操作步骤，确保正式模拟时能够顺畅进行。

模拟庭审。由法官主持，简要介绍"共享法庭"的背景和意义，说明本次模拟的目的和规则，强调所有参与者应遵守法律程序，尊重对方权利。当事人依次陈述案情，提供相关证据材料。律师代表当事人发表意见，提出法律依据和诉求。调解员介入，尝试通过协商解决纠纷。如果调解成功，双方签署调解协议；如果调解失败，则进入下一阶段。双方律师进行法庭辩论，围绕案件事实和法律适用展开讨论。法官根据法律规定进行提问和引导，确保辩论过程合法有序。法官根据事实和法律作出判决，并当场宣布结果。判决书由书记员记录存档，供后续参考。

总结与反思。各小组派代表汇报模拟法庭的运行情况，分享心得体会。重点讨论"共享法庭"在实际操作中的优势和不足，以及如何进一步优化。教师对各小组的表现进行点评，指出存在的问题和改进方向。组织全体学生进行自由讨论，围绕"共享法庭"在法治建设中的意义、技术创新对司法服务的影响等话题展开交流，鼓励学生提出自己的看法和建议。教师对本次实践活动进行总结，强调习近平法治思想中关于"坚持依法治国、依法执政、依法行政共同推进，法治国家、法治政府、法治社会一体建设"的重要性。

评估与反馈。发放问卷，了解学生对本次实践活动的满意度和收获感。问卷内容包括对"共享法庭"的认识、模拟法庭的操作体验、团队合作的感受等方面。要求每位学生撰写一篇个人报告，总结自己在活动中的表现和收获，反思存在的问题和改进措施。根据学生的参与度、团队合作表现、个人报告质量等因素，综合评定本次实践活动的成绩。成绩将计入课程总评，激励学生积极参与法治实践活动。

# 第三节 | 维护宪法权威

## 一、专题理论导学

### （一）教学目的

本次课程旨在深入探讨我国宪法的形成与发展历程，理解其作为国家根本大法的核心地位及基本原则，进而强化学生对宪法实施与监督机制的认识。首先，追溯我国宪法的历史演变，从 1954 年首部宪法的诞生到历次修订，剖析宪法如何逐步完善，反映党和国家的发展需求以及人民意志的变迁。其次，课程将重点解读宪法的基本原则，包括人民主权、民主集中制、尊重和保障人权等，阐述这些原则如何贯穿于宪法条文之中，成为国家治理和社会发展的基石。再者，我们还将讨论宪法实施与监督的重要性，分析宪法法院、全国人大及其常委会在维护宪法权威中的角色，以及公民在宪法监督中的参与途径。通过案例分析和理论讲解，培养学生对宪法精神的深刻理解和对宪法实施现状的批判性思考，鼓励学生成为宪法的忠实守护者，积极参与宪法实践，为推动我国法治建设贡献力量。

### （二）教学重点

我国宪法的形成与发展；我国宪法的地位与基本原则；加强宪法实施和监督。

## 二、典型案例分析

### 案例一 《浙江省宪法宣誓规定》的制定与实施

在法治中国的建设进程中，宪法宣誓制度作为一项重要的宪法实施机制，承载着强化宪法意识、彰显宪法尊严的重任。《浙江省宪法宣誓规定》的制定与实施，正是这一制度在地方层面的具体落实，标志着浙江省在维护宪法权威、推进依法治省道路上迈出了坚实的一步。

自 2016 年起，《浙江省宪法宣誓规定》正式施行，明确规定了省及设区的市人民代表大会及其常务委员会选举或者决定任命的国家工作人员，以及省人民政府、人民法院、人民检察院任命的国家工作人员，在就职时应当公开进行宪法宣誓。这一规定不仅细化了宪法宣誓的对象、场合、程序，还特别强调了宣誓的庄严性和仪式感，要求宣誓人面对国旗或国徽，左手抚按《中华人民共和国宪法》，右手举拳，庄严宣誓，表达忠于宪法、维护宪法的决心。

实施过程中，浙江省各级机关高度重视宪法宣誓仪式的组织工作，确保每一次宣誓都能成为一次深刻的宪法教育课。宣誓现场，无论是省级领导还是基层公务员，都身着正装，神情肃穆，声音洪亮而坚定地诵读誓词。这样的场景不仅对宣誓者本人是一次心灵的洗礼，也通过媒体的广泛报道，向社会传递出强烈的信号——宪法是国家的根本大法，每一位国家工作人员都必须对其怀有敬畏之心，自觉将宪法原则转化为实际行动，用实际行动维护宪法权威，捍卫宪法尊严。《浙江省宪法宣誓规定》的实施，不仅在形式上实现了宪法宣誓的规范化，更重要的是，它在实质上深化了宪法精神的内化，推动了宪法权威在浙江省内得到更广泛的认同和遵守，为构建法治浙江、法治中国贡献了宝贵的地方经验。

### ❓思考讨论

正如古代士大夫以"修身齐家治国平天下"为己任，今天的公职人员也应以宪法为行事准则。宪法宣誓是一种形式上的承诺，但更重要的是它象征着一种责任和义务，提醒每位公职人员时刻牢记自己的职责，将宪法原则融入日常工作，真正做到依法行政，为民服务。请思考，宪法宣誓制度对提升公职人员宪法意识有何重要意义？

宪法宣誓仪式不仅是公职人员就职时的一项法定程序，也是向社会展示宪法尊严和法治精神的重要窗口。一个设计精良的宣誓仪式，能够通过其庄重性和教育意义，深刻影响参与者和社会公众的宪法观念。因此，宪法宣誓仪式应该如何设计，才能更好地体现其庄重性和教育意义？

## 案例二 浙江省大学生宪法知识竞赛

在法治中国的宏伟蓝图中，宪法教育承担着塑造公民法治观念、维护宪法权威的重要使命。自 2014 年起，浙江省积极响应中央关于加强青少年法治教育的号召，由浙江省教育厅牵头，联合省司法厅、团省委等部门，共同启动了浙江省大学生宪法知识竞赛，旨在通过这一创新形式，深化宪法教育，提升大学生的宪法意识，为法治社会建设培育坚实的青年基础。从最初的策划阶段，主办方就明确了竞赛的目标——不仅要普及宪法知识，更要激发大学生对宪法精神的思考与共鸣，培养未来社会的法治守护者。为此，竞赛设计了一系列环节，包括初赛的在线答题、复赛的现场问答、决赛的辩论赛，每一轮都精心设置问题，涵盖宪法的历史沿革、基本原则、公民权利与义务等内容，力求全面考察参赛者的宪法素养。

自 2015 年初赛启动以来，浙江省内各大高校迅速响应，组织校内选拔赛，挑选优秀队伍代表学校参赛。学生们积极参与，形成了浓厚的宪法学习氛围。许多高校还借此机会，开设宪法专题讲座，邀请法学教授、法律实务工作者进校园，与学生面对面交流，深入浅出地讲解宪法条文背后的故事，帮助学生理解宪法的真谛。同时，校园内宪法主题海报、宪法知识角、宪法晨读等多样化活动如雨后春笋般涌现，宪法教育不再局限于课堂，而是渗透到了校园生活的方方面面。

浙江省大学生宪法知识竞赛的成功举办，不仅为大学生提供了一个展示自我、交流学习的平台，更在青年群体中播撒了宪法的种子，促进了宪法精神的广泛传播。它以一种生动活泼的形式，让宪法教育不再局限于书本，而是真正走进了大学生的心中，成为他们成长道路上不可或缺的一部分。这场竞赛，不仅是对宪法权威的维护，更是对宪法精神的传承与发扬，为构建法治社会、培养新时代法治人才贡献了青春力量。

## ❓思考讨论

❶在法治中国的宏伟蓝图中，宪法教育承担着塑造公民法治观念、维护宪法权威的重要使命。大学生作为国家未来的建设者和接班人，参与宪法知识竞赛不仅是对宪法知识的一次系统学习，更是对其个人成长有着深远的影响。那么，大学生参与宪法知识竞赛对其个人成长有何帮助？

❷浙江省大学生宪法知识竞赛的成功举办，展示了宪法教育可以以生动活泼的形式走进大学生的心中，成为他们成长道路上不可或缺的一部分。为了进一步提高大学生的参与度和兴趣，使宪法教育更加贴近他们的生活实际，需要探索更多创新的方法和途径。如何使宪法教育更加贴近大学生的生活实际，提高其参与度和兴趣？

## 案例三　浙江省宪法主题公园建设

在全面依法治国的征程中，宪法教育被赋予了新的时代内涵，如何让宪法精神深入人心，成为社会共识，是摆在法治建设者面前的一个课题。浙江省宪法主题公园的建设，正是对这一课题的创新解答，它将宪法教育与自然景观巧妙融合，开辟了宪法宣传的新路径，成为"学宪法"的鲜活案例。

2017年，浙江省司法厅与省住建厅携手，启动了宪法主题公园建设项目，旨在打造集宪法教育、休闲娱乐、文化传播于一体的新型公共空间。项目选址于浙江省多个城市的公园绿地，充分利用现有自然资源，巧妙植入宪法元素，既保持了公园原有的生态美感，又赋予了其宪法教育的新功能。设计团队精心规划，将宪法历史、宪法原则、公民权利与义务等内容，以雕塑、浮雕、碑刻、展板等形式，巧妙散布于公园各处，使游客在漫步、休憩间，自然而然地接触宪法知识，感受宪法精神。公园的建设，注重宪法教育的互动性和体验性。比如，设立宪法宣誓台，供市民在重大节日或纪念日举行宪法宣誓仪式，强化宪法意识；设置宪法知识互动墙，通过触摸屏展示宪法相关知识，鼓励市民参与互动，加深对宪法的理解；还有宪法故事角，定期举办宪法主题讲座和宪法故事会，邀请法学专家、法律工作者讲述宪法背后的故事，让宪法变得生动有趣，易于理解。

自 2018 年首个宪法主题公园开放以来，浙江省各地宪法主题公园相继落成，迅速成为当地市民休闲、学习的新去处。每逢周末或节假日，公园内游人如织，孩子们在家长的带领下，围坐在宪法故事角旁，聆听宪法故事；年轻人在宪法知识互动墙前驻足，参与宪法知识问答；老年人则在宪法宣誓台前，重温宪法誓词，感受宪法的庄严与神圣。宪法主题公园，不仅美化了城市环境，更在无形中传播了宪法精神，促进了宪法权威的维护和社会法治意识的提升。

浙江省宪法主题公园的建设，是对宪法教育理念的一次创新实践，它以润物细无声的方式，让宪法走进了百姓生活，增强了宪法教育的感染力和影响力，为构建法治社会、维护宪法权威提供了生动范例。

## ❓思考讨论

❶在全面依法治国的征程中，宪法教育被赋予了新的时代内涵。浙江省宪法主题公园的建设，将宪法教育与自然景观巧妙融合，开辟了宪法宣传的新路径。为了增强宪法主题公园的教育功能，设计时应充分考虑如何通过视觉、听觉和互动体验等多种方式，让游客在休闲娱乐的同时，自然而然地接触宪法知识，感受宪法精神。那么，宪法主题公园的设计需要增加哪些元素，以增强其教育功能？

❷浙江省宪法主题公园的成功建设，展示了宪法教育可以通过创新的形式和方法，深入百姓的日常生活。随着科技的进步和社会的发展，宪法教育的方式也应与时俱进，不断探索新的途径和手段。除了现有的宪法主题公园、讲座、竞赛等形式外，我们还可以思考更多创新方式，使宪法教育更加贴近民众生活，更具吸引力和实效性。因此，你认为宪法教育还可以通过哪些创新方式来实现？

## 三、实践活动指导

### （一）活动主题

探源宪法精神，传承法治文化——走进"五四宪法"历史资料陈列馆。

## （二）活动目的

本次实践活动旨在通过参观"五四宪法"历史资料陈列馆，深入理解1954 年《中华人民共和国宪法》（简称"五四宪法"）的历史背景、制定过程及其深远影响，增强学生的宪法意识和法治观念，培养其对国家法律体系和法治进程的兴趣与责任感。同时，通过现场学习和互动体验，激发学生对我国宪法发展史的探究热情，促进其对社会主义法治理念的理解和认同。

## （三）活动流程

### 1. 理论预习

在活动前两周，组织线上或线下的专题讲座，邀请宪法学专家深入讲解"五四宪法"的历史背景、核心内容及其在当代中国的实践意义。重点解读宪法精神与社会主义法治理念之间的内在联系，为实地参观奠定坚实的理论基础。

### 2. 实地参观与体验

选择合适的时间，如周末或假期，带领学生前往"五四宪法"历史资料陈列馆进行实地参观。在专业讲解员的引导下，详细考察陈列馆内的每一个展区，包括宪法草案的讨论、制定过程的文献资料、宪法宣誓仪式的模拟体验等。通过亲身体验，让学生深刻感受到宪法的权威性和历史的厚重感。

### 3. 案例分析与研讨

参观后的一周内，组织学生分组，选取"五四宪法"实施过程中的典型案例进行深入分析。通过查阅资料、讨论交流，理解宪法条款在实际案例中的应用，分析其对社会发展和个人权利保护的影响。每组需准备一份案例分析报告，阐述宪法精神在具体情境下的体现。

### 4. 总结汇报

实地参观和案例分析后，安排一次总结汇报会。各组展示自己的研究成果，包括案例分析、对宪法精神的现代解读以及对"五四宪法"历史地位的个人见解。汇报会不仅是知识的展示，也是思维碰撞的平台，旨在促进学生间的相互学习和批判性思考。

### 5. 评估与反馈

要求每位参与者在活动期间保持详细的参观日记和案例分析笔记，记录下自己的观察、思考和感悟。这些记录将成为评估个人投入度和学习成效的重要依据。成果展示结束后，由教师和陈列馆专家组成的评审团对每组的汇报进行评价，重点关注分析深度、创新视角和团队协作能力。评价结果将反馈给学生，帮助他们认识到自身的优势和改进空间。

## 四、知识拓展训练

### （一）训练主题

"学宪法讲宪法"主题演讲。

### （二）训练目的

旨在引导参赛者深入探讨宪法作为国家根本大法的地位与作用，强调宪法在维护国家统一、保障公民权利、推进法治进程中的核心价值。演讲内容应涵盖宪法的基本原理、发展历程、现实意义及其对个人与社会的深远影响，倡导宪法精神，弘扬法治理念。

深化宪法认知。通过演讲比赛，深化学生对宪法条文的理解，增强宪法意识，培养对宪法的尊重与信仰。

提升演讲技能。提供一个平台，让学生在准备和参与演讲的过程中，锻炼语言表达能力、逻辑思维能力和公众演讲技巧。

激发法治热情。激发学生对法治社会建设的热情，鼓励他们成为宪法精神的传播者，为构建法治国家贡献力量。

促进交流与思考。促进学生之间的思想交流，鼓励跨学科思考宪法与社会、个人生活的联系，增进对宪法多元视角的理解。

### （三）训练流程

前期准备。由任课教师组织宪法基础知识讲座，邀请法学专业教师或法律顾问进行宪法精神解读和演讲技巧培训，确保每位参赛者有充分的准备。鼓励学生自主或分组进行宪法相关资料的搜集和研究，包括宪法文本解读、宪法案例分析、宪法与个人生活的关系等，为演讲内容提供支撑。参赛学生利用课余时间进行主题研究、资料搜集和演讲稿撰写，教师提供必要的指导和支持。

演讲稿撰写与修改。学生在教师指导下撰写演讲稿，强调内容的原创性和表现力。演讲内容可以涉及宪法的重要性、学习宪法的意义、宪法的精神与实践、宪法对个人的影响等。在准备演讲时，应结合实际案例，讲述宪法如何影响日常生活和社会发展，让听众感受到宪法的力量和温度，激发他们尊崇宪法、学习宪法的热情。

组内模拟演讲与组间竞争。在模拟演练阶段，各小组成员将深入准备并进行内部演讲练习。每位成员轮流担任演讲者，其他成员则作为观众认真聆听，并记录下演讲中的亮点和需要改进的地方。演讲结束后，小组成员展开讨论，分享个人感受，提出建设性的批评和改进建议。此外，小组还可以邀请指导老师或有经验的同学旁听，提供专业意见，确保演讲内容的准确性和逻辑性。最后，小组会根据反馈对演讲稿和表现技巧进行优化，为接下来的组间竞争做好充分准备。在组间竞争环节，每个小组轮流上台展示主题演讲。评委团由教师及学生代表组成，根据演讲内容的深度与准确性、表达能力的流畅性与感染力以及互动效果的创新性和有效性等方面进行综合评分。设置问答环节，鼓励班级其他同学提问，增加演讲的互动性。

评估、反馈与反思。比赛后，教师对每位选手的表现进行点评，提供专业建议，帮助学生改进。收集同学对演讲内容和形式的反馈，了解演讲的受欢迎程度和改进方向。鼓励参赛学生撰写个人反思报告，总结演讲准备和参与过程中的收获与挑战。促进学生之间的思想交流，鼓励跨学科思考宪法与社会、个人生活的联系，增进对宪法多元视角的理解。

# 第四节 | 自觉遵法学法守法用法

## 一、专题理论导学

### （一）教学目的

本节旨在全面深化学生的社会主义法治思维，通过深入理解法治思维的内涵及其基本内容，引导学生掌握以法律为准绳、以事实为依据的思维方式，强调法律至上、公平正义、程序正当等基本原则。课程采用理论与实践相结合的方式，通过经典案例分析、模拟法庭、角色扮演等互动式教学，使学生在实践中领悟法治思维的运用技巧，提升分析和解决问题的能力。特别重视依法行使权利与履行义务的教育，通过情景模拟和案例讨论，让学生学会合法、合理地维护自身权益，同时尊重他人权利，促进社会和谐。课程还深入剖析法律权利与义务的关系，讲解宪法规定的公民基本权利，强调权力行使的必要限度，避免权力滥用。此外，课程致力于提升学生的法治素养，鼓励参与法治实践活动，培养对法律的尊崇态度，养成守法习惯，提高用法能力，最终使学生成为既懂法、守法又能用法的现代公民，为构建法治社会、推进国家治理体系和治理能力现代化贡献力量。通过这一系列系统的教学活动，学生将深刻理解法治思维的重要性，学会在日常生活中运用法治思维和法治方式解决问题，为成为新时代法治社会的合格建设者和接班人奠定坚实基础。

### （二）教学重点

法治思维的内涵和基本内容；宪法法律规定的基本权利、权力行使的必要限度；大学生不断提升法治素养的途径。

## 二、典型案例分析

### 案例一　大学生王某的维权之路

　　王某是一名就读于浙江某大学的大二学生，热爱摄影，经常在校园内外拍摄作品，并在个人社交媒体上分享。一天，他发现自己的一张摄影作品被一家当地知名摄影工作室未经许可使用在其官方网站上，用于商业宣传。王某对此感到非常震惊，因为这不仅侵犯了他的版权，也损害了他的个人声誉，毕竟他的作品是以非商业性质发布的。面对这一情况，王某决定采取行动，维护自己的合法权益。

　　王某首先查阅了相关法律法规，了解到《中华人民共和国著作权法》明确规定，未经著作权人许可，不得将其作品用于商业用途。这一法律规定使王某意识到，他有权利要求侵权方停止侵权行为并承担相应的法律责任。随后，王某向学校法学院的法律援助中心求助，得到了专业律师的指导。律师建议王某先与该工作室进行沟通，要求其立即停止侵权行为，并公开道歉。若协商无果，再考虑采取法律手段。经过初步交涉，工作室起初并未给予积极回应，但当王某出示了相关证据并明确告知其可能面临的法律后果后，工作室开始认真对待此事，最终同意撤下侵权作品，并在官方渠道上发表声明，向王某致歉。

　　王某的维权行动不仅成功维护了自己的合法权益，也引起了许多人的关注。通过这一事件，王某意识到作为公民，不仅要了解法律，更要敢于用法，通过法律途径解决纠纷。他将此次经历分享给身边的同学，鼓励大家在遇到类似问题时，也要勇于维护自己的合法权益。此外，王某还积极参与学校的法治宣传活动，通过分享自己的故事，提升同学们的法律意识，让更多人了解如何在日常生活中运用法治思维。

### 思考讨论

　　❶当自身权益受到侵害时，个人的反应和处理方式往往反映了其法治思维的水平。一个具备良好法治素养的公民会首先考虑如何通过合法途径解决问题，而不是采取非理性的手段。在王某的案例中，他所展现的行为模式为其

他公民提供了一个良好的示范，即在遭遇侵权时应如何依法维护自己的合法权益。王某在发现摄影作品被侵权后，没有选择冲动行事，而是冷静地查找法律依据并寻求专业帮助，这一过程体现了他对法律程序的尊重以及对法治原则的理解。结合王某的维权经历，试分析王某在维权过程中是如何体现运用法律维护自身权益的法治思维的？

❷在遇到版权被侵犯的情况时，王某不仅成功保护了自己的权利，还通过实际行动提高了周围人的法律意识，促进了校园内的法治文化。他的行为为同学们树立了榜样，展示了遇到问题时应该怎样正确利用法律资源。结合王某的具体行动，探讨哪些做法可以作为大学生提升个人法治素养的典范？

### 案例二 网络言论的边界

这是一起因网络言论引发的名誉权纠纷案。原告是一家在当地颇有影响力的私营企业，被告是一位在当地大学就读的学生。被告在社交媒体上发布了一系列针对原告企业环保政策的批评言论，其中包括了一些较为尖锐的措辞，如"污染大户""环境破坏者"等。原告企业认为，被告的言论严重损害了其企业形象，构成了名誉侵权，要求被告公开道歉并赔偿经济损失。而被告则辩称，其言论是基于公开报道的事实，旨在表达对环境保护的关注，属于言论自由的范畴，不应被视为侵权。

本案的核心在于界定言论自由与名誉权保护之间的界限。根据《中华人民共和国民法典》第一千零二十四条，民事主体享有名誉权，任何组织或者个人不得以侮辱、诽谤等方式侵害他人的名誉权。同时，《中华人民共和国宪法》第三十五条规定，公民有言论、出版、集会、结社、游行、示威的自由。这意味着，公民在行使言论自由权利时，也应当尊重他人的合法权益，不得滥用权利损害他人名誉。经过审理，法院认为，被告的言论虽然基于一定的事实，但使用了过激的措辞，超出了合理批评的范围，构成了对原告名誉权的侵害。法院判决被告删除相关言论，并在一定范围内公开道歉，同时赔偿原告一定数额的精神损失费。

这一案例提醒我们，言论自由并非没有边界。在互联网时代，每个人都有可能成为信息的发布者，但同时也必须承担相应的法律责任。公民在发表言论时，应当基于事实，避免使用侮辱性或误导性的语言，确保言论的合法性和合理性。同时，企业或个人在遭遇负面言论时，也应冷静应对，通过法律途径维护自身权益，避免采取过激措施，加剧社会矛盾。

## ❓思考讨论

❶在互联网时代，网络言论的边界成为公众关注的焦点。随着社交媒体和在线平台的普及，每个人都可以成为信息的传播者，但这也意味着个人在网络上的言行需要受到法律的约束。如何平衡言论自由与保护他人名誉权之间的关系，成为社会亟待解决的问题。本案揭示了，在表达个人观点的同时，必须考虑到言论可能对他人造成的负面影响，以及由此引发的法律责任。因为，网络言论虽然赋予了公民更广阔的表达空间，但也要求发言者对自己的言辞负责，特别是在涉及他人的名誉时。当言论超出了合理的批评范围，使用了侮辱性或误导性的语言，就有可能构成侵权。在此背景下，试探讨在网络空间中，言论自由的界限应当如何界定，才能既保障公民的表达权利，又不侵犯他人的合法权益？

❷随着网络技术的发展，网络法治意识的培养已成为高等教育不可或缺的一部分。大学生作为网络时代的原住民，其行为习惯和价值观念将直接影响到未来的网络生态。请思考高校应采取哪些措施来帮助大学生树立正确的网络法治观念，从而促进他们在网络环境中负责任地发表言论，维护良好的网络秩序？

### 案例三  个人信息保护

王强是一名软件工程师，热衷于科技产品，经常在线购物。某日，他发现自己在一家电商平台购买智能手表后，手机和邮箱突然开始充斥着各类推销电话和垃圾邮件，内容五花八门，从保险、理财产品到房地产广告，无所不包。起初，王强并未太在意，以为只是一时的巧合。然而，当骚扰电话和邮件频率越来越高，甚至影响到他的日常工作和私人生活时，他意识到这绝非偶然，而是个人信息泄露的迹象。在朋友的建议下，王强开始对这些骚扰信息的来源进行追踪。他注意到，大部分推销电话和邮件中提及的产品或服务，都与他最近的网购行为有着直接或间接的关联。进一步调查后，王强发现，他在电商平台注册和购物时，虽然勾选了默认的隐私协议，但协议中包含了一些模糊不清的条款，允许商家在特定条件下与第三方分享用户信息。显然，王强的个人信息就是在这一过程中被商家"合法"地泄露给了第三方营销公司。

意识到自己的隐私权受到了侵犯，王强决定采取行动。他首先查阅了《中华人民共和国个人信息保护法》等相关法律法规，了解到未经本人同意，擅自收集、使用或泄露个人信息属于违法行为。随后，王强联系了一位律师，咨询维权事宜。在律师的指导下，王强向电商平台发出了正式的律师函，要求其提供个人信息处理的具体情况，并立即停止非法使用其个人信息的行为。同时，王强向消费者权益保护委员会提出了投诉，要求电商平台对此次事件作出解释，并承担相应的法律责任。

## ❓思考讨论

❶王强的经历提醒我们，在享受数字化生活带来的便利时，必须提高个人信息保护意识，谨慎对待在线平台的隐私协议，了解自己的权利和可能的风险。面对个人信息泄露等侵权行为，公民应勇于拿起法律武器，通过正当途径维护自己的合法权益。那么，个人信息保护的法律依据是什么？

❷通过本案我们认识到，企业保护用户个人信息不仅是法律义务，也是社会责任的体现。企业应建立健全的个人信息保护机制，确保收集和使用信息的透明度，避免因违规操作而损害企业信誉和消费者权益。那么，企业如何合规收集和使用个人信息？

## 三、实践活动指导

### （一）活动主题

一场探索边界与平衡的辩论赛——"权利的边界：自由与责任的天平"。正方辩题：公民权利的行使应优先于社会公共利益的考量。反方辩题：社会公共利益的维护应限制公民权利的过度行使。

## （二）活动目的

深化理解权利与义务的辩证关系。通过辩论，使参与者深入理解公民权利与社会公共利益之间的内在联系与潜在冲突，培养对权利行使限度的敏感性和判断力。

培养批判性思维与辩论技巧。锻炼学生在复杂议题上的分析能力、逻辑推理能力和口头表达技巧，提升他们在公共事务讨论中的参与能力。

增强法律意识与公民责任感。激发学生对法律边界和公民责任的思考，促进对宪法和法律规定的尊重，以及对社会公共福祉的关怀。

## （三）活动内容

理论准备、案例研究。课堂讲解权利与义务的法律框架，分析历史上的权利冲突案例，为辩论提供理论基础和实例参考。参赛队伍选取具有代表性的案例，如言论自由与国家安全、个人隐私与公共卫生、宗教信仰与教育平等之间的冲突，进行深入研究，为辩论提供实证支持。

辩论策略制定。基于理论学习和案例分析，各队制定辩论策略，包括论点构建、反驳技巧和案例应用，确保辩论内容的深度和广度。

正式辩论。简短介绍辩论主题和规则，强调辩论的价值和目的。每方轮流陈述观点，进行质询和反驳，每轮发言限时 3 分钟。辩论结束前，每方进行 2 分钟的总结陈词，强调核心论点和辩论优势。预留时间让班级其他学生提问，增加互动性，检验辩论的说服力。

总结与反思。辩论结束后，组织全班讨论，分享感受和收获，教师引导学生进行深度反思，提炼辩论中的关键观点。教师对辩论进行点评，指出亮点和需要改进之处。每位学生提交个人反思报告，总结辩论准备和参与过程中的收获与挑战。

# 四、知识拓展训练

## （一）训练主题

模拟法庭：言论自由与荣誉权的界限。通过构建一个真实的法庭环境，学生律师们将扮演原告、被告、法官以及陪审团成员的角色，围绕一起因网络评论引发的名誉侵权案件展开激烈的交锋，深入探讨和辩论言论自由与个人或组织荣誉权之间的微妙平衡。

### （二）训练目的

深化法律理解。通过模拟法庭的形式，加深学生对言论自由与个人荣誉权之间法律界限的理解，特别是《中华人民共和国宪法》和《中华人民共和国民法典》中相关条款的应用。

批判性思维培养。锻炼学生在复杂法律问题上的分析和推理能力，提升他们对法律条文的解读和适用技巧。

法律程序体验。提供一个实践平台，让学生亲身体验法庭审判流程，包括案件准备、开庭辩论、证据呈现和判决形成等环节。

公民素养提升。增强学生的法律意识和公民责任感，培养他们对言论自由和尊重他人荣誉权的平衡把握，促进社会和谐。

### （三）训练流程

案例选择与分析。确定一个涉及言论自由与个人荣誉权冲突的案例，进行深入研究，准备案件背景、法律争议点和证据材料。

角色分配与培训。根据学生意愿和能力，分配法庭角色，进行相应的角色培训，包括法律知识、辩论技巧和法庭礼仪。

模拟法庭流程。（1）开庭仪式。模仿正式法庭的开庭仪式，宣布法庭规则，介绍案件基本情况。（2）举证与质证。原告和被告依次出示证据，进行质证，确保证据的真实性和相关性。（3）辩论环节。双方律师围绕案件争议点进行辩论，阐述各自的观点和法律依据，争取法庭的支持。（4）法官提问。扮演法官的学生对双方进行提问，深入了解案件细节，评估证据的有效性。（5）休庭审议。模拟法庭休庭，法官进行案件审议，基于法律条文和证据材料，形成初步的判决意见。（6）宣判。重新开庭，由法官宣读判决结果，解释判决依据和理由，结束模拟法庭。

总结与反思。活动结束后，教师对模拟法庭的表现进行点评，指出亮点和需要改进之处。组织学生分享参与体验，讨论模拟法庭中学到的知识和技能，以及对言论自由与个人荣誉权平衡的认识。要求学生撰写案例分析报告，总结案件争议点、法律适用和判决理由，提升法律分析能力。

专题五

世界的物质性及发展规律

置身大千世界，人们不禁要思考自身与世界之间的关系，从"世界的本质是什么""世界是怎样的"等问题的不同回答，可以看出人们世界观上的不同。不同的世界观，决定了人们会做出不同的价值判断和人生选择。马克思主义是一种科学的世界观，因而也就为我们提供了认识世界和改造世界的科学方法论。本专题首先探讨了"世界的本质是什么"的问题，在回顾哲学史上物质范畴演变史的基础上，得出了辩证唯物主义的物质观，并揭示了物质与意识的辩证关系，最终得出了马克思主义对于世界统一性的回答，即世界统一于物质；其次探讨了"世界是怎样的"问题，系统揭示了唯物辩证法对于该问题的回答，即世界是普遍联系和变化发展的，在此基础上进一步阐明了事物普遍联系和变化发展的三大规律，并重点分析了对立统一规律的丰富内容；最后总结了唯物辩证法的本质和精神，引导学生善于运用矛盾分析法和辩证思维能力来分析和解决问题。通过本专题的学习，能够帮助学生掌握一切从实际出发、实事求是的方法论，使学生学会尊重客观规律，同时启迪学生运用辩证思维来分析社会现实和个人成长中的困惑，助力学生成长成才。

# 第一节 世界多样性与物质统一性

## 一、专题理论导学

### （一）教学目的

本专题从"世界的本质是什么"这一哲学本体论问题出发，揭示哲学基本问题的内涵及理论意义，阐明哲学物质观的历史演变及其时代基础。引导学生着重把握物质与意识的辩证关系、世界的物质统一性原理等内容，逐步形成科学的世界观和方法论，学会运用辩证唯物主义的基本观点分析和解决问题。

### （二）教学重点

辩证唯物主义物质范畴；世界的物质统一性；物质与意识的辩证关系；主观能动性与客观规律性的辩证统一。

## 二、典型案例分析

### 案例一 娃哈哈基业长青之秘诀

诞生于 1987 年的娃哈哈是我国改革开放后第一批发展壮大的民营企业之一。其创始人宗庆后先生用 30 余年的时间，在娃哈哈的营销模式、品牌文化建设、发展道路等方面既做出了大胆的革新，又抱持着谨慎的坚守态度，将娃哈哈一步步打造成一个庞大的食品饮料王国。

在营销模式上，娃哈哈曾打造出"联销体"的销售模式。这种模式使得娃哈哈推出的每一个新品在 3 天时间内就能铺满全国所有渠道终端。在互联网时代，娃哈哈又紧跟时代步伐，大力打造四大电商平台，实现线上线下营销渠道的联动。

在品牌文化建设上，娃哈哈坚持打造富有活力和影响力的品牌文化。通过影视作品、体育赛事等多种形式的赞助与合作，娃哈哈将其品牌理念深入人心，为其长远发展奠定了坚实基础。娃哈哈还坚持打造民族品牌，树立良好的企业形象，通过诚信经营、质量为本的理念，赢得了消费者的信任和支持，实现了品牌价值的极大提升。

在发展道路上，娃哈哈坚持做好主业经营与创新突破之间的平衡。在金融市场蓬勃发展的时代，宗庆后坚持娃哈哈不上市、不借债、不贷款，坚持主业经济，坚持实体经济，铸就了娃哈哈的核心竞争力。在企业是否需要多元扩张的问题上，宗庆后的态度非常谨慎，他认为企业能否扩张取决于企业发展的规划、企业的能力等客观条件，而不能随意盲目扩张。一系列的革新与坚守，让娃哈哈成为传统企业探索转型升级的典范。

### ❓思考讨论

❶人的意识活动具有能动性。这种能动性一方面体现在意识活动具有目的性和计划性，正如马克思所说的人在"劳动过程结束时得到的结果，在这个过程开始时就已经在劳动者的表象中存在着，即已经观念地存在着"[①]。另一方面体现在人的意识活动能够指导人类改造客观世界。材料中谈到，娃哈哈在营销模式上，始终紧跟时代步伐和消费者的需要，有目的、有计划地调整发展方略。在品牌文化建设方面，娃哈哈努力通过提升文化软实力，促进自身的长远发展。你认为应该如何看待娃哈哈以上两方面的创新举措？请运用意识能动性的基本原理进行分析。

❷世界的物质统一性原理是辩证唯物主义最基本、最核心的观点。这一观点有助于我们树立一切从实际出发、实事求是的方法论。材料中谈到，娃哈哈在经营管理创新和发展模式创新上，没有盲目扩张，而是基于企业的长远发展规划、自身实际能力等客观条件，寻找合适的时机进行创新突破。你认为娃哈哈的这种做法是否正确？请你运用世界的物质统一性原理展开分析。

---

① 中共中央马克思恩格斯列宁斯大林著作编译局编译：《马克思恩格斯选集》第2卷，人民出版社2012年版，第170页。

### 案例二　人工智能技术助力杭州亚运会

2023年9月23日至10月8日，第19届亚运会在杭州顺利举行。本次亚运会的一个突出特点是，各类智能科技闪亮登场，频频亮相于诸多赛事服务之中，为赛事的顺利举办提供了有力支持。

北京大学庄荣宁学生团队研发了两款智能技术。第一款是具身智能机器人"未名"，它能够为观众提供导览服务。更为特别的是，它还能协助视障人士进行引领和导航，解析视障人士需求并完成相应任务，帮助视障人士捡拾掉落的物品等，因此被称为本次亚运会最"暖"黑科技。第二款是高速运动AI解说系统，它能够随时捕捉比赛中的关键时刻，并生成高质量的集锦和数据，为观众提供个性化的解说服务。

本次亚运会在田径赛场上采用了机器狗来运输铁饼。它们可以在预先设计好的路线上迅速运送重达2—4斤重的铁饼，从而大大减轻工作人员的工作量。而在评分环节，本届亚运会还引入了AI裁判评分技术。相较于传统的人类裁判存在误判的可能性，比如可能会因为视线遮挡产生误判等，AI裁判能够基于多角度、高帧率的摄像头实时捕捉细节，从而为比赛提供更为准确的判罚。此外，由于AI裁判不受情感、压力以及任何外部因素的影响，完全基于事实和预定规则进行判决，因此被网友戏称为最"正直"的科技。

其实，杭州亚运会不仅将智能办赛的理念贯彻到导航指引、赛事服务上，而且还落实到场馆管理、交通出行等领域。在场馆管理方面，杭州奥体中心、黄龙体育中心等场馆建设了"智慧大脑"和"亚运驾驶舱"，实现场馆监测、分析、预警、决策、指挥一体化管理。在交通出行方面，亚运村运动员村、媒体村都提供了AR智能巴士，负责循环接送，并且在行驶过程中，乘客还可以通过车窗看到车内外虚实结合的互动场景，科技感十足。

### ❓思考讨论

❶伴随着新一轮科技革命的迅猛发展，人工智能技术被广泛应用于人们的生产和生活领域之中。以杭州亚运会为例，此次赛事的成功举办离不开人工智能技术在导航指引、赛事服务、场馆管理、交通出行等方面做出的贡献。对

此，人们一方面感叹人工智能技术的进步极大地方便了现代人的生活，另一方面又担心人工智能技术的过多应用可能会带来一些风险。对此你怎么看？

❷在人工智能引发的诸多风险当中，人们较为关注的一个核心议题是，人工智能产品的出现是否会导致一部分人失业。这个问题可以被进一步归结为对一个更为根本的问题的探讨：人工智能在思维形式上越来越"像"人类，是否意味着它在某一天会发展出人类的意识，进而取代甚至超越人类智能？请结合材料和所学知识，谈谈你对这个问题的理解。

## 三、实践活动指导

### （一）活动主题

课堂辩论赛"我命由我不由天"，还是"我命由天不由我"。

### （二）活动目的

本场课堂辩论，将围绕"人的命运是由自己掌控还是由外部因素决定"展开。本次辩论可以帮助学生深入理解意识的能动作用，以及意识发挥能动作用的边界，从而更为准确地把握物质与意识的辩证关系，掌握马克思主义的科学认识方法。

### （三）活动流程

#### 1. 分组与准备

（1）抽取辩题。将学生分成两组辩论队，各组通过抽签的方式选择辩题。

（2）组内分工。各自自选一名队长，负责协调组内分工和准备辩论材料。各组选出主力辩手三名，和队长一起负责呈现本组讨论的结果。其余队员负责搜集资料、整理观点等辅助工作。

（3）制定评分标准。教师从论点是否清晰、论据是否充分、语言表达是否准确、反驳是否有力等方面出发制定评分标准。

#### 2. 辩论赛环节

（1）开场致辞。由老师或主持人进行开场致辞，介绍辩论赛的主题、规则和流程。

（2）立论阶段。每个小组依次阐述己方观点和论据。每个小组发言时间控制在 3—5 分钟。

（3）反驳阶段。每个小组在听完对方小组的立论后，可以针对对方的观点进行反驳。反驳要围绕对方的论点展开，避免偏离主题。每个小组总计时为10 分钟。

（4）总结陈词。每个小组最后进行总结陈词，重申自己的观点，并对整个辩论过程进行简要回顾。每个小组计时 3 分钟。

（5）观众提问。在辩论结束后，观众可以向参赛小组提问或发表自己的看法。

正方可能会提出的几个观点：①自主意志的重要性：人具有自主意志，能够根据自己的意愿和选择来塑造自己的人生。我们不应被外在的命运所束缚，而应积极发挥主观能动性，为自己的命运负责。②努力与改变：通过努力，人们可以改变自己的命运。无论是学习、工作还是人际关系，只要我们付出足够的努力和智慧，就有可能实现自己的目标和梦想。③反抗压迫与不公：人们在面对不公平的命运和压迫时，要勇敢地站起来反抗，争取自己的权益和尊严。

反方可能会提出以下观点来反驳这一立场：①命运的不可抗拒性：命运是不可抗拒的，无论我们如何努力，有些事情是注定的，无法改变。在这种情况下，强调"我命由我不由天"只是一种自欺欺人的想法。②社会环境与外部因素：人的命运往往受到社会环境、家庭背景、经济条件等外部因素的影响。在这些因素的制约下，个人的选择和努力可能变得微不足道。③自我认知的局限性：人对自己的认知和判断可能存在局限性，人往往会陷入过于自信或盲目的认知误区，进而导致盲目自信的冒险行为。

### 3. 评审与颁奖

任课老师和现场同学均担任评委，对各个小组的辩论表现进行评分。其中任课教师为主评委，现场同学为大众评审。任课教师的评分占总评成绩的60%，现场同学评分占 40%。根据评分结果，最终评选出最佳辩手、最佳团队等奖项。

### 4. 总结与反思

在辩论赛结束后，老师可以根据学生输出的观点和论证，做进一步的总结和评判。在本场辩论赛之后，老师应引导学生准确把握"物质与意识的辩证关系"，掌握意识发挥能动性的几个表现，尤其要厘清这样两个问题：第一，"物质决定意识"中的"决定"是什么意思；第二，"意识的能动性"能够发挥到怎样的程度，有无前提条件。老师要引导学生认识到"物质决定意识"的"决定"不是指宿命论，不是指意识活动完全顺从物质世界，而是指意识发挥能动性需要以物质世界的存在及其客观规律为前提和基础，这就是意识发挥能动性的边界所在。而两者的辩证关系能够成立是因为"实践"活动是沟通物质和意识的桥梁。当然，在认识到这一点的基础上，人应该努力发挥自身的主体性，自觉发挥意识的能动作用。由此讨论出发，教师应引导学生认识到在认识世界和改造世界的过程中，我们要正确处理好尊重客观规律和发挥主观能动性之间的辩证统一关系。一方面，我们首先要尊重客观规律，只有在认识客观规律的基础上，我们才有可能改变世界；另一方面，尊重客观规律不意味着人在规律面前是无能为力的，我们还应该在实践中认识规律、利用规律来改造世界，充分发挥人的主观能动性。

组织这样一场课堂辩论赛活动，不仅可以锻炼学生的思辨能力和语言表达能力，还能培养他们的辩证思维能力和批判性思维能力，引导他们正确面对人生中的困惑和挑战，能够保持一种积极、阳光的心态去创造属于自己的美好生活。

## 四、知识拓展训练

### （一）训练主题

观看电影《黑客帝国》《她》。

### （二）训练目的

激发学习兴趣。本专题的教学内容较为抽象、晦涩，往往会令初学者望而却步。通过观看影视作品和引入思想实验的方式来讲解相关内容，能够极大地激发学生的学习兴趣，让学生有更多的参与感和获得感。

拓展教学内容。本次训练是对课堂教学内容的有益补充，一方面能够检验课堂教学内容的学习成效，另一方面可以激发学生的深度思考，进一步拓展相关领域的研究。

培养批判性思维。对经典的哲学思想实验进行深度探讨，有助于培养学生的独立思考能力和批判性思维能力，使学生感受到思辨的乐趣。

### （三）训练内容

#### 1. 观看电影

教师提前发布电影资源《黑客帝国》《她》，下发观影指南，邀请同学们利用课余时间观看电影，并自行思考观影指南上的相关问题。

（1）《黑客帝国》中的男主人公是如何回到"现实世界"的？

（2）如果你是男主人公，你会选择继续生活在美好的虚幻世界，还是回到痛苦的现实世界？

（3）你认为人工智能能否发展出像人一样的感情？

（4）你会选择与人工智能谈恋爱吗？

#### 2. 小组讨论

学生就自己的观影心得做交流分享，分享的重点在于回应观影指南上的相关问题。教师在听取学生的分享交流后，介绍"缸中之脑"思想实验的相关内容，并发布进一步的思考指南。

（1）你觉得世界是真实的，还是虚假的？

（2）运用辩证唯物主义的观点能否反驳"缸中之脑"的观点？

（3）你如何看待霍金提出的人工智能威胁论？

#### 3. 提炼总结

学生根据新发布的思考指南再次进行小组讨论，并分组分享各小组的讨论结果。教师就学生汇报的内容进行观点提炼，并做最终点评和总结。各小组可在教师点评的基础上，完善思考内容，最终形成1000字以上的思维训练报告一份。

# 第二节 | 事物的普遍联系和变化发展

## 一、专题理论导学

### （一）教学目的

本专题将从"物质世界是怎么样的"这一问题出发，揭示物质世界的总特征以及唯物辩证法与形而上学的根本区别，深刻阐明物质世界联系和发展的三大基本规律和五个基本环节，并重点阐述对立统一规律，从而引导学生不断提高辩证思维能力。

### （二）教学重点

对立统一规律；量变质变规律；否定之否定规律。

## 二、典型案例分析

### 案例一 ▶ 中医中的辩证法思维

1.对症下药

华佗是东汉末年的一位名医。据说，他能根据病人的实际情况来进行诊断，故而经他治疗的病人总能药到病除。一日，华佗接诊了两位症状相同的病人，这二人是府史倪寻和李延，均有头痛、发热的症状。在经过详细的问诊之后，华佗开出了完全不一样的药方。两人对此表示疑惑：为何症状相同，却要用不一样的药方呢？华佗解释道，这是由于二人虽然症状相同，但是病因不同。倪寻由于饮食过多，病在内，所以要用泻药，将积滞去除，就能好。李延则是因为风寒所致，病在外，所以用发汗解表的药，让风寒随汗散去，头痛、发热就没有了。两人听后恍然大悟，回去后各自按药方服用，病很快都好了。

2.运用整体观念，"跨界"治理皮肤病

中医治病有一个很重要的原则，那就是整体观念，看病时要针对患者身体出现的各种问题进行整体调节。浙江中医药大学附属第二医院的董雷主任医师，通过运用中医的整体思维治好了一位小病友琪琪的"红斑"。2022年6月，琪琪脸上开始出现"红斑"。此后一年的时间里，家人带着孩子四处求医。起初琪琪被诊断为患上了红斑狼疮，但治疗后效果并不理想。后来琪琪妈妈带着孩子来到董雷主任的"过敏性体质调理门诊"。董医生在仔细询问病情后，经过细致的辨证分析，认为孩子有可能患的是特应性皮炎。最终，经过中药汤剂和中医外治技术治疗，琪琪脸上的红斑褪去，身体的化验指标也接近正常水平。

3.肿瘤"群段分治"理论，为绝症肺癌患者带去希望

浙江中医药大学附属第二医院庞德湘教授创造性地提出肿瘤"群段分治"理论。他认为恶性肿瘤病种多样，可归纳为"两类、四群体、十三阶段"，可以依据归类进行群段分治。这一理论，为许多罹患绝症的肺癌患者重新带去了希望。杭州的老王在2011年底被诊断为肺癌，且已经没有手术机会。庞教授鼓励老王，可以尝试把肺癌当作一种慢性病，运用中西结合的方式积极治疗。此后，他针对老王的情况制定了两药联合的化疗方案，并用中药汤药来减轻化疗的副作用。最终，老王的治疗效果较为理想，各种并发症出现得较轻。

❓思考讨论

❶唯物辩证法认为，世界上的一切事物都不是孤立存在的，而是处在普遍联系和变化发展之中。事物会呈现出普遍联系和变化发展的辩证图景，是因为事物内在地蕴含着对立统一的两个方面，即矛盾。矛盾就是反映事物内部或事物之间既对立又统一的关系的哲学范畴。作为我国传统文化中非常重要的文化瑰宝，中医对世界的理解与唯物辩证法存在诸多相通之处，这些相通之处体现了中医的独特魅力和深厚的文化底蕴。你认为以上节选材料体现了中医中的哪些辩证观点？请至少列举三个。

❷中医中的辩证施治是一种重要的诊疗原则，它强调要根据患者的具体病情、体质、环境等因素，进行综合分析，进而找出疾病的本质，并基于此制定

相应的治疗原则和方法。以上列举的几位医生，均运用辨证施治的方式成功治愈了患者。请你谈一谈，中医中的辨证施治主要体现了唯物辩证法中的什么原理？

### 案例二 义乌模式缔造市场奇迹

义乌是浙江省中部的一座小县城。改革开放之初的义乌，土地贫瘠、资源匮乏，是远近闻名的贫困县。而如今，义乌已成为小商品制造业和国际贸易高度发达的中国经济强市，形成了以"兴商建市"为内核、产业集聚为基础、持续创新为动力的独具特色的"义乌模式"。

义乌人素来有经商的传统。为了改变贫困落后的面貌，改革开放之初的义乌人将传统的"鸡毛换糖"小生意发展成为"地下小百货市场"。当时，小商贩摆摊还是被禁止的。1982年，刚刚调任义乌县委书记的谢高华宣布，正式开放义乌小商品市场。1984年，义乌首次确定"兴商建县"的发展战略，义乌的市场经济发展进入快车道。1988年，义乌撤县建市以后，"兴商建县"改为"兴商建市"。

其实，改革开放以来国内的著名市场并非只有义乌小商品市场，还有武汉的汉正街小商品市场、哈尔滨的道里菜市场等，但唯独义乌小商品市场的发展越来越红火，这与义乌借助市场平台，发展本地制造业，形成产业集聚群是分不开的。"以商促工""贸工联动"，是义乌在实施"兴商建市"过程中提出的新战略。这使得义乌的商业资本能够充分转化为工业资本，实现市场与产业、城市的联动发展，推进区域经济工业化、城市化的进程。

进入21世纪，义乌持续进行改革，制定了新的发展方向，主动拥抱国际市场。中国加入WTO后，在义商人迅速从内贸转向了外贸。如今，第五代义乌小商品市场拥有26个大类的210多万种商品，与230多个国家和地区有贸易往来，义乌由此享有"世界超市"的美誉。

深度融入全球市场的做法，给义乌发展带来机遇的同时也带来了一系列全新的挑战。新冠疫情爆发以后，全球贸易曾呈现停滞状态，义乌的出口贸易也严重受挫。为了应对这一危机，义乌企业开始重拾内贸订单，积极拓展国内市场，并依托直播带货、电子商务等平台，在危机中求得新生。

40 余年来，义乌模式引领义乌一步步实现高质量发展，在求新、求变中寻求生机，缔造了市场经济的奇迹。

## ❓思考讨论

❶唯物辩证法认为，事物的变化发展是一个渐进性与飞跃性相统一的过程。渐进性体现在事物的发展首先需要经历一个长期的量的积累的过程。飞跃性指的是事物的量变积累到一定的程度必然会引起质变。因此，量变和质变是辩证统一的关系，量变是质变的必要准备，质变是量变的必然结果，量变质变的交替循环，构成了事物的发展过程。作为曾经远近闻名的贫困县，义乌在"兴商建县（市）"政策的引领下，历时 40 余年的厚积薄发，实现了从"鸡毛换糖"到"世界超市"的传奇转变。你认为这一转变是如何体现量变质变规律的？请详细阐述。

❷事物的变化发展除了是一个渐进性与飞跃性相统一的过程，还是一个前进性与曲折性相统一的过程。否定之否定规律揭示了这一原理。事物发展的前进性指的是事物每经历一次否定就经历了一次质变，会把事物推进到新的阶段，而且这个过程不存在最终不可被进一步否定的终点。曲折性体现在事物发展过程中会出现暂时的停顿甚至是倒退。所以事物的发展不是直线上升，而是螺旋式上升。义乌的发展在改革开放初期和新冠疫情中，曾多次面临危机，但最终在危机中获得了新生。你认为义乌的发展是如何体现否定之否定规律的？请详细阐述。

## 三、实践活动指导

### （一）活动主题

参观海康威视展示中心。

### （二）活动目的

近年来，杭州的人工智能产业得到了迅猛发展，已成为全国乃至全球范围内的标杆。本次课外实践活动，将组织学生参观杭州市滨江区海康威视展览馆。展览馆是海康威视全球总部的体验展馆。通过本次参观活动，学生将全面了解海康威视在物联感知、人工智能、大数据技术等方面的研究和发展。学生可以了解我国在人工智能领域的最新科技成果，直观地感受科技给人类生活带来的巨大改变，知晓科技发展的曲折过程，树立辩证的世界观、人生观和价值观。

### （三）活动流程

**1. 调研准备**

（1）确定参观目标。明确小组参观活动的主要目标，例如了解人工智能技术的发展现状、趋势，人工智能研发中的困难和挑战等，可以制作形成相关访谈提纲、调研问卷。

（2）了解展厅信息。提前获取海康威视展示中心的开放时间、地址、交通方式等信息，并确认是否需要提前预约。

（3）准备相关物品。准备相机、笔记本等记录工具，以便记录参观过程中的重要信息。

**2. 参观体验**

（1）集合签到。在约定的时间地点集合，签到并领取活动资料。

（2）开场介绍。由展厅工作人员进行开场介绍，简要说明参观流程、注意事项等。

（3）展厅导览。跟随导览员或自行参观展厅，了解各个展区的主题和内容。

（4）互动体验。在展厅中，会有一些互动体验区，如虚拟现实体验、机器人互动等，可以积极参与，感受人工智能技术的魅力。

（5）访谈调研。参观过程中，可以与展厅工作人员或其他参观者进行访谈，并邀请他们填写调研问卷。

**3. 总结分享**

在参观结束后，组织一次课上的总结分享，让大家分享自己的收获和感受。可以设置几个分享主题，如国内人工智能发展现状、人工智能中的伦理问题、人工智能与社会治理、智能科技研发的苦与乐等，让大家按主题进行分享。

### 4. 形成报告

教师对各组的分享进行点评。各组可在相互交流和教师总结的基础上撰写调研报告或个人感悟，形成文字材料。

## 四、知识拓展训练

### （一）训练主题

阅读《矛盾论》。

### （二）训练目的

通过阅读经典文本和分析相关案例，帮助学生深入理解对立统一规律的相关内容。让学生通过重温毛泽东《矛盾论》这一经典文本，理解《矛盾论》发表的背景，全面掌握和理解矛盾分析法，并通过多个贴近学生现实的思维训练题，引导他们进一步思考如何运用《矛盾论》中的原理分析当代中国社会现实和个人成长中的困惑，帮助学生养成正确的世界观、人生观和价值观。

### （三）训练内容

### 1. 介绍训练内容

教师简要介绍《矛盾论》的写作背景和内容，帮助学生更好地进行阅读训练。《矛盾论》是毛泽东在哲学领域的代表作品，该文运用唯物辩证法总结了中国共产党领导中国革命斗争的实践经验，系统探讨了两种宇宙观、矛盾的普遍性、矛盾的特殊性、主要矛盾和矛盾的主要方面、矛盾诸方面的同一性和斗争性、对抗在矛盾中的地位等方面的内容，在此基础上深刻地阐述了对立统一规律。

### 2. 发布训练指南

教师下发训练章节内容（内容参见《毛泽东选集》第 1 卷，人民出版社1991 年版，第 299—340 页），并提供如下训练指南，引导学生带着训练指南上的问题去阅读。

（1）和谐社会是否意味着无矛盾的社会？

（2）请结合矛盾的普遍性和特殊性的原理来分析：1927 年大革命失败后，

为什么中国革命必须走"农村包围城市、武装夺取政权"的道路？

（3）请用内外因的原理来分析：个人成功是自身努力更重要，还是外部环境更重要？

**3. 小组分享交流**

教师将学生分为若干个小组。各小组首先在组内进行分享交流，重点分享对于训练指南上给出的问题的理解，之后各选出两名代表汇报本组的阅读心得和体会。各小组可能会给出的回答如下。

（1）社会是一个有机体，是矛盾的统一体。构建和谐社会的前提就是要承认统一体内部各要素之间存在矛盾，矛盾是无处不在、无时不有的。和谐社会是指社会中的诸要素以非对抗性的形式存在着，以统一性为标志，如合作、双赢、协商等占据主导地位，从而使社会达至一种理想的状态。但和谐社会不是无矛盾的社会。

（2）矛盾的普遍性指矛盾存在于一切事物之中，矛盾的特殊性指各个具体事物的矛盾、每一个矛盾的各个方面在发展的不同阶段各有其特点。大革命失败后，针对中国革命应该走什么道路，当时党内仍有一些人继续坚持中国革命要走"城市中心论"的道路，这是照搬十月革命的经验得出的一条不适合中国国情的道路，忽视了中国革命的特殊性。毛泽东同志准确把握住了近代中国的具体国情，提出中国革命只能走"农村包围城市，武装夺取政权"道路。原因有三：第一，近代中国农民占人口的绝大多数，是无产阶级最可靠的同盟军和革命主力军；第二，由于近代中国的资本主义发展很不充分，工人阶级的力量相对薄弱，因此中国革命必须充分动员广大农民的力量。第三，中国革命的敌人在城市建立了庞大的反革命军队，而在农村的力量相对薄弱，无产阶级政党需在农村积蓄力量。正是基于对以上客观形势的分析和把握，"农村包围城市"的革命道路才获得了成功。

（3）内外因原理指出，事物的内部矛盾（内因）是事物自身运动的源泉和动力，是事物发展的根本原因，而外部矛盾（外因）则是事物发展、变化的第二位的原因。内因是变化的根据，外因是变化的条件，外因通过内因而起作用。这一原理揭示了事物发展过程中内因和外因的相互作用。在探讨个人成功时，我们一方面要尤其注意内因的决定性作用，自身努力是成功的内在动力和基础，它决定了个人能够抓住机遇、克服挑战并不断提升自己；另一方面，也不能忽视外因的作用，因为外部环境对人的发展也有着不可忽视的影响，因此要积极创造有利的外部条件，促进自身发展。

**4. 教师点评总结**

教师在听取学生汇报的基础上进一步总结提炼相关内容，各小组听取教师点评后进一步完善相关思考，最终形成一份 1000 字以上的思维训练报告。教师总结的内容如下。

（1）和谐社会不是无矛盾的社会。任何社会都不是永恒静止的，而是运动的变化的。因此，和谐社会的理想状态也绝非某种静止的、伫立在遥远未来的理想形态，那只能是幻想。现实中的和谐社会建设必然是一个历史的发展过程，是社会自我发展和自我完善的过程，具体而言就是要以矛盾为动力，推动人类社会朝着理想的方向前进。

（2）毛泽东同志用矛盾的普遍性和特殊性原理来指导中国革命，走出了一条不同于苏联的革命道路，并最终获得成功，这是他坚持"具体问题具体分析"的成果。"具体问题具体分析"也是唯物辩证法的核心要义。唯物辩证法强调要对事物做具体的理解和具体的分析，不能脱离历史条件、客观形势抽象地理解事物。

（3）内因和外因的辩证关系原理告诉我们事物发展的最终动力是内因。引申到个人发展的问题上，这就需要我们科学对待个人成长和发展中遇到的挑战。在当下这样一个内卷的时代，尤其需要我们每个个体不断激活自我发展的内驱力，找准自身发展的优势，创造属于自己的丰富而又独特的人生体验。

# 第三节 | 唯物辩证法是认识世界和改造世界的根本方法

## 一、专题理论导学

### （一）教学目的

经过本专题的学习，学生将学习和掌握唯物辩证法的本质和精神，掌握矛盾分析法的内容及要义，特别是把握其认识功能和方法论意义，深入揭示习近平关于增强辩证思维能力、历史思维能力、战略思维能力、底线思维能力和创新思维能力的论述与唯物辩证法的逻辑关系，阐明唯物辩证法是增强人类思维能力的方法论基础，从而不断增强学生运用唯物辩证法分析和解决问题的能力。

### （二）教学重点

矛盾分析法；辩证思维方法；系统思维能力。

## 二、典型案例分析

### 案例一 温州民间借贷危机倒逼金融改革

温州，这座以民营经济著称的城市，民间借贷市场历来活跃。民间借贷由于存在灵活、便捷的特点，曾经为温州民营经济的发展提供了源源不断的资金支持。然而，民间借贷市场的繁荣背后也隐藏着巨大的风险。一方面，由于借贷双方往往缺乏法律意识，签订的合同不规范、利率过高等问题普遍存在，容易引发法律纠纷。另一方面，由于信息不对称、缺乏有效的信用评估机制等原因，出借人往往难以对借款人的信用状况进行准确评估，容易出现违约、欺诈等问题。此外，高利率、短期限等特点使得借贷双方面临较大的经济压力，一旦出现违约等问题，将对整个经济体系产生负面影响。

2011年，温州民间借贷危机使得温州的经济发展深陷困局，一时间，大量企业倒闭，老板跑路，工人失业。针对这一风险和问题，温州市政府花大力气谋篇布局，将化解民间借贷风波作为首要工作来抓，采取了一系列有力的金融改革举措，主要包括：第一，设立金融综合改革试验区。2012年，国务院批准设立温州市金融综合改革试验区。这一举措为温州金融改革提供了政策支持和实验平台。第二，成立温州民间借贷登记服务有限公司。为推动民间借贷阳光化、规范化，温州成立了全国首家"民间借贷服务中心"——温州民间借贷登记服务有限公司，向民间借贷提供信息登记备案、信息咨询、信息公布等服务。第三，出台相关法规文件。为了规范民间金融组织的融资行为，温州陆续出台《温州市农村资金互助会监管暂行办法》《温州市民间资本管理公司暂行办法》等一系列文件，以及全国首部地方性金融法规《温州市民间融资管理条例》。第四，创新金融产品和服务。温州推出"小额贷款保险＋风险补偿金""信保基金"等金融产品和服务，为小微企业和农民创业提供融资支持。

一系列金融改革举措最终取得了显著成果，不仅使温州成功化解了民企债务风险，规范了民间融资行为，完善了地方金融监管机制，丰富了民营企业融资渠道，提高了金融服务民营和小微企业的能力，而且也促进了温州实体经济的发展。

### ❓思考讨论

❶唯物辩证法认为，矛盾是推动事物变化发展的内在动力，任何事物内部都蕴含着既对立又统一的两个方面，因此我们要一分为二地看问题。请结合材料谈一谈，温州的民间借贷危机是如何体现对立统一规律的？

❷矛盾分析法是对立统一规律在方法论上的体现，也是唯物辩证法的根本方法。运用矛盾分析法解决问题要求我们强化问题意识，坚持具体问题具体分析，善于认识和化解矛盾。温州为了化解民间借贷危机实施了一系列重要的金融改革举措，请谈一谈这些改革举措是如何运用矛盾分析法来解决问题的。

## 案例二 四校合并为浙江大学带来新优势

1993 年，党中央、国务院作出了逐步推进高等教育体制改革的正确决策，提出了"共建、调整、合作、合并"的八字方针，先后将 708 所高校合并组建为 302 所多学科或综合性的高校。在这场中国高等教育合并的潮流中，浙江大学的合并是一个非常典型的成功案例。1998 年，经国务院批准，浙江大学、杭州大学、浙江农业大学、浙江医科大学四校合并组建为新的浙江大学。目前，浙江大学已成为国内综合实力排名相当靠前的高水平大学。浙江大学的快速发展和崛起，与并校重组带来的优势是分不开的。

合并后的浙江大学实现了学科的高度融合和优势互补。合并前的各高校在各自的领域内都有较强的学科实力。原浙江大学的工科和理科实力在全国享有盛誉，杭州大学的文、史、哲等文科专业较为突出，浙江农业大学在农业科学领域发展势头强劲，浙江医科大学是国内著名的医学教育和科研机构。合并是对四校教育资源和学术力量的整合，使得浙江大学在文、理、工、农、医多个领域都实现了质的飞跃，综合实力和教学质量显著提升。

浙江大学合并是中国高等教育领域的一次重要变革，也是适应国家和社会发展需求的一次伟大尝试。合并后的浙江大学在学科建设、师资队伍、科研创新、人才培育等方面均取得了显著成就，为社会发展做出了重要贡献。

### ❓思考讨论

❶系统观念是唯物辩证法普遍联系观点的体现，坚持系统观念就是要把事物放在普遍联系的整体中加以考察，要在系统与要素、结构与层次等的相互作用关系当中动态把握事物，力求获得事物发展的最优解。请结合系统观念讨论以下问题：浙江大学四校合并后为何能够发挥新优势？

❷战略思维能力强调我们在思考问题时要从事物发展的整体性、全局性、长期性出发，要善于把握事物发展的总体趋势和方向。以浙江大学四校合并为代表的高校合并浪潮是我国高等教育在发展进程中为了解决新问题而进行的重大战略调整。请结合材料讨论：为什么说高校合并是我党善于运用战略思维的生动体现？

## 三、实践活动指导

### （一）活动主题

调研"八八战略"在浙江的生动实践。

### （二）活动目的

"八八战略"指的是中国共产党浙江省委员会在 2003 年 7 月举行的第十一届四次全体（扩大）会议上提出的面向未来发展的八项举措，即进一步发挥八个方面的优势、推进八个方面的举措。

"八八战略"的提出和实施是以矛盾分析法观察、分析浙江实际情况和谋划浙江发展的生动体现。本次活动通过让学生主动搜集"八八战略"在浙江的生动实践，引导学生进一步理解矛盾分析法的具体内容，努力提升辩证思维能力。

### （三）活动流程

#### 1. 调研准备

学生可以通过互联网检索和搜集"八八战略"的生动案例，并筛选出 3—5 个在杭州的调研地点，针对不同的调研地点设计相对应的调研问卷和访谈提纲。教师帮助学生联系各调研地点，打印相关材料。

#### 2. 分组调研

各小组前往不同地点进行调研。调研过程中，可与当地工作人员、常住居民以及游客进行访谈交流，并引导他们填写调研问卷，做好现场资料的搜集工作。

#### 3. 分享交流

调研结束后，组织一次课上的分享交流，各小组分享自己所搜集到的"八八战略"在浙江的生动实践案例，并结合现场调研和访谈的结果，谈一谈调研的收获和体悟。

#### 4. 形成报告

分享交流后，教师对各小组的汇报进行逐一点评。各组可在相互交流和教师点评的基础上，优化调研结论，最终形成调研报告。

## 四、知识拓展训练

### （一）训练主题

阅读《论持久战》中的节选部分"为什么是持久战"。

### （二）训练目的

让学生通过重温毛泽东《论持久战》这一经典文本，全面掌握和理解矛盾分析法，掌握各种辩证思维方法，尤其是要掌握分析和综合的辩证思维，并通过多个贴近学生现实的思维训练题，帮助学生养成辩证思维能力。

### （三）训练内容

#### 1. 介绍训练内容

教师介绍训练文本的写作背景和相关内容。《论持久战》是毛泽东于 1938 年 5 月 26 日至 6 月 3 日在延安抗日战争研究会上的演讲稿，是关于中国抗日战争方针的军事政治著作，1938 年 7 月首次发表。该文在论证抗日战争发展的客观规律的基础上，系统揭示了争取抗战胜利的正确道路，并对当时各种对于抗战的错误认识展开了有力回击，从而在思想上确立了明确的统一战线，进一步坚定了中国人民取得抗战胜利的信心。

#### 2. 发布训练指南

教师发布训练文本《论持久战》中的节选部分"为什么是持久战"（请扫描下面二维码），并下发训练指南，引导学生带着指南上的问题进行阅读。指南如下。

（1）毛泽东认为抗日战争中，中日双方政治、经济、军事等方面的情况分别是怎样的？

（2）毛泽东为何会得出抗日战争是一场持久战的结论？

（3）你认为在此过程中，毛泽东运用了什么辩证思维方法？

#### 3. 小组分享交流

组织一次课上分享交流，引导学生分享自己的阅读体验，重点分享对于训练指南上的问题的理解。学生在分享的过程中，可以搜集抗日战争中的相关史实，来进一步理解毛泽东同志对于抗日战争所做出的判断的准确性和合理性。

### 4. 教师点评总结

教师对各组汇报进行点评和总结，点明本次思维训练的目的是考察大家对分析与综合辩证思维方法的理解和运用。在论持久战中，毛泽东首先对中日双方在政治、经济、军事各方面的情况做了剖析，这是分析的过程。在此基础上他又综合各方情况得出了结论，即中日战争是一场持久战。

专题六

实践与认识及其发展规律

实践是认识的源泉，也是检验真理的唯一标准。人类在改造世界的过程中，不断深化对世界的认识，又在新的认识指导下推动实践的发展。马克思主义哲学深刻揭示了实践与认识的辩证关系：认识从实践中来，又回到实践中去，真理与价值在实践中实现统一。从浙江的生动实践中可以看到，无论是"绿水青山就是金山银山"的生态转型，还是数字化改革的创新探索，都彰显了实践与认识的辩证运动如何在现实中展开。

# 第一节 ｜ 实践与认识

## 一、专题理论导学

### （一）教学目的

本节的教学目标旨在全方位、深层次地提升学生对于马克思主义哲学中实践与认识理论的理解与应用能力，以期培养出一批具备卓越批判性思维、创新意识与实践能力的社会建设者。我们期望通过一系列精心设计的教学活动，不仅使学生牢固掌握实践与认识理论的基本概念与核心原理，更重要的是，激发他们成为具有独立思考能力、创新精神的新时代学习者，能够在复杂多变的社会环境中保持敏锐的洞察力与坚定的价值判断，为促进人类社会的和谐发展与文明进步作出积极贡献。这一教学目标的实现，将标志我们的教育理念"以理论武装头脑，以实践检验真理，以创新引领未来"得到了真正的贯彻与体现。

### （二）教学重点

科学的实践观及其意义；实践的本质与基本结构；认识的本质与过程；实践与认识的辩证运动及其规律。

## 二、典型案例分析

### 案例一 浙江省"绿水青山就是金山银山"实践观[①]

余村位于浙江省安吉县，曾经以开山采矿作为主要的经济来源。然而，长期的采矿活动严重破坏了当地的生态环境，导致水土流失和生态退化。面对环境恶化和资源枯竭的双重压力，余村开始寻求新的发展道路。余村积极响应"绿水青山就是金山银山"的发展理念，转变发展模式，保护生态环境，发展

---

① 翁智雄等：《"绿水青山就是金山银山"思想的浙江实践创新》，《环境保护》2018 年第 46 卷第 9 期。

绿色经济，实现了从"卖石头"到"卖风景"的转变。

余村的改革首先从理念上进行转变，认识到生态环境的保护与经济发展并不是对立的，而是相辅相成的。余村逐步淘汰了高污染、高耗能的采矿业，转而发展生态旅游、绿色农业等产业。这些产业不仅对环境友好，而且能够带来持续的经济效益。继而投入大量资源进行环境修复，包括植树造林、水土保持等措施，逐步恢复了当地的生态环境。余村的发展模式转变也得益于社区居民的积极参与。村民们意识到保护环境的重要性，并积极参与生态保护和绿色发展。地方政府为余村的转型提供了政策支持和引导，包括财政补贴、技术指导等，帮助余村顺利实现产业升级。通过发展生态旅游，余村吸引了大量游客，带动了当地经济的发展。同时，生态环境的改善也提高了居民的生活质量，实现了经济效益与生态效益的双赢。

余村的案例证明了科学实践观的重要性，即在实践中应遵循自然规律，实现人与自然和谐共生。通过理念的转变、产业的调整、环境的修复、社区的参与、政策的支持，余村成功实现了从资源消耗型向生态友好型的发展模式转变，为其他地区提供了宝贵的经验和启示。

## ❓思考讨论

❶余村从依赖资源消耗型产业到转向生态友好型发展模式的转变，不仅是对"绿水青山就是金山银山"理念的成功实践，更是对中国生态文明建设的重要贡献。余村的案例展示了其在发展理念上的深刻变革，这种变革不仅是经济模式的转型，更涉及对人与自然关系的理解。结合余村的具体做法，试分析余村的转变体现了怎样的科学实践观？

❷"绿水青山就是金山银山"的理念已经成为中国生态文明建设的核心思想之一，它强调了环境保护与经济发展之间的内在联系。通过余村的实际案例，探讨如何理解这一理念对于实现可持续发展的重要性。

### 案例二 "浙江龙井茶产业的绿色转型"——实践与认识的辩证运动

浙江龙井茶，作为中国十大名茶之一，承载着深厚的地域文化和历史底蕴。然而，随着消费者对茶叶品质和食品安全的日益关注，以及生态环境保护意识的提升，传统的茶叶种植和加工方式面临着前所未有的挑战。浙江省政府和茶农在这一背景下，积极探索绿色、可持续的茶叶生产模式，这一过程生动展现了认识的本质与过程，以及实践与认识的辩证运动规律。

在龙井茶产业绿色转型的初期，茶农和政府对茶叶生产的认识主要集中在产量和经济效益上，随着消费者对健康、环保的追求，以及对茶叶品质的更高要求，这种认识逐渐转变为对生态种植、有机认证、品牌建设等方面的重视。这一转变过程体现了从直接经验和直观感知到理性思考和价值判断的认识深化，是从个别现象到普遍规律、从表面特征到本质属性的认识过程。

龙井茶产业的绿色转型，首先是基于对茶叶市场需求变化和消费者健康意识提升的实践观察，茶农开始尝试减少化肥、农药的使用，采用生物防治等生态种植方法。这一实践过程促使茶农和政府对传统种植方式的不足有了更深刻的认识，认识到生态种植不仅能提升茶叶品质，还能保护生态环境，实现可持续发展。随着绿色种植实践的深入，茶农和政府对茶叶产业的认识进一步深化，开始探索有机认证、品牌建设和市场营销等新领域。这一系列实践探索，反过来又丰富了茶农和政府对茶叶产业发展的认识，指导了后续的政策制定和产业规划，如出台支持有机茶园建设的政策、举办茶叶文化节等，推动了龙井茶产业的整体升级。

这种从实践到认识，再从认识到实践的循环往复，展现了实践与认识的辩证运动规律，即实践是认识的来源和检验标准，而深化的认识又能指导新的实践，推动产业的持续发展。

### ❓思考讨论

❶龙井茶产业的绿色转型不仅是对市场需求变化和消费者健康意识提升的响应，也是茶农和政府在实践中不断深化认识的过程。试分析茶农和政府在绿色转型中的实践探索与认识深化之间的互动关系，以及这些互动如何推动了龙

井茶产业的可持续发展。

❷实践与认识的辩证运动规律不仅适用于产业发展，同样也体现在个人生活和工作的方方面面。在日常生活中，我们不断通过实践来检验和修正自己的认识，从而促进个人成长和发展。结合这一规律，谈谈在个人决策、学习或创新活动中，如何有效地处理实践与认识的关系，以提升个人能力和改善生活质量，请结合具体实例进行说明。

### 三、实践活动指导

#### （一）活动主题

绿色转型，共筑未来：探索社区可持续发展的路径。

#### （二）活动目的

通过亲身参与社区绿色项目，深化对马克思主义哲学中实践与认识理论的理解。

培养学生的批判性思维、创新意识和实践能力，增强其社会责任感和使命感。

探索社区可持续发展的具体路径，为地方经济社会发展提供有价值的建议和方案。

促进学生之间的合作与交流，提高团队协作能力和沟通技巧。

#### （三）活动流程

理论学习与资料收集。组织学生系统学习马克思主义哲学中关于实践与认识的理论，特别是科学的实践观及其意义、实践的本质与基本结构、认识的本质与过程等核心内容。根据学生的兴趣和专长，将学生分成若干小组，每组负责一个具体的社区绿色项目（如生态农业、垃圾分类、节能减排等）。各组讨论并确定调研方向和实施方案。各组收集相关文献资料，了解国内外类似项目的成功经验，为后续的实地调研做好准备。

实地调研与问题识别。联系当地社区或村庄，确定调研的具体地点。确保所选地点具有一定的代表性，能够反映当前社区可持续发展面临的挑战和机遇。各组前往选定的社区进行实地考察，访谈社区居民、政府官员、非营利组织等，了解当地生态环境现状、经济发展模式、居民生活状况等。通过问卷调查、现场测量等方式，收集有关社区资源利用、环境污染、能源消耗等方面的数据，为后续分析提供依据。

问题分析与方案设计。各组对收集到的数据进行整理和分析，找出社区可持续发展面临的主要问题，如资源浪费、环境污染、经济发展模式单一等。基于马克思主义哲学中实践与认识的理论，结合实地调研的结果，各组提出切实可行的解决方案。各组之间进行交流和讨论，相互借鉴经验和思路，进一步优化和完善各自的方案。

实践操作与反馈调整。各组在社区的支持下，开始实施设计方案。例如，组织居民参与垃圾分类培训、协助当地政府推广清洁能源项目、开展环保宣传活动等。根据实际情况，各组对方案进行必要的调整和优化，确保项目能够顺利推进并达到预期目标。各组撰写详细的项目报告，总结实践经验，分析成功经验和不足之处。报告应包括项目背景、实施过程、取得的成效、遇到的问题及解决方法等内容。

## 四、知识拓展训练

### （一）训练主题

悦读经典：理论与实践的辩证统一——《实践论》精读与实践探索。

### （二）训练目的

深化理论理解。通过精读毛泽东《实践论》，深入理解实践与认识的辩证关系，包括实践是认识的来源、动力和检验标准，以及认识对实践的指导作用。

培养实践能力。结合理论学习，开展实践活动，让学生在实践中深化对理论的理解，提高分析和解决实际问题的能力。

强化理论联系实际。通过理论与实践的结合，让学生深刻体会到理论的价值在于指导实践，实践的意义在于验证和发展理论，培养学以致用的能力。

培养批判性思维。鼓励学生在阅读经典的同时，结合当代社会现实和个人成长经历，对理论进行批判性思考，培养独立思考和创新精神。

（三）训练内容

**1. 前期准备**

向每位学生发放《实践论》的文本资料，并提供相关背景介绍和导读材料，帮助学生更好地理解文章的历史背景和写作目的。教师进行一次导读课，介绍《实践论》的主要内容、核心观点和理论框架，讲解重点段落和难点词汇，指导学生如何有效阅读和理解经典著作。根据学生的兴趣和专长，将学生分成若干小组，每组负责一个具体的讨论主题（如"实践的本质""认识的过程""实践与认识的辩证关系"等）。各组讨论并确定具体的研究方向和讨论提纲。

**2. 自主阅读与笔记**

学生利用课余时间自主阅读《实践论》，并在阅读过程中做好笔记，记录下自己的疑问、感悟和思考。教师检查学生的阅读进度和笔记情况，确保每位学生都能认真完成阅读任务。每位学生撰写一篇阅读心得，总结自己对《实践论》的理解和体会，提出自己在阅读过程中遇到的问题和困惑。这些心得将在后续的讨论环节中作为参考材料。

**3. 小组讨论与分享**

各组围绕各自的主题进行深入讨论，结合《实践论》中的理论观点，探讨其在现实生活中的应用。讨论过程中，学生可以引用具体的案例或实例，说明理论与实践的关系。每周安排一次全班分享会，各组派出代表向全班汇报讨论成果，展示他们的研究成果和思考。其他同学可以提问或发表自己的看法，形成互动交流的氛围。教师在分享会后进行点评，指出各组讨论的优点和不足，提供进一步思考的方向和建议。教师还可以补充一些相关的理论知识或案例，帮助学生更全面地理解《实践论》。

**4. 实践活动与案例分析**

各组根据《实践论》的理论观点，设计一项与日常生活或校园生活相关的实践活动。例如，组织一次校园垃圾分类活动、开展一次社区调研、策划一次环保宣传活动等。通过实践活动，学生可以亲身体验理论与实践相结合的过程。各组选择一个现实中的典型案例（如某项政策的实施、某个社会问题的解决等），运用《实践论》的理论框架进行分析，探讨该案例中实践与认识的辩证关系。学生可以通过查阅资料、采访相关人员等方式，收集相关信息，撰写详细的案例分析报告。

# 第二节 真理与价值

## 一、专题理论导学

### （一）教学目的

本节主要目标是引领大学生深入探索真理的本质及其与价值之间的复杂关系，以培养他们的批判性思维和哲学洞察力。具体而言，我们将围绕以下三个核心议题展开讨论：

（1）真理的客观性、绝对性和相对性。通过分析历史上的哲学观点和当代的学术研究，帮助学生理解真理的属性。我们将探讨是否有超越个体认知的客观存在，以及在何种程度上真理可以被认为是绝对性或相对性的统一。鼓励学生反思个人信念与普遍真理之间的关系，理解不同文化和社会背景下真理观念的多样性，从而促进跨文化交流和理解。

（2）真理的检验标准。引导学生审视科学方法、逻辑推理、经验观察和共识形成等不同的真理验证途径，以及它们各自的优点和局限性。通过案例分析，让学生学会评估信息的可靠性，培养独立思考和批判性判断的能力，这对于在信息爆炸的时代保持理性至关重要。

（3）真理与价值的辩证统一。探讨真理追求与道德、美学、政治等价值领域之间的相互作用，揭示知识如何影响我们的价值观和行为选择。激发学生思考如何在追求真理的同时，兼顾社会正义、人类福祉和环境伦理，培养他们成为有责任感的公民。

总体而言，本节课程旨在提供一个平台，让大学生能够从哲学的角度审视真理的本质，理解其与价值的复杂联系，并通过批判性思考和开放性对话，提升他们的综合素养，为未来的学习和职业生涯奠定坚实的理论基础。

### （二）教学重点

真理的客观性、绝对性和相对性；真理的检验标准；真理与价值的辩证统一。

## 二、典型案例分析

案例一 **西湖龙井茶的品质与价值——真理的客观性、绝对性和相对性**

西湖龙井茶，产于浙江省杭州市西湖区，以其色泽翠绿、香郁、味甘、形美四绝著称，是中国十大名茶之一。其品质的高低，不仅是茶叶物理、化学特性的反映，也是文化价值和消费者个人体验的综合体。

1. 真理的客观性。西湖龙井茶的品质评判，有一套客观标准，如叶片的长度、宽度、颜色、形状，以及茶汤的色泽、香气、味道等，这些都可以通过科学方法进行测量和比较。这种客观性确保了不同批次、不同产地的龙井茶可以有共同的评判尺度，反映了真理的客观性。

2. 真理的绝对性。在龙井茶的评价体系中，存在着某些恒定不变的标准，这些标准基于茶叶的固有属性和人类长期积累的品鉴经验。例如，真正的西湖龙井茶必须来源于西湖周边的特定区域，这是由该地区独特的地理环境和气候条件决定的，这种限定性反映了真理的绝对性。不论是在中国还是在世界任何一个地方，只要提到西湖龙井，就应当指向这个特定区域生产的茶叶，而不能泛指其他地区的类似品种，这体现了真理的不可更改性和普遍约束力。

3. 真理的相对性。尽管存在客观标准，但不同消费者对龙井茶的偏好却存在巨大差异。有的人喜欢清香型的，有的人则偏爱浓郁型的；有的重视茶叶的外形，有的更看重茶汤的口感。这种个人喜好的多样性，体现了真理的相对性，即在一定条件下，真理可以有不同的解读和评价。

❓思考讨论

❶西湖龙井茶的品质评价标准，如茶叶的物理特性，是可以被观测和测量的，不依赖于个人意志，体现了真理的客观性。通过科学方法确立的这些标

准，确保了不同批次、不同产地的龙井茶可以有一个共同的评判尺度。基于这一点，试用唯物辩证法的基本原理分析，西湖龙井茶的品质评价标准是如何通过科学方法和客观标准体现真理的客观性的？

❷尽管存在客观的品质评价标准，但不同消费者对西湖龙井茶的喜好存在巨大差异，这反映了个人喜好的多样性和主观性。面对这种情况，消费者的个性化需求对市场和评价体系提出了新的挑战。基于这一现象，结合唯物辩证法的基本原理，讨论消费者喜好的差异性是否影响了西湖龙井茶品质的客观评价？

## 案例二 宁波港的绿色转型——真理的检验标准

宁波舟山港，位于浙江省东部沿海，是中国最大的港口之一，也是全球货物吞吐量最大的港口。近年来，宁波舟山港积极响应国家绿色发展战略，致力于节能减排和环境保护，推动港口向绿色、低碳方向转型。宁波舟山港在绿色转型的过程中，采取了一系列创新举措，包括推广使用清洁能源、优化港口物流效率、建设绿色生态港区等。这些举措的实施效果，需要通过实践来检验其是否真正达到了预期的环保目标，这体现了真理检验标准的应用。

一、具体实践

清洁能源的使用。宁波舟山港引入了风能、太阳能等可再生能源，减少了化石燃料的消耗，降低了碳排放。例如，港口安装了大量的太阳能板，利用太阳能发电为港口设施供电，减少温室气体排放。

物流效率的提升。通过智能调度系统和大数据分析，优化了船舶靠泊和货物装卸流程，减少了不必要的等待时间和能源浪费，提高了整体运营效率。

绿色生态港区建设。宁波舟山港加大了绿化投入，种植大量树木和植被，改善了港区环境，同时建立了废水回收利用系统，减少了水资源的浪费。

二、真理的检验标准

真理的检验标准是指通过实践来验证理论或计划的有效性和真实性。在宁波舟山港的绿色转型实践中，上述措施的效果需要通过实际运行数据来验证，如能源消耗量、碳排放量、污染物排放量等指标的改善情况，以及生态环境的恢复情况。这些数据能够客观地反映出绿色转型策略是否成功，是否真正实现了环境保护的目标。

## ❓思考讨论

❶通过引入清洁能源、优化物流效率和建设绿色生态港区，宁波舟山港在环境保护方面取得了显著进展。然而，这些措施的效果需要通过实际运行数据来验证，以确保其真正达到了预期的环保目标。基于这一背景，试用辩证唯物主义认识论的基本原理分析，宁波舟山港的绿色转型措施如何通过实际运行数据和环境改善情况，验证其有效性和真实性？

❷绿色转型不仅是技术上的创新，更是一个不断探索和优化的过程。在这个过程中，理论指导实践，而实践又反过来检验和完善理论。鉴于绿色转型需要不断创新和优化，结合辩证唯物主义认识论的基本原理，讨论在宁波舟山港的绿色转型中，理论指导与实践探索是如何相互作用的。请分析在这个过程中，如何通过持续的实践来检验和完善理论，确保绿色转型的有效推进。

### 案例三 阿里巴巴的"碳中和"计划[①]

阿里巴巴，自 1999 年成立以来，从一家初创企业成长为全球电子商务领域的领军者。随着业务的扩张，阿里巴巴意识到其运营活动对环境的影响，尤其是在能源消耗和碳排放方面。2021 年，阿里巴巴宣布了其雄心勃勃的"碳中和"计划，旨在 2030 年前实现自身运营的碳中和，以及在 2040 年前实现供应链的碳中和，彰显了企业对环境责任的承担。

阿里巴巴认识到，随着数字经济的飞速发展，数据处理中心的能耗急剧上升，物流配送网络的扩张也带来了碳足迹的增加。因此，将环境保护纳入企业战略，不仅是响应全球环保趋势的需要，也是企业可持续发展的内在要求。阿里巴巴开始着手优化数据中心的能源效率，采用清洁能源供电，创新物流系统以减少不必要的运输，推广绿色包装，鼓励消费者参与回收计划，同时，通过

---

① 蔡强等：《双碳目标下平台治理对气候变化的影响及应对策略——以阿里巴巴碳中和行动为例》，《现代城市研究》2023 年第 7 期。

与供应商合作，推动整个供应链的绿色转型。

阿里巴巴的绿色转型，展现了企业面对环境挑战时，如何通过创新和协作，寻求业务增长与环境保护之间的平衡。一方面，阿里巴巴通过采用环保技术和方法，优化运营流程，遵循自然和经济的规律，实现了绿色低碳的运营模式；另一方面，这一系列的绿色行动不仅为企业塑造了良好的社会责任形象，也开辟了新的市场机会，提升了企业的竞争力，为未来的发展奠定了坚实的基础。

### ❓ 思考讨论

❶阿里巴巴的"碳中和"计划，不仅是一项应对气候变化的具体行动，更是企业对自然规律和社会责任的深刻理解与实践。通过这一计划，阿里巴巴在减少环境影响的同时，也提升了企业的竞争力和社会形象，展示了企业在绿色转型中的创新能力和社会责任感。基于这一点，试分析阿里巴巴的"碳中和"计划在实践中是如何体现真理与价值的辩证统一的？

❷阿里巴巴的绿色转型模式，不仅为企业自身带来了显著的环境和社会效益，也为其他企业提供了宝贵的借鉴经验。通过对阿里巴巴成功经验的学习，其他企业可以更好地理解如何在追求真理和创造价值之间找到平衡点。请运用马克思主义价值论的基本原理，探讨阿里巴巴的绿色转型模式对其他企业的启示。

## 三、实践活动指导

### （一）活动主题

西湖之美——真理的相对性与绝对性探索之旅。漫步西湖，感受自然与人文交融的美景，探讨真理在不同视角下的相对性与绝对性。通过实地考察和哲学思考，学生们将体会如何在变化中寻找不变的本质，理解真理是内容上的一元性与形式上的多元性的统一。

### （二）活动目的

审美体验。通过亲身体验西湖美景，感受自然与人文的和谐统一，提升审美鉴赏能力。

哲学思考。引导学生思考美作为一种真理的相对性与绝对性，理解不同视角下美的多样性。

批判性思维。培养学生从不同角度审视美的能力，理解美的主观感受与客观存在之间的辩证关系。

### （三）活动流程

前期准备。在活动前一周，组织学生进行相关哲学美学理论的学习，包括真理的相对性与绝对性在美学领域的讨论。确定活动日期和行程安排，准备必要的游览装备。设计调查问卷或反思日记模板，用于记录学生的个人体验和思考。

实地考察。组织学生实地游览西湖，亲身体验西湖的自然人文景观，如断桥残雪、苏堤春晓、西湖博物馆等。按照预定路线游览西湖，途中安排特定站点进行停留，引导学生细致观察并记录自己的感受和思考，包括对某一景致的特别偏好及原因。

小组讨论。游览结束后，分组讨论各自的感受差异，探究造成不同审美体验的原因，包括文化背景、个人经历等。

反思写作。活动结束后，学生根据个人体验和讨论内容，撰写反思文章，探讨美作为真理的相对性与绝对性，以及个人审美观的形成与发展。

## 四、知识拓展训练

### （一）训练主题

悦读经典 ——真理的客观性、绝对性与相对性及其检验标准。

### （二）训练目的

深度理解。通过阅读马克思主义经典著作，深入理解真理的多维性质及其在社会历史进程中的角色。

批判性思考。培养学生的批判性思维能力，学会从马克思主义的视角分析和评价真理的相对性与绝对性。

辩证理解。探讨真理与价值的辩证统一，理解二者在现实世界中的互动关系，特别是从历史唯物主义的角度。

学术交流。促进学生之间的学术交流，分享阅读体会，增强团队合作与沟通能力。

## （三）训练内容

经典选读。精选马克思主义经典著作，包括但不限于《关于费尔巴哈的提纲》《自然辩证法（节选）》《反杜林论》等，涵盖马克思主义对真理的多层次阐述。

教师导学。教师准备导读材料，对选读书目进行深度解析，确保学生能够理解理论的深层含义。制订详细的阅读计划，分配阅读任务，确保学生有足够的时间深入阅读和思考。

深度阅读。学生按计划阅读指定的马克思主义经典著作，边读边做笔记，记录下对真理性质的初步理解。

小组讨论。学生分组讨论，每个小组选择一个主题，如"实践是检验真理的唯一标准""真理与价值的辩证统一"，进行深入探讨。

# 第三节 | 认识世界和改造世界

## 一、专题理论导学

### （一）教学目的

激发行动导向的学习动力。通过本节的学习，旨在激发大学生对社会现实的关注与思考，理解认识世界的根本目的在于改造世界。我们将引导学生认识到，学习知识和理论的目的不仅仅是为了学术上的成就，更是为了将其应用于解决实际问题，推动社会进步。大学生应具备将理论知识转化为实践行动的能力，成为社会变革的积极参与者。

培养实事求是的态度。重点强调一切从实际出发，实事求是的原则，培养学生在面对问题时，能够立足于客观事实，避免主观臆断。通过案例分析、实地调研等方式，让学生亲身体验到理论与实践的结合，学会在复杂多变的环境中，运用科学的方法去观察、分析和解决问题，培养严谨、求实的学术作风和生活态度。

促进理论与实践的良性互动。鼓励大学生在学习过程中，既要重视理论知识的积累，也要注重实践能力的培养，实现理论创新与实践创新的良性互动。我们将通过项目制学习、创新创业大赛、社会实践等形式，让学生在实践中检验理论，同时在理论学习中寻找实践的指导，形成理论指导实践、实践丰富理论的良性循环，培养学生的创新意识和实践能力。

强化守正创新的精神。在学习和实践的过程中，强调守正创新的重要性，即在坚持正确价值观和道德观的基础上，勇于创新，敢于挑战。我们将通过开展跨学科项目、鼓励学生参与科研创新和社区服务等活动，培养学生的创新精神和团队合作能力，让学生在守正的基础上，探索未知，开拓创新，为个人成长和社会发展作出贡献。

### （二）教学重点

认识世界的根本目的在于改造世界；一切从实际出发，实事求是；坚持守正创新，实现理论创新和实践创新的良性互动。

## 二、典型案例分析

### 案例一 浙江中医药大学的社区健康守护行动

浙江中医药大学，作为浙江省内重要的中医药高等教育机构，一直致力于传承和弘扬中医药文化，提升公众健康意识。为了响应国家"健康中国"战略，弘扬中医养生理念，学校发起了"健康守护者"系列活动。该活动旨在通过一系列丰富多彩的健康教育和实践活动，增强师生及社会公众的健康素养，倡导科学、健康的生活方式，推动中医药在健康管理中的应用。同时也非常注重将理论知识与社会实践相结合，培养学生的社会责任感和实践能力。

"健康守护者"活动每年春季和秋季学期各举办一次大型主题活动，持续时间为一个月，每周或每月定期开展常规活动，确保健康教育的连续性和覆盖面。活动地点包括校内的滨文校区和富春校区，以及校外的社区、中小学、企业和福利院等。通过设立健康检测点、组织义诊、健康宣教进校园和企业健康关怀等活动，学生志愿者团队不仅为社会大众提供了便捷的医疗服务，还锻炼了自己的专业技能，赢得了广泛好评。

"健康守护者"活动包括社区义诊、健康宣教进校园和企业健康关怀等。他们定期前往周边社区，开设健康讲座，内容涵盖中医养生知识、常见疾病预防、急救常识等。同时，学生们还会设立临时的健康咨询点，为社区居民提供一对一的健康咨询，解答他们在日常生活中遇到的健康问题。此外，活动还包括组织居民参与简单的中医养生操，以及教授家庭常用的中药调理方法。学生们还经常走进中小学，开展健康知识讲座和互动活动，帮助青少年树立正确的健康观念，养成良好的生活习惯。"健康守护者"们与当地企业合作，为企业员工提供健康讲座、心理辅导、运动指导等服务，提升员工的健康水平和工作效率。

**❓思考讨论**

❶浙江中医药大学的"健康守护者"活动，不仅是一次理论知识的传播，更是一次实际行动的践行。通过这一系列活动，学校将中医养生理念和健康管理方法带入社区、学校和企业，帮助公众提升健康素养，改善生活质量。这种从认识到实践的过程，充分体现了认识世界的根本目的在于改造世界的理念。试分析"健康守护者"活动如何通过具体的实践活动，将中医理论转化为实际的社会效益。

❷"健康守护者"活动不仅传承了中医药的传统智慧，还在实践中不断创新，探索新的健康管理模式和服务方式。例如，通过引入现代科技手段，如在线课程、智能健康监测等，提升了活动的吸引力和效果。同时，学生们在参与活动的过程中，也不断积累经验，提出了许多有价值的改进建议，推动了理论和实践的双重创新。结合"健康守护者"活动的具体实践，讨论学校如何在传承中医药传统的基础上，实现理论创新和实践创新的良性互动。

### 案例二 申通快递的发展历程：一切从实际出发，实事求是[①]

申通快递的故事始于 1993 年，那时它还只是一个小小的"神通综合服务部"。面对当时快递行业的空白和市场的巨大需求，申通快递的创始人没有盲目跟风，而是从实际出发，凭借敏锐的市场洞察力和对行业的深刻理解，选择了经济型快递这一细分市场作为突破口。他们脚踏实地，一步一个脚印地前行，逐渐在快递行业中站稳了脚跟。

在申通快递的发展历程中，一切从实际出发、实事求是的精神始终贯穿其中。无论是早期的加盟制模式，还是后来的自营化转型，申通快递都始终坚持从市场需求出发，不断优化服务流程，提升服务质量。他们深知，只有深入了解客户需求，才能提供更加精准的服务；只有不断优化流程，才能提高效率、降低成本。这种务实的精神，让申通快递在激烈的市场竞争中脱颖而出，成为行业的佼佼者。然而，申通快递并没有满足于现状。在守正的基础上，他们不断创新，积极探索新的发展模式。他们引入电商资本，加速数智化转型，打造

---

① 黄宇轩：《申通快递商业模式创新研究》，中南财经政法大学 2020 年硕士论文。

"处理中心＋智能云仓＋电商创业"数智物流产业园，推动寄递业务高质量发展。同时，申通快递还注重科技创新，自研电磁驱动超高速三层交叉带等智能化设施设备，为快递行业向技术密集型转型树立了典范。

历经多年发展，申通快递成长为在全国快递市场具有重要地位的品牌，业务覆盖范围广泛，在业务量、市场占有率等关键指标上有一定表现。回顾其历程，申通快递正是始终秉持"一切从实际出发，实事求是、守正创新"的理念，依据不同阶段的内外部实际条件灵活决策、持续改进，才促使企业持续前行。

## 🔖 思考讨论

❶申通快递的创始人在 1993 年创立"神通综合服务部"时，面对当时快递行业的空白和市场的巨大需求，并没有盲目跟风，而是从实际出发，凭借敏锐的市场洞察力和对行业的深刻理解，选择了经济型快递这一细分市场作为突破口。这种务实的态度使得申通快递能够在激烈的市场竞争中站稳脚跟，逐步发展壮大。结合申通快递的早期发展历程，分析其如何通过"一切从实际出发，实事求是"的精神，选择适合自己的市场定位和发展路径。

❷申通快递的成功不仅在于其能够准确把握市场机遇，更在于其通过实际行动，不断改造和优化自身的运营模式和服务质量，从而为客户提供更加优质的服务。无论是早期的加盟制，还是后来的智能化设施设备的引入，申通快递始终将客户需求放在首位，不断优化流程，提高效率、降低成本，真正实现了从认识到实践的转化。结合申通快递的发展历程，分析企业如何通过实际行动，将对市场的认识转化为具体的改造措施。

## 三、实践活动指导

### （一）活动主题

探访中药之源——体验与探索中药材种植的守正创新之道。

### （二）活动目的

实地认知。通过参观中药材种植基地，深入了解中药材的生长环境、栽培技术，增强对中药材原生态的认知。

理论联系实践。将中医药理论与中药材的种植实践相结合，理解"守正"在中药材种植过程中的体现。

创新启发。考察中药材种植基地的现代管理与科技创新，激发对中药材种植与加工技术的创新思考。

文化传播。感受中药材种植的文化底蕴，提升对中医药文化的认同感，促进中医药文化的传承与创新。

### （三）活动流程

#### 1. 前期准备

选择合适的中药材种植基地，如临安、淳安等地的中药材种植示范区。安排好交通、餐饮等后勤保障，确保活动顺利进行。准备学习资料，包括中药材种植手册、相关科研论文等。

#### 2. 活动实施

活动前一周，组织线上学习，邀请中医药专家进行中药材种植基础知识的讲解。到达中药材种植基地，由基地工作人员引导参观，介绍不同中药材的种植特点和管理方法。与基地技术人员座谈，讨论中药材种植的创新实践，包括生物防治、智能灌溉等。在基地技术人员的指导下，参与简单的中药材种植或采摘活动，体验种植的乐趣和艰辛。

#### 3. 后期总结

举办分享会，参与者分享考察心得，讨论如何将考察体验转化为创新灵感。编写考察报告，记录考察见闻，分析中药材种植的"守正"与"创新"。通过"探访中药之源"实践活动，参与者不仅能够近距离接触中药材的种植环境，还能深刻理解中药材种植的"守正"与"创新"，激发对中医药领域理论与实践结合的深入探索。活动旨在培养参与者对中医药文化的热爱，以及对中药材种植技术创新的兴趣，为中医药的持续发展注入新的活力。

## 四、知识拓展训练

### （一）训练主题

"理论实验室"——从认识世界到改造世界：理论与实践的结合。

创建一个虚拟的"理论实验室"，模拟真实的社会问题或挑战。学生将以小组为单位，进入这个实验室，面对一系列设定的现实问题（如环境污染、城市交通拥堵、贫困问题等）。每个小组需要运用所学的理论知识，提出解决方案，并通过模拟实施来验证其可行性。

### （二）训练目的

激发行动导向的学习动力。通过本节的学习，激发大学生对社会现实的关注与思考，理解认识世界的根本目的在于改造世界。引导学生认识到，学习知识和理论的目的不仅仅是为了学术上的成就，更是为了将其应用于解决实际问题，推动社会进步。

培养实事求是的态度。重点强调一切从实际出发，实事求是的原则，培养学生在面对问题时，能够立足于客观事实，避免主观臆断。通过案例分析、实地调研等方式，让学生亲身体验到理论与实践的结合，学会在复杂多变的环境中，运用科学的方法去观察、分析和解决问题，培养严谨、求实的学术作风和生活态度。

### （三）训练流程内容

问题设定。教师根据当前社会热点，设计若干个现实问题情境，涵盖不同领域（如环境、经济、社会、科技等）。

分组讨论。学生分成若干小组，每组五六人，选择一个问题进行深入研究。每个小组需要查阅相关资料，分析问题的背景、原因和影响，并提出初步的解决方案。

方案设计。各小组根据所选问题，结合马克思主义哲学中的"认识世界与改造世界"的思想，设计具体的解决方案。方案应包括理论依据、实施步骤、预期效果等内容。

模拟实施。每个小组通过角色扮演、情景模拟等方式，展示他们的解决方案。其他小组可以作为"评审团"，质疑并提出建议，帮助完善方案。

　　反思与总结。活动结束后，教师引导学生进行反思，讨论哪些理论在实践中得到了验证，哪些需要进一步调整。通过这种方式，学生不仅能深化对理论的理解，还能培养解决实际问题的能力。

专题七　人类社会及其发展规律

纵观人类历史的发展，我们得到的似乎是这样一幅景象：历史现象扑朔迷离，历史舞台上英雄辈出。那么，在这些纷繁复杂的现象背后，是否存在着历史发展的客观规律？推动社会发展的动力是什么？谁又是历史的创造者？这些"历史之谜"一直困扰着人们，直到马克思、恩格斯创立了唯物史观，才揭示了人类社会运行的规律，揭示了社会发展的动力，明确了历史的真正创造者。本专题首先探讨了"是否存在历史发展的客观规律"的问题，在揭示唯物史观和唯心史观两种根本对立的历史观的基础上，阐明了唯物史观对于历史发展客观规律的回答，即生产力和生产关系的矛盾运动规律、经济基础和上层建筑的矛盾运动规律就是人类社会发展的基本规律；其次探讨了"推动历史发展的动力是什么"的问题，厘清了社会基本矛盾、阶级斗争、社会革命、改革、科学技术等在推动社会发展中的不同作用；最后探讨了"谁是历史的创造者"的问题，在阐明英雄史观和群众史观对这个问题的不同回答的前提下，唯物史观揭示了人民群众是历史的创造者。本专题通过对以上三个问题的深入研究，力图使学生提高运用唯物史观来正确认识历史与现实、正确认识社会发展规律的自觉性和能力，深刻领悟党的群众观点和群众路线的基本主张，在实际生活中主动践行"以人民为中心"的政治理念。

# 第一节 人类社会的存在与发展

## 一、专题理论导学

### （一）教学目的

经过本专题的学习，学生将学习和掌握历史唯物主义基本原理，着重把握生产力与生产关系、经济基础与上层建筑及其矛盾运动规律等内容，在此基础上培养学生运用社会基本矛盾的原理和方法，分析和认识当代中国与世界发展的重大理论与现实问题。

### （二）教学重点

社会存在与社会意识的辩证关系；生产力与生产关系的辩证关系；经济基础与上层建筑的辩证关系；社会形态更替的一般规律及其特殊性。

## 二、典型案例分析

### 案例一 浙江的"四千精神"

"四千精神"是以浙商为代表的浙江人民在改革开放初期形成的一种极具代表性的创业精神，具体表现为"走遍千山万水，想尽千方百计，说尽千言万语，吃尽千辛万苦"。这一精神不仅体现了浙江人敢于改革、善于拼搏、不畏艰险的品质，更是浙江民营经济崛起的重要精神支撑。

浙江之所以会形成"四千精神"，与以下几方面密切相关。

首先，浙江的地理环境为"四千精神"的形成提供了条件。众所周知，"七山一水二分田"是对浙江地理特征的生动描述。改革开放之初，浙江人均资源拥有量仅是全国平均水平的11.5%，位居全国倒数第三。这种地理环境限制了浙江在农业等传统产业上的发展空间，促使浙江人民寻找其他出路，如发展民营经济和乡镇企业。

其次，浙江的历史文化为"四千精神"的形成提供了文化土壤。浙江兼具内陆文化和海洋文化的特征，这孕育了浙江人不尚空谈、不重形式、灵活多变、勤勤恳恳、敢于创新的精神品质。人的潜能在地域文化的滋养下得到了"满级"释放，在资源不足的困境中，浙江人把"人"变成了最有优势的资源。

最后，改革开放的政策和市场经济的发展也为"四千精神"的发展提供了重要机遇。改革开放初期，浙江作为改革开放的先行地之一，率先进行了农村和城市经济体制改革，大力发展乡镇企业和个体私营经济。在这一过程中，浙江人民充分发扬了"四千精神"，不畏艰难、勇于探索，积极开拓市场、寻求商机，推动了浙江民营经济的迅速崛起。而在市场经济条件下，竞争日益激烈，企业要想在市场中立足和发展，就必须不断创新、不断进取。市场经济培育了浙江人民善于思考、勇于创新、吃苦耐劳的精神品质，这些品质正是"四千精神"的重要组成部分。

浙江的"四千精神"充分体现了在经济社会发展的进程中，人们既要尊重客观规律，更要发挥主观能动性。正是在"四千"精神的激励下，浙江的"老板"们从一个个小生意做起，凭着对市场的灵敏嗅觉，敏锐发现商机、善于把握时机、主动捕捉契机，将"小生意"谈成了"大买卖"，"小商品"汇成了"大市场"，"小作坊"变成了"大企业"，赢得了把生意做遍天下的美名。也正是在"四千"精神的激励下，才造就了鲁冠球、步鑫生、宗庆后、徐冠巨、南存辉、李书福等一大批叱咤商海的风云人物，同时也滋养了千千万万个开着小店网店的"草根"老板，书写了浙江民营经济发展的传奇。

### ❓思考讨论

❶浙江的"四千精神"是浙江人民在改革开放的客观历史条件下形成的一种极具代表性的创业精神，这种精神反过来又成为推动浙江民营经济发展壮大的内在动力。请运用社会存在与社会意识辩证关系的原理分析浙江精神产生的原因及其作用。

❷马克思、恩格斯在《神圣家族》中指出："历史不过是追求着自己目的的人的活动而已。"[1]由于历史是人的实践活动所构成的，因此，一方面人是历史的剧作者，历史是经由人的实践活动创造的；另一方面人也是历史的剧中人，人类创造历史的实践活动不是随心所欲的，必须在既定的历史条件下进行。请结合材料谈谈你对"人既是历史的剧作者，又是历史的剧中人"观点的理解。

### 案例二 温州永嘉首创"包产到户"责任制

温州永嘉"包产到户"事件是中国农村改革的重要历史事件。1956 年，中共永嘉县委在雄溪乡燎原社率先进行了农业生产产量责任制的试验，这一制度被称为"包产到户"。该制度的核心是"三包到队、责任到户、定额到丘、统一经营"，旨在通过明确责任和提高社员的责任心，调动他们的生产积极性。这比 1978 年小岗村的实践早了 22 年。

在"包产到户"实施后，燎原社的农业生产面貌发生了翻天覆地的变化。"队长派工、社员出工、干活磨洋工、两工顶一工"的现象不见了，农业生产效率显著提高，耕种面积扩大，粮食产量大幅增加。然而，这一改革措施在当时也引发了广泛的争议，有人认为这种做法会偏离社会主义轨道，存在复辟资本主义的危险。随着全党整风运动和反右派斗争的开展，对永嘉包产到户的批判声日益高涨，最终导致了该制度的被迫停止。

直到中共十一届三中全会以后，包产到户才得到正名。温州永嘉"包产到户"事件不仅证明了该制度的正确性和生命力，也为中国农村改革提供了宝贵的经验和启示。

### ❓思考讨论

❶物质生产实践是人类社会存在和发展的基础。人类通过改造世界的物质生产实践活动，获得满足自身需要的各类物质资料。在历史发展的进程中，人

---

[1] 中共中央马克思恩格斯列宁斯大林著作编译局编译：《马克思恩格斯文集》第 1 卷，人民出版社 2009 年版，第 295 页。

类社会组织物质生产实践的方式是多种多样的。不同的组织方式会对生产力的发展起到不同的作用。请结合材料和所学知识，谈谈为什么温州永嘉在实施"包产到户"之前，会出现"队长派工、社员出工、干活磨洋工、两工顶一工"的现象。

❷唯物史观认为，生产力和生产关系是社会生产中两个不可分割的方面，二者之间的矛盾运动构成社会发展的根本动力。请运用生产力和生产关系的辩证关系原理说明温州永嘉实行"包产到户责任制"的必要性。

## 三、实践活动指导

### （一）活动主题

探究"社会形态更替的统一性和多样性"。

### （二）活动目的

理解教学重点。本次活动，旨在引导学生深入把握社会形态更替的统一性与多样性的基本原理。

激发学习热情。通过学生主动找材料，主动发起课堂讨论的方式，可以有效激发其兴趣。

培养思辨能力。通过对典型案例的分析，可以帮助学生运用辩证思维能力把握人类社会发展的复杂性和多样性。

### （三）活动流程

#### 1．阅读文献

学生自行搜集马克思论述社会形态的相关文本，通过阅读文本进一步把握社会形态更替的统一性的相关原理。

#### 2．搜集案例

学生搜集社会形态更替的多样性的案例，在此基础上理解社会形态更替的统一性与多样性的辩证统一。

#### 3．课堂讨论

学生展示自己搜集到的文献和案例，教师亦可补充相关文献和案例，并展开课堂讨论。课堂着重讨论两个案例：第一，马克思晚年提出的俄国社会跨越"卡夫丁峡谷"的设想；第二，中国特色社会主义道路。针对以上案例，课堂着重讨论以下三个问题。

（1）马克思为什么说俄国有可能不经历资本主义制度的灾难性波折，而直接从农村公社制度过渡到社会主义制度，即跨越资本主义的"卡夫丁峡谷"？

（2）中国为什么会选择社会主义道路，而非资本主义道路？

（3）如何理解社会形态更替的统一性与多样性？

### 4. 教师总结

在课堂讨论结束后，老师根据学生输出的观点和论证做进一步总结。社会形态更替的统一性与多样性，根源于社会发展的必然性与人们的历史选择性相统一的过程，这也是尊重客观规律和发挥人的主观能动性的辩证统一原理在人类社会发展中的具体应用。

## 四、知识拓展训练

### （一）训练主题

探究"如何理解历史发展的规律性"的问题。

### （二）训练目的

"如何理解历史发展的规律性"问题是唯物史观研究当中的一个重点问题，也是一个难点问题。教材相关部分的内容对这一问题有所涉及，但是探讨得还不够深入详尽。本次训练，是对教材内容的有益补充，旨在帮助学生厘清对于唯物史观基本观点的一系列误解。例如，有人认为唯物史观是一种宿命论或者经济决定论，否认了人的自由；还有人主张唯物史观能够精确预言未来等。通过本次训练，学生将理解何谓唯物史观的历史规律、历史规律与人的自由之间是什么关系、历史规律与自然规律之间的区别等内容。

### （三）训练内容

**1. 学生自行查阅文献**

学生自行搜集和查阅历史上对于历史规律问题的探讨，将之与唯物史观的基本观点进行比较，形成初步的文献综述，梳理主要流派的相关观点。

**2. 教师发布训练指南**

教师围绕"如何理解历史发展的规律性"这一主题，发布训练指南，引导学生进一步梳理文献和相关思路。训练指南由若干个问题链组成。

（1）问题一：你认为什么是历史？历史发展有没有规律？

此处引导学生搜集历史非决定论（如卡尔·波普尔）和历史决定论（如拉普拉斯、黑格尔）等代表人物的基本观点，在此基础上，进一步思考以下问题：第一，卡尔·波普尔是如何看待历史的？他认为历史发展存在规律吗？为什么？第二，拉普拉斯、黑格尔是如何看待历史的？他们认为历史发展存在规律吗？为什么？

（2）问题二：马克思是如何看待历史的？

此处引导学生阅读马克思、恩格斯的《德意志意识形态》，在此基础上进一步思考以下问题：第一，人类社会存在和发展的前提是什么？第二，为什么说研究历史规律就是研究人的实践活动的规律？第三，人的实践活动需要遵循哪些规律？

（3）问题三：唯物史观所理解的历史规律，与自然规律存在区别吗？

此处引导学生思考的问题是如何准确把握历史规律与自然规律的区别，进一步思考以下问题：第一，历史规律等于自然规律吗？为什么？第二，人类能够运用唯物史观的历史规律精确预言未来吗？为什么？第三，如何理解历史发展是主观能动性与客观规律性相统一的过程？

**3. 课上分享交流**

学生就自己的思考进行分享交流，重点交流对于训练指南上给出的问题的理解，尤其要重点交流唯物史观是否是一种宿命论、唯物史观能否精确预言未来等问题。

### 4. 教师点评总结

教师对学生的分享进行点评和总结，并引导学生把握唯物史观并非是一种宿命论，也无法精确预言未来。唯物史观所主张的历史规律虽然强调了历史发展中的必然性，但是历史规律不同于自然规律。历史是由人的实践活动构成的，而人的实践活动内在蕴含着人的目的性、选择性，因此历史发展是客观必然性和主观能动性的统一。

# 第二节 | 社会历史发展的动力

## 一、专题理论导学

### （一）教学目的

本专题主要回答社会发展的动力问题，使学生掌握社会基本矛盾、阶级斗争、社会革命、改革、科学技术和文化在社会发展中的作用，引导学生在领会"社会基本矛盾与社会发展规律"的基础上对马克思主义唯物史观产生更加深刻和全面的认识。

### （二）教学重点

社会基本矛盾是社会发展的根本动力；改革在社会发展中的作用；科学技术在社会发展中的作用。

## 二、典型案例分析

### 案例一 中国第一个个体工商户章华妹

章华妹，1960 年出生于浙江温州，是中国第一个个体工商户。她的经历是中国改革开放历程中一个鲜明的缩影。

1978 年，党的十一届三中全会后，国家政策开始逐步放开，允许私人进行个体经营。年仅 18 岁的章华妹，受当时温州地下市场的影响，也开始在家门口摆摊，销售纽扣、钥匙扣等小商品。

1979 年，国家正式允许有正式户口的闲散劳动力从事修理、服务和手工业个体劳动。章华妹得知这一消息后，在父亲的鼓励下，决定去工商局办理营业执照。1980 年 12 月 11 日，她从温州市工商行政管理局领到了编号为"工商证字第 10101 号"的营业执照，成为中国第一个合法的个体工商户。这张用毛笔填写的营业执照，如今已成为中国改革开放进程中的一个重要标志。

拿到营业执照后，章华妹的生意更加红火了。她不再摆地摊，而是把家里自建的房屋一楼改成门面，开起了小百货商店。为了进一步发展业务，她又开始尝试自己加工商品，并逐渐扩大经营种类和范围。从纽扣、小百货到珠片装饰、皮鞋等商品，她都尝试过。然而，她的创业之路并没有像想象中的那样一帆风顺。在历经商场的沉浮后，她最终选择重新回归老本行，继续做纽扣和服装辅料的生意。

如今的章华妹，在事业上又有了新的成绩。2007年，她成立了华妹服装辅料有限公司，并担任总经理。由她的公司设计、生产的纽扣和其他服装配饰被大量销往全国各地，公司每年的营业额有几百万。

作为中国第一个个体工商户，章华妹不仅是改革开放的受益者，也成为改革开放浪潮中的弄潮儿，用自己的力量助推国家经济的发展。

### ❓思考讨论

❶1980年12月11日，章华妹领到了我国第一份个体工商业营业执照，这表明中国在经济体制改革上迈出了关键性的一步。事实上，中国的改革开放是一次全方位的深刻变革，在经济体制、政治体制和其他各领域都有根本性的变革。请尝试列举出改革开放中的其余改革举措。

❷唯物史观认为，生产力和生产关系、经济基础和上层建筑的矛盾是社会发展的基本矛盾，也是推动社会发展的根本动力。请结合以上观点和材料，谈谈为什么当时中国要进行经济体制改革。

### 案例二　改革先锋步鑫生

40多年的改革开放浪潮中，中华大地上涌现出了一大批敢为人先的改革先锋，海盐县的步鑫生就是其中之一。海盐衬衫总厂厂长步鑫生，用一把剪刀剪开了中国企业改革的帷幕，创造了一个神话。

1934年，步鑫生出生于浙江嘉兴海盐县的一个裁缝世家。他自幼跟随父亲学习裁缝手艺，后来成为八级裁剪师。1956年，为了响应国家号召，步家荣昌裁缝铺合作化，成立了武原缝纫合作社，步鑫生担任主任。后来，他进入海盐县红星服装社（后来的海盐衬衫总厂）工作，从裁剪师傅一路历练至厂长。

在步鑫生接任海盐衬衫总厂厂长之前，该厂由于经营僵化、管理不善，企业濒临破产。步鑫生上任后，推行了一系列大刀阔斧的改革措施。第一，改革分配制度。他首先推行了多劳多得的分配制度，打破了原本的"大锅饭"生产模式，实行"实超实奖、实欠实赔、上不封顶、下不保底"的工资政策，极大地调动了员工的生产积极性。第二，狠抓产品质量。他提出"做坏一件衬衫要赔两件"的口号，要求员工严格把控生产流程，确保每一件衬衫都符合质量标准。第三，创新营销模式。他派人常驻上海研究市场趋势，设计出新款式衬衣并试销，还组建了全国第一支厂办时装表演队作为"活广告"，并且每年组织看样订货会等。

这一系列大刀阔斧的改革举措，使得海盐衬衫总厂迅速发展成为浙江省最大的专业衬衫厂。步鑫生的改革事迹也因此引起了媒体的广泛关注。1983年，《浙江日报》和《人民日报》先后刊登了关于他的报道，用整版篇幅介绍了他的改革精神和创新事迹。全国范围内也掀起了学习步鑫生改革创新精神的热潮。步鑫生的事迹给后人留下深刻启示。他不服输、不妥协的改革，让企业发展壮大，推动了全国城市经济体制改革的进程，无愧为"改革先锋"。

### ❓思考讨论

❶作为改革开放中的先锋，步鑫生凭借一把剪刀剪开了企业改革的序幕，这种改革创新的精神在当时引起了全国范围内的高度关注。请结合材料和所学知识，谈谈为什么步鑫生在当时要推行一系列大刀阔斧的改革举措。

❷有人认为中国的改革开放是对社会主义制度的修正甚至是颠覆，中国改革开放走的不是社会主义道路而是资本主义道路。请结合材料和所学知识，谈谈你对社会主义改革的实质的理解，并对以上观点做出评价。

## 三、实践活动指导

### （一）活动主题

本次活动将通过课堂辩论赛的方式展开，正方辩题为"科学技术的发展利大于弊"，反方辩题为"科学技术的发展弊大于利"。

### （二）活动目的

本场课堂辩论，论辩双方将围绕"科学技术发展是利大于弊，还是弊大于利"展开激烈的辩论。对应到本节教材内容，本次辩论可以帮助学生深入理解科学技术在社会发展中的作用，从而更为辩证地看待科学技术的作用，掌握马克思主义的科学技术观。

### （三）活动流程

#### 1. 分组与准备

（1）抽取辩题。将学生分成两组辩论队，各组通过抽签的方式选择辩题。

（2）组内分工。每组需各自选择一名队长，主要负责协调组内分工和准备辩论材料。各自选出主力辩手三名，和队长一起负责呈现本组讨论的结果。其余队员负责搜集资料、整理观点等辅助工作。

（3）制定评分标准。教师从论点是否清晰、论据是否充分、语言表达是否准确、反驳是否有力等方面出发制定评分标准。

#### 2. 辩论赛流程

（1）开场致辞。由老师或主持人进行开场致辞，介绍辩论赛的主题、规则和流程。

（2）立论阶段。每个小组按顺序进行立论，阐述自己的观点和论据。每个小组发言时间控制在 3—5 分钟。

（3）反驳阶段。每个小组在听完其他小组的立论后，可以针对对方的观点进行反驳。反驳要围绕对方的论点展开，避免偏离主题。每个小组总计时为10 分钟。

（4）总结陈词。每个小组最后进行总结陈词，重申自己的观点，并对整个辩论过程进行简要回顾。每个小组计时 3 分钟。

（5）观众提问。在辩论结束后，观众可以向参赛小组提问或发表自己的看法。

正方可能会提出的几个观点：①科技的发展大大解放了人类。现在的机器人可以扛东西、送快递、包装货物、打扫卫生等，还可以从事高空危险作业，大大提高了工作效率，降低了工作的危险系数。②科技的发展方便了人与人之间的沟通。以前人们常为分别感到难过，现在科技快速发展，高铁、飞机、微信视频和语音，让人们异地通话和见面更加方便。③科技的发展让我们更快速地获取信息。我们可以利用电视、手机、电脑等电子产品，足不出户就能快速了解世界各地的情况，获取自己所需要的信息。

反方可能会提出以下观点来进行反驳：①科技的发展疏远了人与人之间的距离。科技不发达的时候，人们经常聚在一起，感情很深。如今科技发展这么快，人们之间的亲情和友情却变得越来越淡。②科技的发展会导致一大批人失业。例如，人工智能的发展可能会导致大量人员面临失业危机。③科技的发展对环境造成了严重污染。自工业革命以来，世界各地出现了不同程度的环境污染，如大气、水资源、土地被污染，危害人类健康。

### 3. 评审与颁奖

任课老师和现场同学担任评委，对各个小组的辩论表现进行评分。其中任课教师为主评委，现场同学为大众评审。任课教师的评分占总评成绩的60%，现场同学评分占40%。根据评分结果，最终评选出最佳辩手、最佳团队等奖项。

### 4. 总结与反思

在辩论赛结束后，老师可以根据学生输出的观点和论证，做进一步的总结和评判。在本场辩论赛之后，老师应引导学生准确把握科学技术在推动社会发展中的巨大作用，并且要重点把握如何看待科学技术发展带来的负面作用。要引导学生区分科学技术本身的作用，以及科学技术在不合理的社会制度中被不恰当地使用而造成的负面后果，从而形成辩证的科学技术观。

## 四、知识拓展训练

### （一）训练主题

观看影视作品《弄潮：改革开放 40 年的浙江故事》。

### （二）训练目的

拓展课本内容。本次思维训练题，引导学生深入理解社会基本矛盾、改革、科学技术、文化等要素是如何推动人类社会的发展的。

强化理论联系实际的能力。通过观看和分析浙江改革开放的案例，引导学生将马克思主义基本原理的内容活学活用，用理论指导实践。

培养创新能力。本次训练，使学生能够从多角度全方位了解浙江人不断改革创新的发展历程，培育其创新能力。

### （三）训练内容

#### 1. 介绍训练内容

教师介绍影视作品的内容。《弄潮：改革开放 40 年的浙江故事》是由中共浙江省委宣传部、浙江广播电视集团联合摄制的纪实性电视专题片。专题片共分三集，把镜头对准时代大潮、经济浪潮中一张张生动的浙江面孔，在历史进程中讲故事，在时空坐标里见精神，展示改革开放以来的浙江现象、浙江经验、浙江启示。第一集《弄潮儿向涛头立》，讲述十一届三中全会后，浙江敢为人先，从无到有、从小到大，不断改革、创新、突破的发展历程。第二集《鲲鹏水击三千里》，讲述浙江在"八八战略"指引下，爬坡过坎、化茧成蝶、勇立潮头的转型升级故事。第三集《长风破浪会有时》，讲述步入新时代的浙江，坚定不移推进"八八战略"再深化、改革开放再出发，迈向高质量发展。

#### 2. 发布训练指南

教师引导学生带着训练指南中的问题去观看视频，训练指南如下。

（1）观看第一集《弄潮儿向潮头立》，结合其中采访者讲述的故事，谈谈你对如下问题的理解：个人应当怎么做，才能把握历史发展潮流？

（2）观看第二集《鲲鹏水击三千里》，结合其中相关事例，谈谈如何正确处理经济社会发展与生态环境保护之间的关系。

（3）观看第三集《长风破浪会有时》，结合其中相关事例，谈谈科学技术在推动浙江迈向高质量发展当中的作用。

### 3. 小组分享交流

组织一次课上分享交流，引导学生分享自己的观影体验，重点分享对于训练指南上的问题的理解。分享交流时，鼓励学生融入自身在专业学习或生活中获得的思考。

### 4. 教师点评总结

教师对学生的分享进行点评总结。学生在分享交流的基础上完善个人汇报，最终形成1000字以上的思维训练报告。

# 第三节 ┆ 人民群众在历史发展中的作用

## 一、专题理论导学

### （一）教学目的

经过本专题的学习，学生将学习和掌握英雄史观和群众史观的基本观点，重点把握唯物史观在考察历史创造者问题上的方法论原则，在此基础上掌握人民群众在历史发展中的决定作用，深刻理解人民群众是历史的创造者，从理论层面深刻领悟党的群众观点和群众路线。学生还要学会辨析，唯物史观从人民群众创造历史的前提出发，并没有否认个人在历史上的作用，无论是历史人物还是普通个人，都通过历史合力的方式在历史上发挥作用。

### （二）教学重点

人的本质；人民群众在社会历史发展中的作用；个人在社会历史发展中的作用。

## 二、典型案例分析

### 案例一 浙江洞头建设共同富裕海上花园

洞头区作为温州唯一的海岛区，曾经是一个以渔业为主的传统区域。然而，在近年来，洞头区秉持以人民为中心的发展理念，通过一系列的创新和改革举措，实现了从渔业经济向多元化经济的转型，让人民群众享受到了实实在在的发展成果。

首先，洞头区大力发展旅游业，依托丰富的海洋资源和独特的海岛风光，打造了一系列旅游品牌和网红打卡地。东岙村就是一个典型的例子。这个曾经默默无闻的小渔村，如今已经发展成为一个以旅游业为主的富裕村。通过发展渔家乐、民宿等旅游项目，东岙村不仅实现了村民在家门口创业致富，还带动了整个村集体经济的壮大。该村目前约有80%的劳动力从事乡村旅游业，渔家乐、民宿从原来的16家猛增至105家，直接带动村民就业人数700多人，户均年收入达20万元，村集体经济收入也从每年3万元增长到120万元。

其次，洞头区注重提升民生福祉，通过一系列民生项目的实施，让人民群众的生活更加便捷和舒适。比如，该区的沙角村紧紧围绕"党建引领·强村富民"主线，把建强红色堡垒、壮大村级产业、带动村民共富作为奋斗目标，走出了一条产业兴村、宜居宜业的新路子，一跃成为元觉街道的经济强村。该村坚持每年将收入的20%用于股份分红和民生实事，为全村60周岁以上老人免费参保益康宝，拿出30余万元用于村民股份分红。

此外，洞头区还积极探索数字经济赋能渔业经济发展，支持引导渔农民将手机变身"新农具"，直播成为"新农活"。通过网络直播、短视频等载体，洞头区的优质渔农产品得以销往全国，为渔农民带来了可观的收入。同时，洞头区还积极培育星级示范共富工坊，打造"共享厨房""渔家厨娘"等共富项目，为当地群众提供了更多的就业机会和增收渠道。

在公共服务方面，洞头区也取得了显著的成效。通过构建"物质+服务""生存+发展"的精准帮扶体系，洞头区有效促进了低收入家庭提质增收。同时，洞头区还深化全龄友好社会建设，推出了儿童友好试点单元、青创共富街区等一系列创新举措，为不同年龄段的群众提供了更加优质的服务和保障。

通过一系列的创新和改革，洞头区不仅实现了经济的快速发展，更让人民群众真正受益。未来，洞头区将努力建设成为一个中国式现代化共同富裕的海上花园，为人民群众创造更加美好的生活。

## ❓思考讨论

❶唯物史观认为，人民群众是社会历史实践的主体，在创造历史的过程中起决定性作用。请结合材料和所学知识，谈谈温州洞头区的发展是如何体现人民群众是历史创造者的原理的。

❷为了切实提升老百姓的幸福感和获得感，温州洞头区实行了一系列惠民

利民的举措。请结合我国民众关心的热点和难点问题，谈谈如何在实践中践行"以人民为中心"的理念。

## 案例二　历久弥新的"枫桥经验"

浙江绍兴诸暨枫桥镇，一份毛泽东同志批示学习推广"枫桥经验"的手迹珍藏于枫桥经验陈列馆，见证了一段群众的智慧献计国家治理，服务一方人民的往事。

"枫桥经验"产生于社会主义建设时期。1963年5月，浙江省委工作队进驻诸暨枫桥开展社会主义教育运动试点，创造了"发动和依靠群众，坚持矛盾不上交，就地解决，实现捕人少，治安好"的经验，被毛泽东同志称为"矛盾不上交，就地解决"，并批示"要各地仿效，经过试点，推广去做"。"枫桥经验"的产生和推广，对调动一切积极因素建设社会主义，作出了重大的历史性贡献。

"枫桥经验"发展于改革开放新时期。改革开放时期，枫桥干部群众把"枫桥经验"运用到维护社会治安和社会稳定领域，创造了"组织建设走在工作前，预测工作走在预防前，预防工作走在调解前，调解工作走在激化前"的"四前"工作法和"预警在先，苗头问题早消化；教育在先，重点对象早转化；控制在先，敏感时期早防范；调解在先，矛盾纠纷早处理"的"四先四早"工作机制，发展和创造了"党政动手，各负其责，依靠群众，化解矛盾，维护稳定，促进发展，做到小事不出村，大事不出镇，矛盾不上交"的新时期"枫桥经验"。新时期"枫桥经验"为推进社会治安综合治理、建设社会治安防控体系、有效预防控制犯罪、就地化解矛盾纠纷、最大限度增加和谐因素、最大限度减少不和谐因素、实现社会和谐稳定作出了重要贡献。

"枫桥经验"创新于中国特色社会主义新时代。"枫桥经验"适应新时代社会主要矛盾的深刻变化，坚持以习近平新时代中国特色社会主义思想为指导，坚持以创新发展"枫桥经验"为总抓手，坚持以平安建设为主线，不断加强和创新基层社会治理，形成了"坚持党建统领、坚持人民主体、坚持'三治融合'、坚持'四防并举'、坚持共建共享"的新时代"枫桥经验"。

实践充分证明，"枫桥经验"是党领导人民创造的一整套行之有效的社会治理方案，是新时代社会基层治理过程中必须坚持和发扬的"金字招牌"。《中共中央关于党的百年奋斗重大成就和历史经验的决议》指出，要坚持和发展新时代"枫桥经验"。2022年，党的二十大对国家治理体系和治理能力现代化作了新的战略部署，报告提出：要"健全共治共享的社会制度，提升社会治理效能"，强调要"建设人人有责、人人尽责、人人享有的社会治理共同体"，为更好地实现这一目标，报告明确要"坚持和发展新时代'枫桥经验'"，适应新时代要求，"枫桥经验"不断焕发新的生机活力，成为依靠群众进行社会基层治理创新的代名词。

## ❓思考讨论

❶"枫桥经验"诞生于20世纪60年代初期的绍兴，并历经多次发展，展现出其历久弥新的魅力，现已成为我国社会基层治理创新的一张金名片。你认为，"枫桥经验"的核心内容是什么？

❷唯物史观关于人民群众是历史创造者的原理，要求我们坚持马克思主义群众观点，贯彻党的群众路线。请结合材料和所学知识，谈谈"枫桥经验"的历史传承是如何体现中国共产党的群众路线的。

### 案例三 屠呦呦的科研报国之路

屠呦呦是我国中医科学院的首席科学家，也是中国首位诺贝尔生理学或医学奖获得者。她在中药和中西药结合研究领域，尤其是在抗疟疾药物的研发上做出了突出贡献，为中国科学家赢得了国际声誉和尊重。

而她之所以选择在中医中药的领域进行深耕，与她的家庭环境和成长经历是分不开的。1930年12月30日，屠呦呦出生于浙江省宁波市的一个书香门第，是家中五个孩子中唯一的女孩。她的名字"呦呦"取自《诗经·小雅》中的"呦呦鹿鸣，食野之苹"，寄托了父母对她的美好期待，也为她与"蒿"的不解之缘埋下了伏笔。屠呦呦的父亲对中医有着浓厚的兴趣，这使得她从小便能接触到丰富的中医知识，为她日后的科研之路打下了坚实的基础。此外，屠呦呦 16 岁时有过一次痛苦的经历。那年她不幸染上肺结核，后来经过长期调理和治疗，才逐渐好转。这次经历也使得她更加坚定学习医药学的决心。

1951 年，屠呦呦以优异的成绩考入北京大学医学院药学系（今北京大学医学部药学院）生药专业，正式踏上了她的药学研究之路。在大学期间，她学习异常刻苦，取得了优异的成绩，并对植物化学、本草学和植物分类学产生了极大的兴趣。1955 年，她从北京大学毕业，接受了两年半的中医培训，之后便一直在中国中医研究院（2005 年更名为中国中医科学院）工作。

屠呦呦在科研上的突出贡献是她创制了新型抗疟药——青蒿素和双氢青蒿素。1969 年，中国中医研究院接受了抗疟药研究的任务，屠呦呦担任中药抗疟组组长。在她的领导下，科研组从系统整理历代医籍、本草入手，收集了 2000 多种方药，归纳编纂成《疟疾单秘验方集》，后又从中选出了 200 多方药进行实验研究。在历经 380 多次失败后，她终于在 1971 年发现了对鼠疟、猴疟均具有 100% 抗疟作用的青蒿素。青蒿素的发现不仅意味着人类找到了一种抗疟新药，而且为人类寻找抗疟药开辟了一条新的途径。在之前研究的基础上，屠呦呦团队后来又进一步研制出了双氢青蒿素。这种药物在抗疟效果上更加显著，且副作用更小。双氢青蒿素的研制成功，进一步推动了全球疟疾防控工作的发展。

屠呦呦发现的青蒿素和双氢青蒿素，得到了国家和世界卫生组织的大力推广。这些抗疟药物在全球范围内得到了广泛应用，特别是在广大发展中国家，挽救了数以百万计疟疾患者的生命。她的科学研究和突出贡献也因此得到了国内外的广泛认可。而她的故事也激励着无数科研人员不断攀登科学高峰，为人类文明和人民福祉作出更多、更大的贡献。

### 思考讨论

❶唯物史观坚持人民群众是历史的创造者这一原理，这就意味着唯物史观没有否认个人在历史发展中的作用，因为人民群众是由一个个具体的个人组成的。 根据个人在历史上发挥作用的程度和大小的差异，唯物史观又将个人分为历史人物和普通个人。屠呦呦作为中国首位诺贝尔生理学或医学奖获得者，

在抗疟疾药物的研发中为全人类做出了突出贡献，将个人的力量汇入历史发展的浪潮，推动着世界卫生事业的发展。请结合材料和所学知识，谈谈杰出人物在历史发展过程中发挥着怎样的作用。

❷屠呦呦之所以能取得今天的伟大成就，绝非一朝一夕之功。她的成就，离不开家庭环境的耳濡目染，更离不开她个人在中医药领域的持续积累和锐意进取。请结合材料和所学知识，谈谈普通个人和历史人物之间的辩证关系。

## 三、实践活动指导

### （一）活动主题

参观杭州国家版本馆。

### （二）活动目的

文明是人类的社会实践活动的产物，是人类在物质、精神和制度等方面的创造性活动和结果。杭州国家版本馆，是中国国家版本馆总馆异地灾备库、江南特色版本库以及华东地区版本资源集聚中心，被称为中华文明种子基因库。此次活动地点选在杭州国家版本馆，旨在帮助学生了解中华文明的形成和演变过程，有助于引导学生进一步把握历史是由人的实践活动所创造的，人民群众不仅是社会物质财富的创造者，而且是社会精神财富的创造者等基本原理。

### （三）活动流程

#### 1. 调研准备

调研前期需要搜集相关资料，明确调研和参观的目的。可将学生按照调研主题进行分组，例如中华文明的演进历程、中华文明形成的原因、中华文明的独特性、中华文明的当代发展等，并制作相关访谈提纲、调研问卷。

#### 2. 参观体验

参观当天按照约定时间、地点进行集合，各小组领取相关活动资料。入馆后，各小组可以分头行动，主要针对自己的调研主题有选择性地进行参观。在参观过程中，还可以与展厅工作人员或其他参观者进行访谈，并邀请他们填写调研问卷。此外，还可以积极参与展厅内的互动体验活动。

### 3. 总结分享

在参观结束后，组织一次课上的总结分享，让大家分享自己的收获和感受。可按调研和参观的主题分组分享。分享过程中，鼓励学生对其他小组的分享提问，帮助分享者完善思考。

### 4. 形成报告

教师对各组别的分享进行点评。各组可在相互交流和教师总结的基础上撰写调研报告或个人感悟，形成文字材料。

## 四、知识拓展训练

### （一）训练主题

阅读毛泽东同志的《为人民服务》。

### （二）训练目的

阅读经典文本是一种非常有效的训练逻辑思维能力和哲学思辨能力的方式。通过对经典义本的阅读和分析，引导学生把握人民群众是历史的创造者的基本原理。本次思维训练选取的文本内容出自毛泽东同志的一篇短小精悍的文章。全文虽然不足 800 字，却字字珠玑、思想深邃，精辟阐释了中国共产党的根本宗旨和中国共产党人的政治本色。通过文本阅读、思考训练、小组讨论等环节，学生能够更为深刻地把握中国共产党的群众观点和群众路线。

### （三）训练内容

#### 1. 介绍训练内容

教师介绍训练内容。毛泽东同志的《为人民服务》一文，是他在 1944 年 9 月 8 日中共中央直属机关为追悼张思德而召开的会议上所作的演讲。事件的起因是，9 月 5 日，中央警备团战士张思德同志在执行烧炭任务时因窑洞崩塌而不幸牺牲，付出了年仅 29 岁的生命。当时的延安《解放日报》评价他"是一个忠实为人民利益服务的共产党员"。9 月 8 日，毛泽东亲自出席张思德追悼大会，并以"为人民服务"为主题发表演讲。9 月 21 日，这篇文章第一次公开发表在延安《解放日报》上，在当时就产生了重要影响。

### 2. 发布训练指南

教师发布阅读资料（全文参见《毛泽东文集》第 3 卷，人民出版社 1991 年版，第 1004—1006 页），并发布如下训练指南，引导学生在阅读的过程中思考以下几个问题。

（1）中国共产党为什么要把"全心全意为人民服务"确立为党的根本宗旨？

（2）如何看待"对人民有好处"这一中国共产党人的价值评价标准？

（3）在今天重读毛泽东同志的《为人民服务》，我们能获得哪些现实启示？

### 3. 小组分享交流

教师将全班同学分成若干个小组，每组选出两名代表汇报本组的阅读心得和体会，并重点汇报本组对思维训练题的深入思考。学生汇报时可能会提出的要点如下。

（1）唯物史观认为，人民群众是历史的创造者，在历史发展中起决定作用。中国共产党将"全心全意为人民服务"确立为党的根本宗旨，是践行唯物史观关于人民群众是历史创造者的原理，坚持马克思主义的群众观点。毛泽东在《为人民服务》一文中，深刻阐述了中国共产党的初心和使命，指出我们的队伍是彻底地为人民的利益工作的。他强调，要关心群众生活，为群众谋利益，这是中国共产党区别于其他政党的最为显著的特征。

（2）马克思主义价值观认为，价值评价的最高标准是要维护和发展人民群众的根本利益、推动社会历史进步。而这也是践行人民群众是历史创造者的原理，尊重人民群众主体地位的体现。毛泽东在《为人民服务》一文中指出，要开展批评与自我批评，敢于接纳一切合理的意见，这是中国共产党用心聆听群众心声、虚心接纳群众意见的直接体现。

（3）今天我们重读《为人民服务》，就是要进一步深化对党的性质、宗旨的认识，深刻把握人民至上的历史必然和实践逻辑，着力解决人民群众生活中的实际困难和根本关切，把民生问题放在党和国家工作的重要位置，在实践中切实践行群众路线。

# 专题八 社会主义市场经济体制的突破

社会主义市场经济体制是中国经济体制改革的重要目标，其建立是一场伟大的变革，突破了传统计划经济的束缚，将社会主义基本制度与市场经济有机结合。通过不断探索与实践，逐步确立了市场在资源配置中的基础性作用，激发了市场活力与社会创造力，为经济快速发展奠定基础。构建高水平社会主义市场经济体制是新时代的重要任务。注重创新驱动，鼓励企业加大研发投入，推动科技成果转化；持续优化营商环境，打破市场壁垒，促进各类市场主体公平竞争；加强政府宏观调控与市场监管，保障市场健康、有序运行，推动经济高质量发展。展望未来，社会主义市场经济体制将不断发展。要进一步深化改革，拓展市场的深度和广度，加强国际合作与竞争，提升在全球经济治理中的话语权。同时，需应对新挑战，如数字化转型、绿色发展等，不断完善体制机制，以适应经济社会发展新要求，持续释放发展活力，实现经济的可持续繁荣。

# 第一节 | 社会主义市场经济体制的建立

## 一、专题理论导学

### （一）教学目的

回顾我国从计划经济向市场经济转型的过程，理解这一转型的必要性和历史意义。深入理解社会主义市场经济体制的建立与完善对于生产力解放、经济运行质量和效益提高以及现代化目标实现的积极作用。理解市场在资源配置中的基础性作用，以及政府如何通过宏观调控来弥补市场调节的不足，确保经济运行的稳定性和可持续性。

### （二）教学重点

社会主义市场经济体制的发展历程；市场调节与宏观调控的关系；公有制实现形式多样化。

## 二、典型案例分析

### 案例一 时代浪潮中的先行者——"温州八大王"

在改革开放的历史进程中，"温州八大王"的故事是一个具有重要意义的案例。他们是中国市场经济早期的探索者，以其独特的经历和贡献，成为那个时代的一个标志性符号。20世纪80年代，在计划经济仍占主导的大环境下，温州这片土地上却孕育出了一批独具慧眼、敢于突破传统束缚的企业家，他们被称为"温州八大王"。"八大王"中有的靠生产纽扣、眼镜等小商品起家，有的则在电器、印刷等领域崭露头角。他们以敏锐的市场洞察力，捕捉到了人们日益增长的物质需求与计划经济供应不足之间的巨大商机。

当时，个体私营经济在很多人眼中还存在争议，面临着诸多政策限制和社会偏见。然而，"温州八大王"却毅然决然地投身其中，以家庭作坊式的生产模式开启了创业之路。他们不顾外界的质疑和压力，凭借着勤劳的双手和聪明才智，逐渐将自己的小生意做大做强。例如，其中一些"大王"通过不断改进生产技术、提高产品质量，使原本粗糙的小商品变得精致、实用，赢得了市场的认可和消费者的青睐。

"温州八大王"的成功，不仅在于他们的商业智慧，更在于他们勇于创新的精神。在经营过程中，他们大胆尝试新的生产方式和管理模式。比如，引入先进的生产设备，提高生产效率；采用灵活的销售策略，拓宽市场渠道。他们还注重人才培养和技术研发，为企业的持续发展注入了强大动力。这种创新精神使得他们的企业在激烈的市场竞争中脱颖而出，成为温州经济发展的重要引擎。"温州八大王"的崛起，也对当时的政策环境产生了深远影响。他们的成功实践让更多人看到了个体私营经济的巨大潜力，促使政府开始重新审视和调整相关政策。随着政策的逐步放宽，温州的个体私营经济迎来了更加广阔的发展空间，"温州模式"也逐渐形成并走向全国。

## 💡思考讨论

❶"温州八大王"作为中国市场经济早期的探索者，他们的创新精神和实践为当地经济发展带来了积极影响。然而，他们在发展过程中也遇到了不少困难和挑战。那么，从"温州八大王"的经历中我们可以看出，在市场经济发展初期社会观念和政策环境对个体创业者的影响有哪些？

❷"温州八大王"的故事反映了中国改革开放初期民营经济发展的艰难历程。他们的起起落落与当时的政策调整密切相关。习近平总书记强调，要"着眼推动非公有制经济发展，提出制定民营经济促进法，加强产权执法司法保护，防止和纠正利用行政、刑事手段干预经济纠纷"[①]。请思考：在深入改革、具体制定和调整经济政策的过程中，政府应该如何更好地平衡宏观经济目标与个体创业者的利益，以促进经济的持续健康发展？

---

① 《关于〈中共中央关于进一步全面深化改革、推进中国式现代化的决定〉的说明》，《人民日报》，2024 年 7 月 22 日第 1 版。

❸ "温州八大王"的经历是中国市场经济发展的一个缩影，他们的故事揭示了市场经济发展中的一些普遍规律和问题。那么，我们可以从中总结出哪些关于市场经济发展的有益启示？

### 案例二 绍兴纺织业的破局之路

绍兴素有"纺织之乡"的美誉，纺织业历史悠久。然而，在改革开放之前，绍兴的纺织业以传统的手工生产和小规模的作坊式经营为主，发展较为缓慢。改革开放后，绍兴抓住了社会主义市场经济体制建立的机遇，开始了纺织业的现代化转型。一方面，个体私营经济迅速崛起，众多小型纺织企业如雨后春笋般涌现。这些企业灵活多变，能够快速响应市场需求，生产出各种款式和规格的纺织品。另一方面，绍兴积极引进先进的技术和设备，提高纺织业的生产效率和产品质量。通过引进国外的先进纺织机械和技术，绍兴的纺织业实现了从传统手工生产向机械化、自动化生产的转变，大大提高了生产能力和产品竞争力。

随着市场竞争的加剧，绍兴的纺织企业逐渐意识到品牌建设和创新的重要性。一些企业开始加大研发投入，推出具有自主知识产权的产品，打造自己的品牌。同时，绍兴还积极发展纺织业的产业链，从原材料生产到纺织加工，再到服装设计和销售，形成了完整的产业体系。这种产业链的整合不仅提高了产业的附加值，还增强了绍兴纺织业在市场中的抗风险能力。在社会主义市场经济体制下，绍兴的纺织业还充分发挥了市场的调节作用。企业根据市场需求调整生产结构和产品种类，实现了资源的优化配置。同时，政府也积极发挥引导和服务作用，为纺织业的发展提供政策支持和公共服务。例如，政府出台了一系列扶持纺织业发展的政策，鼓励企业进行技术创新和品牌建设；加强了对纺织业的监管，规范了市场秩序，保障了行业的健康发展。

绍兴纺织业的发展，是浙江在社会主义市场经济体制早期突破实践中的一个成功范例。它充分展示了市场经济体制的活力和优势，也为其他地区的产业发展提供了有益的借鉴。通过不断创新和改革，绍兴的纺织业在社会主义市场经济的大潮中脱颖而出，成为绍兴经济的支柱产业，也为中国纺织业的发展做出了重要贡献。

## ❓思考讨论

❶绍兴纺织业的发展离不开市场的调节作用和政府的引导支持，这体现了社会主义市场经济体制中市场与政府的有机结合。那么，在绍兴纺织业的发展过程中，市场和政府分别发挥了怎样的作用？

❷历经波折后，绍兴纺织业在改革开放后得到快速发展，柯桥轻纺城成为亚洲最大的纺织品贸易集散地。然而，绍兴纺织业也面临缺乏链主企业、科技含量偏低、急需加快数字化改造等挑战。为应对这些挑战，绍兴纺织业正在加速招引纺织前沿新材料、绿色智能高端装备等项目落地。那么，在保持传统纺织工艺和文化的基础上，绍兴纺织业如何平衡传统与创新的关系？

❸品牌建设是绍兴纺织业发展的重要方向之一，它有助于提升产品的知名度和市场占有率。请思考：面对国内外激烈的市场竞争，绍兴纺织业应如何加强品牌培育和推广，打造具有国际影响力的纺织品牌？

### 案例三 在市场浪潮中前行的万向之路

改革开放初期，浙江的国有企业改革风生水起，万向集团的发展便是其中一个生动案例。现为国家 120 家试点企业集团和 520 户重点企业之一的万向集团，其前身是萧山万向节厂，创立于 1969 年，在计划经济体制下，面临生产效率低、产品单一、竞争力弱等诸多困境。面对计划经济向市场经济转型的大势，万向集团踏上改革之路。在管理体制上，它打破传统国有企业僵化模式，引入现代管理理念，建立以市场为导向的生产经营机制。明确各部门和员工职责，实行绩效考核，充分调动员工的积极性，有效提高了生产效率和管理水平。

产品创新是万向集团改革的关键。企业深知产品质量和技术含量的重要性，加大研发投入，积极引进国外先进技术和设备，持续改进优化产品。凭借不懈努力，万向集团的万向节产品不仅在国内市场占据主导地位，还成功打入国际市场，成为全球知名的汽车零部件供应商。万向集团还积极探索多元化发展道路。在稳固主营业务基础上，逐步涉足金融、农业、房地产等多个领域，形成庞大的产业集团。多元化战略为企业带来新的利润增长点，也分散了经营风险。在万向集团的改革过程中，政府的支持和引导不可或缺。浙江地方政府为其提供宽松的政策环境和必要的支持，鼓励企业大胆创新实践。同时，引导企业进行产业结构调整和优化，推动企业可持续发展。比如，在企业面临资金、技术等难题时，政府通过政策扶持帮助其解决困难；在企业发展方向上，给予科学的规划和引导，使万向集团能够在复杂多变的市场环境中找准定位。

万向集团的崛起与转型，是浙江国有企业在改革开放初期成功改革的典范。它通过管理体制创新、产品创新以及多元化发展，实现了从困境到辉煌的转变。其成功经验为浙江乃至全国的国有企业改革提供了有益借鉴，让人们看到国有企业在改革开放浪潮中，只有勇于突破传统束缚，积极引入市场机制，不断创新发展，才能在激烈的市场竞争中实现转型升级，为国家经济发展贡献力量。

## ❓思考讨论

❶万向集团在改革开放的浪潮中抓住机遇，实现了从小作坊到行业领军企业的跨越，其成功离不开对市场趋势的准确把握和积极的国际化战略。那么，万向集团是如何洞察市场需求并及时调整产品结构和业务方向的？

❷万向集团在涉足新能源、金融、农业等多个领域的过程中，面临着行业跨度大、市场竞争激烈等诸多问题。那么，万向集团是如何整合资源、发挥协同效应，实现各业务板块之间的良性互动和共同发展的？

❸企业社会责任已成为当今企业发展的重要考量因素，万向集团在积极履行社会责任方面做出了一定的成绩。请讨论：在推动可持续发展方面，万向集团采取了哪些具体行动？这些行动对企业形象和社会价值产生了怎样的影响？

## 三、实践活动指导

### （一）活动主题

航行者：探索社会主义市场经济体制之路。

### （二）活动目的

在社会主义市场经济体制的背景下，各类企业作为市场的主体，其生产经营活动直接反映了市场机制的运作与政策的实施效果。本实地考察活动旨在通过深入企业内部，直观感受市场经济体制下的企业运营环境、管理模式、技术创新及市场策略，加深学生对社会主义市场经济体制的理解与认识。

### （三）活动流程

**1. 前期准备**

提前与企业沟通，确定考察时间、地点、接待人员及考察内容。根据企业类型和学生兴趣，将学生分为不同小组，并为每组分配具体的考察任务（如企业文化、生产管理、技术研发、市场营销等）。各组提前收集相关企业资料，了解企业背景、产品特点、市场地位等信息。

**2. 实地考察**

由企业负责人或讲解员为全体参与者介绍企业概况、发展历程、主营业务及市场地位。各小组按照任务分工，分别进入企业的不同部门进行实地考察。通过参观生产线、研发中心、营销部门等，深入了解企业运营管理的各个方面。鼓励学生与企业员工进行交流，提出疑问，分享见解，增进双方的了解与友谊。

**3. 报告撰写**

各组将实地考察过程中收集到的资料、照片、笔记等进行整理。根据考察任务，撰写详细的实地考察报告。报告应包括企业概况、考察过程、发现的问题、收获与启示等内容。

**4. 预期成果**

学生能够直观感受社会主义市场经济体制下的企业运营环境与管理模式，增强对市场经济体制的理解与认识；学生通过实地考察，了解不同行业、不同类型企业的特点与差异，拓宽视野，增长见识；学生提升资料收集、整理与分析的能力，以及团队协作能力与沟通表达能力；通过撰写与分享实地考察报告，学生锻炼写作与演讲能力，增强自信心与成就感。

## 四、知识拓展训练

### （一）训练主题

分析具有代表性的个体企业"傻子瓜子"。

### （二）训练目的

深刻理解在社会主义市场经济体制框架下，企业作为市场的主体，其兴衰成败往往能深刻反映市场机制的运作、政策的影响以及企业自身的管理与创新能力。本案例分析活动旨在通过选取具有代表性的"傻子瓜子"，引导学生深入分析其成功或失败的原因，探讨市场经济体制下的企业发展规律，增强学生的市场意识、分析能力和实践能力。

### （三）训练内容

在改革开放初期，年广久开始经营瓜子生意。他凭借独特的炒制手艺和大胆的经营策略，让"傻子瓜子"逐渐崭露头角。起初，"傻子瓜子"面临着诸多困难，比如传统观念对个体经营的偏见等，但年广久不畏艰难，努力拓展市场。

然而，随着"傻子瓜子"的发展，一些争议也随之而来。个体私营经济在当时是新生事物，一些人对其存在疑虑和担忧，这导致"傻子瓜子"的发展并非一帆风顺。这一阶段反映出改革开放初期个体私营经济面临的曲折，社会观念和体制等方面的限制成为发展的阻碍。

但政策导向也在逐渐发生变化。随着改革开放的推进，对个体私营经济的认识不断深化，政策也逐步放宽和支持。"傻子瓜子"在这种变化中迎来了新的机遇，年广久的经营得以继续扩大，企业不断壮大。

从"傻子瓜子"的起起伏伏可以看出，个体私营经济在改革开放的大潮中，逐渐找到了自己的发展道路，为中国经济的繁荣做出了重要贡献，也成为改革开放伟大历程中的一个重要符号，凸显了政策变革对于经济发展的巨大推动作用。它的故事提醒着我们，改革是一个不断探索和进步的过程，只有顺应时代潮流，不断调整政策，才能实现经济和社会的持续发展。

# 第二节 │ 构建高水平社会主义市场经济体制

## 一、专题理论导学

### （一）教学目的

"中国将建设高水平社会主义市场经济体制，创造更加公平、更有活力的市场环境，推动实现资源配置效率最优化和效益最大化。"[①]通过本节的学习，认识到构建高水平社会主义市场经济体制的重要性和必要性。理解高水平社会主义市场经济体制的主要构成部分，包括现代经济体系、市场机制、市场体系、宏观经济治理体系以及开放的市场环境等，把握各部分之间的内在联系和相互作用。同时，了解国家关于构建高水平社会主义市场经济体制的政策导向和战略部署，并结合党的二十大的重要战略部署，帮助学生理解如何推动构建高水平社会主义市场经济体制。

### （二）教学重点

处理好政府和市场的关系；宏观经济治理体系和治理能力现代化；如何推动构建高水平社会主义市场经济体制。

## 二、典型案例分析

**案例一** **阿里巴巴——构建高水平社会主义市场经济体制的"数字引擎"**

在构建高水平社会主义市场经济体制的征程中，阿里巴巴无疑是一个极具代表性的生动案例。阿里巴巴诞生于浙江杭州，从一家小小的电商企业起步，逐步成长为全球知名的科技巨头。它的发展历程，是与社会主义市场经济体制

---

[①] 《把握时代大势 共促世界繁荣——在亚太经合组织工商领导人峰会上的书面演讲》，《人民日报》，2024 年 11 月 17 日第 1 版。

的不断完善和创新紧密相连的。

在创新驱动方面，阿里巴巴展现出了强大的活力。它不断探索新的商业模式和技术应用，开创了电子商务的全新业态。淘宝、天猫等电商平台，打破了传统商业的时空限制，让消费者能够随时随地购物，极大地提高了购物的便捷性和效率。同时，阿里巴巴在物流、金融等领域的创新，如菜鸟网络和蚂蚁金服，进一步完善了电商生态系统，为消费者和商家提供了更加全面、高效的服务。市场活力的激发是阿里巴巴对构建高水平社会主义市场经济体制的又一重要贡献。阿里巴巴的电商平台为无数中小企业和创业者提供了广阔的发展空间。通过降低创业门槛、提供便捷的销售渠道和丰富的营销工具，大量的个体经营者和小微企业得以在平台上茁壮成长。这些企业的发展不仅创造了大量的就业机会，也为经济增长注入了源源不断的动力。此外，阿里巴巴在推动产业协同发展方面也发挥了重要作用。它与上下游企业紧密合作，形成了庞大的产业集群。例如，与物流企业合作，提高了物流配送的效率；与金融机构合作，为企业和消费者提供了多样化的金融服务。这种产业协同效应不仅提升了整个产业链的竞争力，也促进了资源的优化配置。在构建高水平社会主义市场经济体制的过程中，政府也为阿里巴巴的发展提供了有力的支持。政府通过制定相关政策，鼓励创新和创业，为阿里巴巴等企业创造了良好的发展环境。同时，政府也加强了对市场的监管，保障了市场的公平竞争和消费者的合法权益。

阿里巴巴的成功实践充分证明，构建高水平社会主义市场经济体制需要充分发挥市场在资源配置中的决定性作用，激发企业的创新活力和市场主体的积极性。同时，政府也应加强引导和监管，为市场的健康发展提供保障。阿里巴巴的故事，为我们提供了宝贵的经验和启示，激励着更多的企业在构建高水平社会主义市场经济体制的道路上奋勇前行。

### ❓思考讨论

❶阿里巴巴作为中国数字经济的领军企业，在推动构建高水平社会主义市场经济体制方面发挥了重要作用。其创新的商业模式和技术应用极大地改变了人们的生活和消费方式。那么，阿里巴巴是如何通过技术创新来提升用户体

验、优化市场资源配置的？

❷阿里巴巴在构建高水平社会主义市场经济体制的过程中，积极履行社会责任，在环保、公益等领域取得了一定的成绩。但在企业快速发展的过程中，也可能会面临一些社会责任方面的挑战和质疑。那么，阿里巴巴如何在追求经济效益的同时，更好地平衡社会效益，实现企业发展与社会责任的有机统一？

❸阿里巴巴的成功得益于中国改革开放的政策环境和不断发展的互联网技术。请思考：在当前全球经济格局发生深刻变化的背景下，中国政府应如何进一步优化政策环境，支持像阿里巴巴这样的企业走出去，参与全球市场竞争，为构建高水平社会主义市场经济体制注入新的活力？

## 案例二 乌镇：互联网之光

乌镇，这座历史悠久的江南水乡，因互联网而焕发出新的生机。互联网小镇以其独特的发展模式，成为构建高水平社会主义市场经济体制的生动实践。创新是乌镇互联网小镇的核心驱动力，这里汇聚了大量的互联网企业、科研机构和创新人才。从大数据、人工智能到云计算、物联网，各种前沿技术在这里碰撞交融。企业们不断探索创新，推出了一系列具有创新性的产品和服务，为经济发展注入了新动力。例如，一些企业利用大数据技术为传统产业提供精准的市场分析和决策支持，助力产业升级。市场活力在小镇上充分涌动。宽松的创业环境吸引了无数怀揣梦想的创业者。政府简化审批流程，提供资金支持和政策优惠，为创业者搭建了广阔的舞台。各类创业孵化器、加速器如雨后春笋般涌现，为初创企业提供了全方位的服务。在这里，新的商业模式、新的应用场景不断涌现，市场主体的积极性和创造性得到了充分激发。

产业协同发展是乌镇互联网小镇的一大特色。互联网企业与传统产业深度融合，形成了完整的产业链。一方面，互联网技术为传统产业的生产、销售、管理等环节带来了变革；另一方面，传统产业的需求也为互联网技术的应用提供了广阔的空间。比如，当地的纺织、旅游等传统产业借助互联网实现了线上线下融合发展，提升了产业附加值。此外，乌镇互联网小镇还注重打造良好的生态环境。完善的基础设施、优质的生活配套、丰富的文化活动，吸引了大量人才汇聚。人才的聚集又进一步推动了技术创新和产业发展，形成了良性循环。

　　乌镇互联网小镇的成功实践告诉我们，构建高水平社会主义市场经济体制需要注重创新驱动，激发市场活力，推动产业协同发展，打造良好的生态环境。它为其他地区提供了宝贵的经验和借鉴，激励着更多地方在新时代的征程中，积极探索适合自身的发展路径，为构建高水平社会主义市场经济体制贡献力量。

## ❓思考讨论

　　❶乌镇互联网小镇通过举办世界互联网大会等活动，成功提升了其在全球互联网领域的知名度和影响力。然而，要保持这种影响力并实现可持续发展，乌镇需要不断创新和完善其发展模式。那么，乌镇互联网小镇如何在现有基础上，进一步加强与全球互联网产业的深度合作，推动技术创新和应用落地？

　　❷乌镇互联网小镇的发展推动了数字经济与传统产业的融合，为当地经济发展带来了新的机遇。但是，在融合过程中，可能会面临一些挑战，如传统产业的数字化转型难度较大、数字经济与传统产业的协同发展机制不完善等。那么，乌镇互联网小镇如何解决这些问题，实现数字经济与传统产业的有机融合和协同发展？

　　❸乌镇互联网小镇的成功经验对其他地区构建高水平社会主义市场经济体制具有一定的借鉴意义。那么，其他地区在学习乌镇经验时，如何从乌镇互联网小镇的发展模式中汲取精华，探索出适合本地区的特色发展道路，实现差异化竞争和协同发展？

### 案例三 吉利传奇

　　吉利汽车诞生于浙江，从一个默默无闻的小厂，逐步成长为全球知名的汽车品牌，离不开高水平社会主义市场经济体制的滋养。在创新驱动方面，吉利汽车展现出强大的进取精神。在市场机制的激励下，吉利不断加大研发投入，致力于技术创新。它不仅收购了沃尔沃汽车，实现了技术与品牌的双丰收，还在新能源、智能网联等前沿领域持续深耕。通过自主研发和合作创新，吉利推出了一系列具有竞争力的车型，满足了消费者日益多样化的需求，为中国汽车产业的升级发展注入了强大动力。

市场活力的充分释放是吉利汽车发展的重要保障。社会主义市场经济体制为吉利提供了广阔的市场空间和公平的竞争环境。吉利汽车敏锐地捕捉到市场变化，积极调整产品结构，从传统燃油车向新能源汽车转型。同时，吉利通过多元化的营销策略，不断拓展市场份额，不仅在国内市场取得了优异成绩，还积极布局海外市场，让中国汽车在全球舞台上崭露头角。此外，政府在吉利汽车的发展过程中也发挥了重要的引导和支持作用。政府出台了一系列鼓励汽车产业发展的政策，为吉利汽车的技术创新、产业升级提供了有力支持。例如，在新能源汽车补贴、科研项目扶持等方面，吉利汽车都享受到了政策红利，这进一步激发了企业的发展活力。吉利汽车的成功还体现在产业协同发展上。它积极与上下游企业合作，构建了完整的汽车产业链。从零部件供应到售后服务，吉利汽车与众多企业紧密合作，实现了资源共享、优势互补，提升了整个产业的竞争力。

吉利汽车在高水平社会主义市场经济体制下的发展之路，充分展示了创新驱动、市场活力、政府引导和产业协同的强大力量。它为中国汽车产业的发展提供了宝贵经验，也为其他企业在高水平社会主义市场经济体制下实现高质量发展树立了榜样。

### ❓思考讨论

❶吉利汽车在高水平社会主义市场经济体制下，凭借强大的创新驱动实现了技术突破和品牌升级，其创新模式和发展路径为其他企业在市场经济环境中实现创新发展提供了有益借鉴，凸显了创新在推动企业发展和产业升级中的核心作用。那么，吉利汽车在高水平社会主义市场经济体制下是如何构建其创新体系的？

❷吉利汽车的发展离不开政府的引导和支持，同时，吉利汽车积极与上下游企业合作，构建了完整的汽车产业链，实现了产业协同发展，这种政府与企

业、企业与企业之间的良性互动是高水平社会主义市场经济体制的重要体现，对于推动产业升级和经济发展具有重要意义。请思考：在吉利汽车的发展过程中，政府具体出台了哪些政策措施来促进吉利汽车的技术创新、产业升级和市场拓展？

❸吉利汽车在高水平社会主义市场经济体制下，充分利用市场机制激发企业活力，通过精准的市场定位和多元化的营销策略成功拓展了市场份额，不仅在国内市场取得了显著成绩，还积极进军海外市场，展现了中国企业在全球市场竞争中的实力和潜力。那么，吉利汽车在品牌建设、产品定价、销售渠道等方面具体有哪些创新举措？

## 三、实践活动指导

### （一）活动主题

创新引领·绿色未来——共筑高水平社会主义市场经济体制。

### （二）活动目的

通过参观阿里巴巴总部或新零售门店，深入了解其在数字经济、高新技术、绿色低碳等方面的创新实践，激发参观者对构建高水平社会主义市场经济体制的思考与讨论，促进理念创新与实践探索。

### （三）活动流程

#### 1. 数字经济实践参观

数字经济生态圈展示：参观阿里巴巴展厅，了解数字经济生态圈的建设历程与成果。观看相关视频与案例分享，了解阿里巴巴如何通过技术创新推动产业升级。

新零售模式体验：前往新零售门店（如盒马鲜生），体验线上线下融合的新零售购物场景。观察智能导购、无人收银、商品推荐等技术的应用。

#### 2. 高新技术实践参观

达摩院参观：参观阿里巴巴达摩院，了解其在人工智能、量子计算等前沿科技领域的研发进展。与科研人员交流，探讨技术商业化应用的路径与挑战。

技术实验室与研发中心：参观云计算、大数据、物联网等技术的实验室与研发中心。了解技术如何在阿里巴巴的业务中发挥作用，推动数字经济发展。

**3. 绿色低碳实践参观**

低碳活动方案展示：观看阿里巴巴低碳活动方案的介绍视频与幻灯片。了解公司在能源优化、碳排放管理、绿色产品和服务等方面的具体实践。

现场考察：参观阿里巴巴的太阳能光伏板、节能设备等绿色设施。了解公司在办公区域、数据中心等场所的节能减排措施。

❓思考讨论

通过以上实践内容，参与者能够全面了解阿里巴巴在数字经济、高新技术及绿色低碳等方面的创新实践与成果，感受其作为行业领军企业的创新精神和可持续发展理念，激发对构建高水平社会主义市场经济体制的思考与讨论。

## 四、知识拓展训练

### （一）训练主题

学习经典，拓展视野，共筑高水平社会主义市场经济体制。

### （二）训练目的

为深入学习关于构建高水平社会主义市场经济体制的重要论述，拟通过阅读经典著作、分享交流、案例分析等形式，引导参与者深入理解社会主义市场经济体制的内涵、发展历程、改革方向及其实践意义，为推动我国经济高质量发展贡献力量。

### （三）训练内容

**1. 经典著作阅读**

推荐书目：

《习近平谈治国理政》第一卷至第四卷中关于经济体制改革的章节；

《中共中央关于全面深化改革若干重大问题的决定》及其解读；

《论坚持全面深化改革》等相关文献。

## 2. 专题分享

参与者围绕阅读书目及专题讲座内容，分享自己的读书心得、观点、见解及实际工作中遇到的问题与解决方案。鼓励跨专业的交流，促进思想碰撞与融合。

## 3. 案例分析研讨

选取国有企业改革、非公有制经济发展、市场准入与公平竞争、绿色金融与可持续发展等方面的典型案例。分为若干小组，每组负责一个案例的深入研究与分析。分析案例的背景、过程、成效及存在的问题与挑战。提出针对性的对策建议与改进方案。各小组选派代表进行成果展示，分享研究成果与心得体会。

通过本次知识拓展活动，深化参与者对构建高水平社会主义市场经济体制的理解与认识，为我国构建高水平社会主义市场经济体制提供有益的智力支持与决策参考。

# 第三节 社会主义市场经济体制的未来发展

## 一、专题理论导学

### （一）教学目的

经过本专题的学习，培养学生分析和解决问题的能力，使他们能够运用所学知识，分析社会主义市场经济体制发展中面临的挑战和问题，并提出相应的解决方案。提高学生的综合思维能力，让他们能够从宏观和微观的角度，理解社会主义市场经济体制与其他领域的相互关系。增强学生的创新思维能力，思考和探索社会主义市场经济体制未来发展的新路径和新模式。

### （二）教学重点

社会主义市场经济体制发展面临的现实挑战；加快构建全国统一大市场；社会主义市场经济体制未来发展的趋势和方向。

## 二、典型案例分析

### 案例一 科技探索的新航标——之江实验室

之江实验室于 2017 年 9 月成立，是浙江省深入实施创新驱动发展战略、探索新型举国体制浙江路径的重大科技创新平台。它的成立，为社会主义市场经济体制下的科技创新注入了新的活力。之江实验室聚焦智能感知、人工智能、智能网络、智能计算和智能系统等五大研究方向，旨在突破一批关键核心技术，推动我国在相关领域的创新发展。实验室汇聚了国内外顶尖的科研人才和创新团队，他们在这里开展前沿性的研究工作，为解决国家和社会发展中的重大科技问题贡献智慧和力量。

在科研项目的组织和实施方面，之江实验室采用了灵活、高效的管理模式。

它打破了传统科研机构的体制机制束缚，鼓励科研人员勇于探索、敢于创新。同时，实验室还积极加强与高校、企业的合作，构建了产学研协同创新的生态体系。通过与高校的紧密合作，之江实验室能够充分利用高校的科研资源和人才优势，共同开展基础研究和前沿技术探索。与企业的合作则使得实验室的科研成果能够更快地实现转化和应用，推动产业的升级和发展。之江实验室还高度重视科研基础设施的建设。它投入大量资金建设了一批先进的科研设备和实验平台，为科研人员提供了良好的研究条件。这些设施不仅能够满足实验室内部的科研需求，还向社会开放，为其他科研机构和企业提供服务，促进了科技资源的共享和利用。此外，之江实验室还积极开展国际合作与交流。它与世界知名的科研机构和高校建立了广泛的合作关系，共同开展科研项目合作、人才培养等活动。通过国际合作，之江实验室能够及时了解国际科技前沿动态，吸收借鉴国际先进的科研理念和技术，提升自身的科研水平和国际影响力。

　　总之，之江实验室作为社会主义市场经济体制下科技创新的生动案例，通过创新管理模式、加强产学研合作、建设科研基础设施和开展国际合作等举措，不断推动科技创新和成果转化，为我国实现科技自立自强和经济高质量发展做出了积极贡献。

### ❓思考讨论

　　❶之江实验室在社会主义市场经济体制下，通过创新驱动汇聚了大量优质资源，成为科技创新的高地，这种资源汇聚模式为未来经济发展提供了强大动力，展现了创新在市场经济体制中的核心引领作用。请思考：之江实验室如何凭借创新驱动吸引到众多顶尖科研人才和丰富的科研资源？

　　❷之江实验室的发展充分体现了社会主义市场经济体制下市场机制与政府引导的有效协同，这种协同模式为科技创新提供了坚实保障，也为未来其他领域的发展提供了有益借鉴，是推动经济高质量发展的重要路径。请思考：在之江实验室的建设和发展过程中，市场机制和政府引导是如何具体协同发挥作用的？

　　❸之江实验室积极推动科技成果转化与产业应用，有力促进了产业升级，

这不仅体现了社会主义市场经济体制对科技创新的强大支撑作用，也展示了科技创新对经济发展的巨大推动作用，为未来经济结构调整和产业发展指明了方向。那么，之江实验室是如何建立起有效的科技成果转化机制，确保科研成果能够顺利从实验室走向市场和产业应用的？

## 案例二 浙江省推进要素市场化配置改革

（一）绍兴市盘活存量资产案例：绍兴市财政局坚决贯彻落实国务院和省、市党委政府关于进一步盘活存量资产扩大有效投资的决策部署，牵头组建工作专班，成功为绍兴争创"全省盘活存量资产扩大有效投资试点市"。其具体做法包括：1.集成"政策+通道"：让社会资本和民营企业共同参与盘活基础设施，极大地激发市场活力，推动消费进一步兴旺。2.集成"资产+工具"：让存量资产创新匹配基础设施REITs梯度培育模式，持续落实项目为王，资金回收进一步加快。3.集成"主体+要素"：让盘活主体与有效金融服务供给充分结合，积极扩大有效投资，发展信心进一步增强。截至2023年底，全市共有38个项目纳入全省项目库，计划总盘活规模491.16亿元，规模居全省第一，已盘活21个项目，金额243.42亿元，预计可撬动再投资规模600亿元用于新项目建设保障，形成"存量带动增量"的良性发展循环。

（二）海盐县深化资源要素市场化配置"三有"改革试点：海盐县以自然资源、地方金融、科技创新、生态资源等要素的优化配置为改革重点，探索破解资源要素制约难题。其主要措施包括：1.率先构建地方金融要素优化配置机制，深入实施"凤凰行动"计划，争取相关政策支持；创新金融服务模式与产品，健全财政资金使用绩效提升机制。2.率先构建科技创新要素优化配置机制，提升科技资源配置效率，设立科技创新信贷风险补偿基金；完善创新型企业发展机制，优化人才资源配置。3.率先构建生态资源要素优化配置机制，坚持可持续发展。4.率先构建农村生产要素优化配置机制，助力乡村振兴。同时明确了发布全要素清单目录、探索编制自然资源资产负债表等5项配套举措。

以上市场化改革举措展示了浙江省通过创新机制、政策引导等方式，提高了要素的配置效率和效益，促进了经济社会的发展。

## ？思考讨论

❶习近平总书记指出，"深化要素市场化配置改革，重点在'破'、'立'、'降'上下功夫"①。那么，如何构建一个功能完备、运行高效、互联互通的现代市场体系，促进各类要素在市场中精准对接、高效运转，同时打破行业壁垒和地域限制，实现要素在更大范围内的自由流动和优化配置？

❷绍兴市建立了市域资产盘活协同机制和资金分配新模式，有效地激发了投资活力，扩大了投资规模，优化了投资结构，推动了经济高质量发展。请讨论：在绍兴市盘活存量资产的过程中，具体采取了哪些市场化手段？这些手段如何提高资产的利用效率？

❸海盐县的"三有"改革试点，即"有形市场、有序交易、有力监管"，旨在建立健全资源要素市场体系。请思考：为了确保交易的公平性和透明度，应该如何设计在资源要素市场化配置中的"有序交易"机制？

### 案例三　从试验到示范的杭州跨境电子商务综合试验区

作为全国首个跨境电商综试区，杭州跨境电子商务综合试验区为我国跨境电商的发展提供了宝贵的经验和示范。杭州跨境电子商务综合试验区充分发挥了市场在资源配置中的决定性作用。通过搭建跨境电商平台，试验区吸引了众多国内外商家和消费者，形成了庞大的跨境电商市场。在这里，市场需求得到了更精准的对接，资源配置更加高效，推动了跨境电商产业的蓬勃发展。

同时，政府在试验区的发展中发挥了积极的引导和支持作用。政府出台了一系列优惠政策和措施，包括税收优惠、通关便利化、金融支持等，为跨境电商企业提供了良好的发展环境。这种政府与市场的有机结合，是社会主义市场经济体制的重要体现，也是试验区取得成功的关键因素之一。试验区的发展还带动了相关产业的协同发展。物流、支付、金融、营销等服务业在跨境电商的带动下不断创新和完善，形成了完整的跨境电商产业链。这不仅促进了产业结

---

① 《中央经济工作会议在北京举行 习近平李克强作重要讲话》，《人民日报》，2017年12月21日第1版。

构的优化升级，也为经济增长注入了新的动力。此外，杭州跨境电子商务综合试验区积极推动技术创新和模式创新。利用大数据、人工智能等先进技术，试验区不断提升跨境电商的服务质量和效率。同时，探索出了多种跨境电商新模式，如B2B、B2C、O2O等，满足了不同消费者和企业的需求。

总之，杭州跨境电子商务综合试验区的成功实践，为社会主义市场经济体制的未来发展提供了有益的启示。它展示了在市场主导、政府引导的模式下，如何通过创新驱动实现经济的高质量发展，为我国社会主义市场经济体制的不断完善和发展做出了积极的贡献。

## ❓思考讨论

❶杭州跨境电子商务综合试验区在社会主义市场经济体制下，通过持续的创新驱动实现了跨境电商产业的快速升级，这种创新不仅推动了自身的发展，也为其他产业的转型升级提供了可借鉴的模式，彰显了创新在社会主义市场经济未来发展中的关键作用。请思考：试验区在技术创新、商业模式创新以及管理创新等方面分别采取了哪些具有突破性的举措？

❷杭州跨境电子商务综合试验区通过降低准入门槛等方式激发了大量市场主体的积极性，而政府的扶持政策和监管措施则为市场的健康发展提供了保障，这种政府与市场的良性互动为经济发展注入了强大动力。那么，试验区在激发市场活力方面，除了降低准入门槛，还采取了哪些具体的政策和措施来吸引中小微企业和创业者参与跨境电商业务？

❸杭州跨境电子商务综合试验区在未来的发展中，加强与全球各地的交流合作是其实现可持续发展的必然选择，这不仅有助于推动跨境电商规则的制定和完善，提升中国跨境电商的国际影响力，也将为社会主义市场经济体制在全球经济格局中的发展贡献力量。请思考：试验区在未来加强与全球各地交流合作的过程中，将面临哪些主要的机遇和挑战？

## 三、实践活动指导

### （一）活动主题

"浙改之路，你我共鉴"——浙江改革历程知识竞赛。

### （二）活动目的

本次知识拓展训练旨在通过生动、有趣的活动，让学生深入了解浙江体制改革的历程、成就与经验，激发他们的改革创新意识。知识目标：使学生了解浙江体制改革的背景、重要事件、主要措施及成效；能力目标：培养学生的团队协作、创新思维和问题解决能力；情感目标：激发学生对中国改革发展的自豪感和对未来改革的信心。

### （三）活动流程

浙江作为中国改革开放的前沿阵地，率先启动了市场化取向改革，诞生了众多"第一"，如第一家私营企业、第一个专业市场等。如今，浙江再次站在全面深化改革的风口，通过体制机制创新不断赢得发展先机。为了深入学习和宣传浙江改革开放的辉煌历程与宝贵经验，激发学生的爱国热情和创新精神，特举办"浙江改革历程知识竞赛"。

#### 1. 准备阶段

参赛者需自行学习浙江改革的相关知识，包括但不限于农村经济体制改革、国有企业改革、对外开放、科技创新等方面。组委会将提供部分学习资料和模拟试题供参赛者参考。

#### 2. 预赛阶段

预赛采用线上或线下笔试形式进行，试题涵盖浙江改革历程的各个方面。根据预赛成绩，选出前若干名（具体数量根据参赛人数确定）进入决赛。

#### 3. 决赛阶段

决赛采用现场竞赛形式，包括必答题、抢答题、风险题等环节。邀请思政教师担任评委，对参赛者的表现进行打分和点评。决赛现场设置观众互动环节，增加活动的趣味性和参与度。

**4. 颁奖阶段**

根据决赛成绩，颁发一等奖、二等奖、三等奖及优秀奖若干名。获奖者将获得证书、奖品等丰厚奖励。

竞赛内容：围绕浙江改革的各个方面展开，包括但不限于：浙江农村经济体制改革的历程与成效；国有企业改革的探索与实践；对外开放与国际贸易的拓展；科技创新与产业升级的推动；生态环境保护与可持续发展；社会治理创新与民生改善等。通过学校官网、微信公众号、校园广播等渠道进行宣传。制作宣传海报和横幅，在校园内显眼位置展示。邀请媒体进行报道，扩大活动的影响力。

预期效果：加深学生对浙江改革历程的认识和理解；提升学生的历史责任感和时代使命感；增强学生的团队协作能力和创新思维；扩大活动影响力，激发更多学生参与学习和实践的热情。

## 四、知识拓展训练

### （一）训练主题

浙里先行，体制创新——共绘改革新篇章。

### （二）训练目的

深入了解海宁资源要素市场化配置改革的具体做法、成效及经验。收集第一手数据和资料，为其他地区提供可借鉴的改革模式和路径。本实践活动旨在通过生动多样的形式，展现浙江在体制改革中的先机与成就，激发参与者对改革创新的热情与信心，推动社会各界进一步关注和支持浙江乃至全国的体制改革进程。

### （三）训练内容

探访改革示范点：海宁资源要素市场化配置改革示范区。浙江海宁作为资源要素市场化配置改革的先行者，自 2013 年起全面启动了要素市场化配置综合配套改革试点工作，围绕土地、能源、环境容量、金融、人才等要素进行了大胆探索和创新，形成了具有示范意义的"海宁经验"。

同时，选择不同行业、不同类型的改革试点企业进行实地考察，了解企业在改革中的具体做法、成效及挑战。重点关注企业在土地、能源、环境容量、金融、人才等要素方面的市场化配置情况。可重点参观海宁市公共资源要素交易平台，了解其在土地、产权、工程、政府采购等资源要素交易中的创新做法和成效。深入了解交易平台的企业治理决策机制、专业队伍管理制度及数字化招标监管平台等。

专题九

推动经济
高质量发展

高质量发展是新时代我国经济社会发展的核心主题，也是全面建设社会主义现代化国家的首要任务。党的十八大以来，以习近平同志为核心的党中央，基于对我国经济发展成功经验的深刻总结，结合新的实际情况，提出一系列新理念新思想新战略，形成习近平经济思想，为推动高质量发展奠定根本遵循。在新时代，我们必须准确把握新发展阶段，全面贯彻创新、协调、绿色、开放、共享的新发展理念。同时，坚持和完善社会主义基本经济制度，加快构建以国内大循环为主体、国内国际双循环相互促进的新发展格局，着力建设现代化经济体系，以高质量发展推进中国式现代化。对于学生而言，正确理解高质量发展至关重要。它是能充分满足人民日益增长的美好生活需要的发展模式，集中体现了新发展理念。在这一发展过程中，创新成为驱动发展的第一动力，协调成为发展的内生特点，绿色成为发展的普遍形态，开放是发展的必由之路，共享则是发展的根本目的。

# 第一节 ｜ 完整、准确、全面贯彻新发展理念

## 一、专题理论导学

### （一）教学目的

让同学们能够掌握，新发展阶段在我国发展进程中具有里程碑意义，贯彻新发展理念是新时代我国发展壮大的必由之路，进入新发展阶段，必须把发展质量问题摆在更为突出的位置，坚定不移贯彻新发展理念。新发展理念的科学内涵和实践要求，以及如何完整、准确、全面地理解和把握新发展理念。推动高质量发展，必须以新发展理念为引领。结合新时代浙江经济社会发展主要成就，使学生加深理解实现高质量发展，具有全局性、长远性和战略性意义。

### （二）教学重点

新发展理念的科学内涵和实践要求；高质量发展的深刻内涵；高质量发展的重大意义。

## 二、典型案例分析

### 案例一 新发展理念下的浙江发展

浙江，作为中国经济发展的先行地之一，在新发展理念的引领下，不断探索创新，走出了一条独具特色的高质量发展之路。

创新发展是浙江发展的核心动力。以杭州为例，这座城市凭借其优越的创新创业环境，吸引了大量的人才和资本。阿里巴巴等一批互联网科技企业在这里崛起，成为全球创新的引领者。杭州不仅在电子商务领域取得了巨大成功，还在人工智能、大数据、云计算等新兴技术领域积极布局，推动了数字经济的蓬勃发展。协调发展是浙江实现均衡发展的关键。浙江注重城乡协调发展，通

过实施"千村示范、万村整治"工程，大力推进农村基础设施建设和环境整治。同时，加强农村产业发展，提高农民收入水平，缩小城乡差距。在区域协调发展方面，浙江积极推动长三角一体化发展，加强与周边省市的合作交流，实现资源共享、优势互补，促进区域共同发展。绿色发展是浙江的亮丽底色。浙江坚定不移地推进生态文明建设，积极开展"五水共治""四边三化"等行动，加强环境污染治理，改善生态环境质量。同时，大力发展绿色产业，如生态农业、清洁能源、节能环保等，推动经济发展与生态保护相协调。浙江的许多地方，如安吉、桐庐等地，凭借优美的生态环境，发展生态旅游。开放发展是浙江拓展发展空间的重要途径。浙江积极参与"一带一路"建设，加强与合作伙伴的经贸合作。宁波舟山港作为全球货物吞吐量最大的港口，为浙江的对外开放提供了有力支撑。同时，浙江不断优化营商环境，吸引外资企业入驻，推动对外贸易和投资的发展，提升了浙江在全球经济中的地位。共享发展是浙江发展的根本目的。浙江注重保障和改善民生，加大教育、医疗、社保等领域的投入，提高公共服务水平。在脱贫攻坚方面，浙江率先实现了贫困县全部摘帽，确保了全面建成小康社会路上一个都不掉队。

此外，浙江还积极推进社会治理创新，加强法治建设，维护社会公平正义，让发展成果更多、更公平地惠及全体人民。

## ❓思考讨论

❶贯彻新发展理念是新时代我国发展壮大的必由之路，进入新发展阶段，必须把发展质量问题摆在更为突出的位置，在质量效益明显提升的基础上实现经济持续、健康发展。结合浙江的发展案例，分析创新如何通过改变产业结构、提升生产效率以及创造新的市场需求，进而推动区域经济高质量发展。

❷共享是中国特色社会主义的本质要求，共享发展注重的是解决社会公平正义问题，必须坚持全民共享、全面共享、共建共享、渐进共享，不断推进全体人民共同富裕。请分析在全国不同地区推进共享发展过程中，应如何根据各地的经济社会差异，制定适宜的共享发展策略。

### 案例二 "数"绘杭州

在浙江，杭州以"省会"之姿，于各领域尽显"头雁"风采，再度捧起"浙江制造天工鼎"，实至名归。其"重塑"的底气，源自数字赋能产业发展的卓越实践。

在数字产业化进程中，杭州积极引入之江实验室、西湖大学、阿里达摩院等创新力量，夯实电子商务、云计算大数据、物联网、人工智能等优势产业根基，不断提升创新能力与产业能级。产业数字化领域，杭州深化"互联网+制造"，走出一条独具特色的智能制造之路。从"机器换人"起步，迈向"工厂物联网"，再到"企业上云"，凭借"ET工业大脑"驱动，实现数字技术与全产业各领域深度融合。城市数字化方面，杭州大力推进数字技术在社会民生服务领域的创新应用。"城市大脑"启动建设，智慧应用场景不断开发，大数据资源中心积极推进，全力打造多元参与、成果普惠的数字治理"杭州模式"。以数字安防集群为例，它以跃升视觉智能产业为主线，聚焦高端数字安防制造，突破高端芯片制造，发展关键器件。2023年，其一个核心区、四个协同区实现营收3383.2亿元，占全省比重33.2%，成功入围国家先进制造业集群。滨江区集成电路产业集群入选第一批"浙江制造"省级特色产业集群核心区，富阳区集成电路产业集群（特色工艺制造）成为省级特色产业协同区，初步构建起从设计到制造、封装、测试的全产业链。高端软件产业集群，则致力于推动数字产业迭代升级，着力打造人工智能、智能计算2个千亿级细分产业集群，全域创新策源地模式入选全省首批融入新发展格局最佳实践案例。当下，随着ChatGPT掀起热潮、Sora横空出世，人工智能时代已然来临。2024年全国两会，"人工智能+"首次写入《政府工作报告》。"嗅觉灵敏"的杭州，早已悄然布局。

杭州全力打造全国数字经济第一城的"AI升级版"，在数字浪潮中续写产业兴盛的辉煌篇章。

❓思考讨论

❶在推动数字产业化、产业数字化和城市数字化高质量发展过程中，如数

字安防、集成电路、高端软件等产业集群，提升产业链的韧性和抗风险能力，以应对全球经济形势变化。杭州如何平衡各领域的资源投入，以确保整体数字经济的协调发展？

❷面对人工智能时代的新机遇与挑战，杭州在借助数字赋能产业发展推动经济高质量发展的进程中，打造全国数字经济第一城"AI升级版"以推动高质量发展时，将采取哪些具体措施来提升高端软件产业集群的创新能力和国际竞争力？

## 案例三 诸暨袜业数字化转型

诸暨，作为闻名遐迩的"袜业之都"，拥有庞大的袜业产业集群。然而，传统袜业生产模式面临着成本上升、效率低下、市场竞争激烈等诸多挑战。在此背景下，诸暨袜业开启了数字化转型之路，诸多袜企的成功转型为行业发展带来新契机。

浙江诸暨的健盛集团，作为全球最大的无缝运动休闲袜制造商之一，是数字化转型的典型代表。过去，健盛集团的生产环节依赖大量人工，从编织、缝头到包装，不仅效率低，而且质量稳定性难以保障。为解决这些问题，健盛集团投入大量资金进行数字化升级。在生产设备方面，引入国际先进的智能袜机，这些设备具备自动化控制和数据采集功能，能实时监控生产状态，及时发现并解决生产中的问题，大大提高了生产效率。同时，集团构建了完整的信息化管理系统，将订单处理、原材料采购、生产排程、质量检测等环节全部纳入。通过大数据分析，企业能够精准预测市场需求，合理安排生产计划，减少库存积压。数字化转型给健盛集团带来显著效益。生产效率提高30%以上，产品不良率从之前的5%降低至1%以内，订单交付周期从原来的15天缩短到7天，大大提升了客户满意度。同样，诸暨的另一家袜企——丹吉娅集团，在数字化转型中也成绩斐然。丹吉娅集团借助数字化技术，搭建起个性化定制平台。消费者可通过手机APP或官网，自主选择袜子的款式、颜色、图案，甚至添加个性化元素。企业通过对这些定制需求数据的分析，反向指导生产流程的优化。在生产过程中，利用数字化设备实现快速换模、换线，满足小批量、多品种的生产需求。这种数字化驱动的个性化定制模式，让丹吉娅集团在激烈的市场竞争中脱颖而出。不仅拓展了消费群体，还提高了产品附加值，企业利润实现稳步增长。

健盛集团和丹吉娅集团的成功，只是诸暨袜业数字化转型的缩影。如今，越来越多的诸暨袜企踏上数字化征程，通过智能化生产、信息化管理、个性化定制等手段，实现传统产业的转型升级，在全球袜业市场中持续保持竞争优势。

### ❓思考讨论

❶从创新理念的视角出发，健盛集团与丹吉娅集团的创新举措对诸暨袜业的高质量发展意义非凡。健盛集团引入智能袜机和构建信息化管理系统，丹吉娅集团搭建个性化定制平台，这些创新举措对诸暨袜业实现高质量发展起到了哪些关键作用？

❷共享理念强调发展成果由人民共享。在诸暨袜业数字化转型实现高质量发展的过程中，企业生产效率提高、利润增长，这些成果如何更好地通过提升员工待遇、带动当地就业、促进产业上下游协同发展等方式，实现更广泛的共享，进而推动整个袜业产业生态的高质量发展？

## 三、实践活动指导

### （一）活动主题

主题演讲：新发展理念推动浙江高质量发展。

### （二）活动目的

增强学生对新发展理念的理解和对浙江高质量发展的认识。提高学生的演讲表达能力和逻辑思维能力。培养学生关注社会发展、热爱家乡的情感。

### （三）活动流程

#### 1. 前期准备

简要介绍新发展理念的内涵和浙江高质量发展的概况，引出活动主题。播放一段关于浙江高质量发展成果的视频，激发学生兴趣。

### 2. 分组准备

将学生分成若干小组，每组4—6人。各小组围绕"新发展理念推动浙江高质量发展"这一主题，选择一个具体的方面进行深入讨论，如创新发展、绿色发展、协调发展等，并确定演讲的主要内容和观点。

### 3. 演讲展示

每个小组推选一名代表进行演讲，时间控制在5—8分钟。演讲结束后，其他小组同学可以进行提问和互动交流。

### 4. 评价总结

教师和学生共同组成评委团，根据演讲内容、表达能力、仪态等方面对各小组的演讲进行评价打分。教师对本次活动进行总结，强调新发展理念的重要性以及浙江未来发展的方向和挑战。

## 四、知识拓展训练

### （一）训练主题

"浙江高质量发展"典型案例收集。

### （二）训练目的

增进学生对浙江高质量发展的内涵和重要意义的了解，培养学生收集、整理和分析信息的能力，增强学生对家乡发展的关注和自豪感。

### （三）训练内容

播放关于浙江发展的视频或展示相关数据，引发学生对浙江高质量发展的兴趣。提问学生对浙江高质量发展的初步理解，进而讲解浙江高质量发展的概念和主要方面，如经济创新、生态环保、社会民生等。介绍案例收集的方法，包括网络搜索、文献查阅、实地调查、访谈等。

将学生分成小组，每组选择一个浙江高质量发展的具体领域，如数字经济、美丽乡村、智能制造等。各小组讨论确定案例收集的方向和重点。学生在小组内分工合作，运用所学方法收集相关案例。对收集到的案例进行初步整理和筛选。

　　每个小组推选代表进行汇报，展示收集到的典型案例及分析成果。其他小组进行提问和交流，共同探讨案例的特点和价值。教师对各小组的表现进行评价，肯定优点，指出不足，总结本次活动的重点内容和学生的收获。

# 第二节 坚持和完善社会主义基本经济制度

## 一、专题理论导学

### （一）教学目的

让同学们能够掌握，社会主义基本经济制度是中国特色社会主义制度的重要支柱，是新时代推动实现高质量发展的制度基础。以习近平同志为核心的党中央对社会主义基本经济制度作出新概括，充分体现了我们党对我国经济发展规律的深刻认识和科学把握。在此基础上坚持"两个毫不动摇"；坚持按劳分配为主体、多种分配方式并存；构建高水平社会主义市场经济体制等。我们党根据实践的发展不断完善和丰富我国的经济制度，为我国取得举世瞩目的发展成就奠定了重要制度基础，在新征程上，必须进一步坚持和完善社会主义基本经济制度。必须坚持好、巩固好、完善好、发展好社会主义基本经济制度。

### （二）教学重点

坚持和完善社会主义基本经济制度的重要意义；坚持"两个毫不动摇"的重要意义。

## 二、典型案例分析

### 案例一 浙江国企改革——破茧成蝶的奋进之路

在浙江国企改革的浪潮中，"混合所有制改革"与"供给侧结构性改革"成为两大关键引擎，驱动着浙江国企不断向前发展。

近年来，浙江以混改为主导，在重点领域和关键环节持续发力。自2017年省属企业本级公司制改制全面完成，到2020年末，市县全民所有制企业公司制改制也基本收官。"十三五"期间，1000多家国有企业踏上混改之路，省属企业混改率高达 77%。而到 2024 年，这一数据进一步攀升。据最新统计，全省参与混改的国有企业数量已突破 2000 家，省属企业混改率提升至 85% 左右。众多国有企业通过混改，成功引入多元资本，优化了企业股权结构，为企业注入了新的发展活力与创新动力。

安邦护卫集团、省盐业集团等 5 家国家混改试点企业，率先实现混合所有制。物产云商、杭州热电等 9 家企业，顺利完成国有控股混合所有制企业员工持股试点。这些企业不断细化方案，力求在激励约束、股权流转与激发活力间找到最佳平衡点。同时，7 家企业入选国务院国资委"双百行动"，3 家企业入选国家"科改示范行动"，综合改革试点稳步推进。

混改的深入推进，让许多制约国企活力与效率的难题迎刃而解。省属企业创新能力大幅提升，新增 10 个国家级创新平台基地，实施 22 项国家级科研项目，荣获 10 项国家级科技创新奖与 387 项省部级科技进步奖，364 项自主研发创新成果成功转化，在多个关键领域取得重大突破，掌握核心技术。

在推进供给侧结构性改革方面，浙江国资国企"进""退"有度。杭钢集团半山基地钢铁产能平稳关停，压减 400 万吨产能，带动全省钢铁去产能任务提前一年完成；长广七矿关闭，彻底退出煤炭生产领域。同时，浙江加快钢铁、海运等过剩产能化解，主动退出房地产、低端制造业等非核心产业，清理 500 多家"僵尸企业"，盘活超 1000 亿元资产。此外，全面完成省属企业办医、办学等职能剥离移交，以及"三供一业"分离移交、国企退休人员社会化管理等工作，让国企轻装上阵。

如今，浙江国资国企整体实力显著增强，功能作用日益凸显。全省已有 20 家"千亿级"国企，8 家进入中国企业 500 强，物产中大更是连续 10 年跻身世界 500 强。浙江国企正以改革为翼，在新时代的广阔天空中振翅高飞。

## ❓思考讨论

❶ 在浙江国企混改过程中，众多国有企业引入多元资本，省属企业混改率大幅提升。从产权结构看，虽然非公有资本进入，但国有资本仍可通过合理安排股权比例，在关键领域和重要企业保持控股地位，以此掌控企业的发展方

向。大量引入非公有资本，这是否会影响公有制的主体地位？

❷浙江国企在供给侧结构性改革中，关停过剩产能、清理"僵尸企业"，主动退出房地产等非核心产业。这一举措看似是对公有制经济领域的收缩，实则是优化布局、提升质量的过程。从保障公有制经济对国民经济的支撑和引领作用角度看，退出非核心产业，能使国有资本更集中于关系国家安全、国民经济命脉的重要行业和关键领域，如能源、交通、重要基础设施等，强化公有制经济在这些领域的主导地位。请结合课程内容，思考并讨论以下问题：国有企业改革应该如何进一步深化？

### 案例二 激活"浙"里的民营经济

在经济发展的长河中，如何精准定位民营经济的地位与作用，始终是深化经济体制改革、完善社会主义市场经济体制的关键课题。自1999年非公有制经济被宪法确认为"社会主义市场经济的重要组成部分"，到2002年党的十六大提出"两个毫不动摇"，再到党的十八大以来，习近平总书记多次重申坚持社会主义基本经济制度，中央对民营经济的支持态度一以贯之。① 然而，"民营经济离场论"等错误论调，如阴霾般偶尔干扰着民营经济前行的信心。

浙江民营经济的崛起，是一部与改革创新相伴相生的奋斗史。浙江的活力源于改革，源于率先构建起激发民众创造力的体制机制，而民营经济便是这活力的生动体现。浙江民营经济的发展历程，本质上就是一部不断创新发展环境的历史。持续优化发展环境，是浙江民营经济蓬勃发展的秘诀。改革开放的春风拂过，浙江率先松开个体私营经济的束缚，在市场化体制机制的构建上抢得先机。"八八战略"实施后，浙江在完善支持政策的同时，大力破除制约民营企业发展的体制机制壁垒，让民营经济发展的环境更加宽松、肥沃。完善政策支持体系，为民营经济保驾护航。"八八战略"开篇便强调发挥体制机制优势，推动多种所有制经济共同发展。多年来，浙江从机关效能建设，到"四张清单一张网"，"最多跑一次"改革与政府数字化转型取得重大突破。如今，浙江已成为审批最少、效率最高、服务最优的省份之一。全国工商联《2022年

---

① 习近平：《全面深化改革开放，为中国式现代化持续注入强劲动力》，《求是》2024年第10期。

"万家民营企业评营商环境"报告》显示，浙江省营商环境满意度已连续3年位居全国榜首，成为民营经济发展的沃土。坚持公开市场、公平竞争、平等保护，为民营经济营造良好生态。浙江以服务业市场开放，拓宽民营经济的市场空间；以强化竞争政策，打造公平竞争的赛场；以平等保护为核心，构建坚实的法治后盾。

在浙江，民营经济如千帆竞发，在这片创新与政策滋养的海洋中破浪前行。浙江以实际行动，诠释着对民营经济的坚定支持，为全国民营经济发展提供了宝贵的经验与借鉴。

## ❓思考讨论

❶尽管浙江在营商环境打造上成果显著，然而，经济形势瞬息万变，新挑战不断涌现，如全球经济下行压力、新兴技术变革带来的产业转型需求等。当下，民营经济发展面临着成本上升、融资难题、创新能力不足等困境。面对不断变化的经济形势，如何持续优化政策支持体系，助力民营经济应对新挑战？

❷浙江强调以平等保护为核心，为民营经济构建法治后盾，但在实践中，仍存在一些隐性壁垒。比如，在一些政府采购项目和大型国有企业合作项目中，民营企业可能因资质认定标准、信息不对称等因素，难以获得公平竞争机会。部分法律法规在执行过程中，对民营企业与国有企业的标准一致性有待加强。在坚持平等保护，构建法治后盾方面，浙江如何进一步细化举措，确保民营经济在市场竞争中真正实现公平公正？

### 案例三 浙江民营经济——书写辉煌成就的"金名片"

在改革开放的浪潮中，浙江，这片充满生机与活力的土地，书写了民营经济蓬勃发展的壮丽篇章。民营经济，已然成为浙江经济的最大特色，是浙江熠熠生辉的金字招牌，更是最具辨识度的一张"金名片"。

时光回溯到20世纪70年代末，在义乌稠城镇，一位名叫冯爱倩的农村妇女，怀揣着改变命运的渴望，勇敢地拦住了时任县委书记谢高华的自行车，表达自己想摆地摊谋生的诉求。这一拦，成为义乌小商品市场发展的起点。谢高华书记敏锐地意识到个体经营的潜力，果断决策开放小商品市场，为民营经济的萌芽提供了土壤。此后，义乌的小商小贩们如雨后春笋般涌现，从鸡毛换糖的原始交易，逐渐发展成全球最大的小商品批发市场。在这里，小小的摊位汇聚成商业的海洋，无数民营企业从这里起步，将"中国制造"的商品销往世界各地。

与此同时，在温州的乐清柳市镇，一群农民企业家在电器领域闯出了一片天。正泰集团的创始人南存辉，早年是个修鞋匠。他凭借着对市场的敏锐洞察和敢为人先的勇气，从一个家庭小作坊起步，逐步打造出了一家国际化的电器企业。在发展过程中，南存辉不断创新管理模式，引进先进技术，带领正泰在激烈的市场竞争中脱颖而出。正泰的成功，不仅是南存辉个人的奋斗传奇，更是温州民营经济蓬勃发展的缩影。在温州，像正泰这样从草根崛起的民营企业数不胜数，他们以坚韧不拔的毅力和勇于创新的精神，铸就了"温州模式"的辉煌。

浙江民营经济的发展，离不开政府的有力支持。政府积极营造宽松的政策环境，出台一系列鼓励创业创新的政策措施，为民营企业排忧解难。在金融支持方面，政府引导金融机构加大对民营企业的信贷投放，拓宽民营企业融资渠道；在人才培养上，搭建各类人才交流平台，为民营企业引进高素质人才。此外，浙江还注重打造良好的营商环境，简化行政审批流程，提高政务服务效率，让民营企业能够轻装上阵，专注发展。

如今，浙江民营经济已成为推动经济增长、促进就业、创新发展的重要力量。从传统制造业到新兴科技产业，从国内市场到国际舞台，浙江民营企业展现出强大的竞争力和创新活力。

## ❓思考讨论

❶在全球经济一体化进程中，浙江民营企业虽已在国际舞台崭露头角，但面临贸易保护主义、汇率波动等挑战。在当前复杂多变的国际经济形势下，政府应如何进一步优化政策支持体系，以鼓励、支持浙江民营企业拓展海外市场，提升国际竞争力？

❷随着新兴科技产业的快速发展，从传统制造业向新兴科技产业转型的关键时期，浙江民营企业面临人才短缺问题，亟需大量高端科技人才和创新型人才。应如何通过人才培养和引进政策，引导和支持民营企业实现创新发展？

## 三、实践活动指导

### （一）活动主题

线下调研：采访家乡民营企业家，听听社会主义市场经济发展的故事。

### （二）活动目的

理解社会主义基本经济制度的主要内容，包括公有制为主体、多种所有制经济共同发展，按劳分配为主体、多种分配方式并存，社会主义市场经济体制。了解社会主义市场经济体制下民营企业的发展历程和特点。认识到社会主义市场经济发展为民营企业提供的机遇和支持，坚定对社会主义制度的信心。

### （三）活动流程

前期准备。教师向学生介绍活动主题与目的，强调采访家乡民营企业家的重要性，以及活动与社会主义经济发展的关联。布置学生课后通过网络、图书馆等途径，收集本地知名民营企业的信息，了解所在地区民营经济的大致发展状况，为后续分组及采访对象确定做铺垫。

分组准备。将学生分成若干小组，每组5—7人为宜，各组推选一名责任心强、沟通能力较好的组长。组长组织组员讨论并确定采访对象，可优先考虑组员熟悉的家乡民营企业负责人，随后各小组借助企业官网、行业报道等渠道，详细了解该企业的创立时间、经营范围、规模大小、市场地位等基本情况，整理成资料，同时小组共同商讨拟定采访提纲，涵盖企业发展历程、面临挑战、经营理念以及对社会主义经济建设的感悟等方面问题，并提前预约采访时间与方式，确定是实地采访还是线上采访。

演讲展示。课堂上，各小组依次进行汇报展示，汇报内容包括采访企业的基本信息、采访过程中的关键事件与有趣经历，重点呈现采访成果，如企业家分享的经营理念如何助力企业突破困境、企业如何适应社会主义市场经济体制变化等。汇报时长控制在10—15分钟，展示完毕后，接受其他小组的提问，针对采访细节、企业特定案例等问题进行解答与补充，教师在此过程中适当引导，鼓励深入交流，促使学生从多角度理解民营企业在社会主义经济发展中的角色。

评价总结。教师对各小组的汇报展示进行点评，从采访内容的深度与广度、展示的逻辑性与条理性、团队协作等方面给予客观评价，肯定亮点，指出不足。接着，引导学生共同总结本次活动的收获，梳理社会主义经济发展为民营企业提供的机遇，如政策扶持、市场活力激发等，以及民营企业在其中发挥的推动创新、吸纳就业、促进经济增长等关键作用。最后，教师进行升华，强调关注家乡民营企业发展，鼓励学生持续关心经济动态，将理论与实践紧密结合。

## 四、知识拓展训练

### （一）训练主题

角色扮演：国有企业改革的机遇与挑战。

模拟国有企业改革研讨会，让学生在角色扮演中表达自己的观点和立场，老师引导总结。

### （二）训练目的

通过角色扮演，让学生深入了解国有企业改革的相关问题，培养他们的分析和解决问题的能力。引导学生从不同立场和角度思考国有企业改革，提高批判性思维和沟通表达能力。

### （三）训练流程

将学生分组，并分配角色。每个小组负责研究和准备所扮演角色的观点和立场。提供相关的资料和文献，包括国有企业改革的政策文件、案例分析、学术研究报告等，供学生参考。

每个小组依次派代表上台，以所扮演角色的身份阐述对国有企业改革的看法、面临的问题以及建议。每位代表发言时间控制在 5 分钟左右。

代表发言结束后，进入自由讨论环节。学生可以根据自己所扮演的角色，与其他角色进行交流、讨论和协商。教师在这个过程中进行引导和协调，确保讨论的秩序和方向。

　　请几位学生对本次研讨会的讨论内容进行总结，分享自己的收获和体会。教师对学生的表现进行点评，肯定优点，指出不足之处，并对国有企业改革的相关知识进行梳理和总结。

# 第三节 加快构建新发展格局

## 一、专题理论导学

### （一）教学目的

让同学们能够掌握我国经济发展状况以及习近平总书记的重要论述阐明党提出构建新发展格局，是对我国客观经济规律和发展趋势的自觉把握，让学生们明确构建新发展格局是把握未来发展主动权的先手棋，不是被迫之举和权宜之计。在此基础上具体讲解推动国内循环和国际循环相互促进、良性互动的基本要求，以及如何大力推动构建新发展格局。

### （二）教学重点

推动构建新发展格局的重大举措；认识构建新发展格局的必要性和重要性。

## 二、典型案例分析

### 案例一 "义新欧"——新时代的丝路传奇

在"一带一路"倡议的宏大叙事中，"义新欧"中欧班列宛如一条闪耀的金色丝带，编织着"一带一路"合作伙伴的合作梦想，续写着浙江在深化改革、扩大开放道路上的崭新篇章。

回溯到 2014 年 11 月 18 日，一声响亮的汽笛划破长空，首列义乌至马德里的"义新欧"班列正式启程。它如同一颗火种，点燃了新时代"一带一路"贸易往来的新希望，将 2000 多年前的丝路驼铃，化作了如今穿越欧亚大陆的钢铁洪流。义乌市铁路口岸，作为"义新欧"中欧班列的始发站，更是浙江深度融入"一带一路"倡议的关键支点。为确保"义新欧"中欧班列稳定畅行，义乌不遗余力地拓宽通道，全力推进班列的增点扩线与提质增效。在提升集货能力方面，义乌展现出强大的凝聚力，吸引了浙江、上海、广东等15个省市的货源汇聚于此。各地优势互补、业务协同、资源共享，共同构建起中欧班列合作共同体。同时，"CMEC新能源号""京东号"等特色精品班列纷纷开行，为地方产业"走出去"搭建了便捷桥梁，为班列的稳定运行注入源源不断的动力。为打造提质增效的价值链，义乌不断延伸服务链，积极发展"运贸一体化"。站到门、门到门的多式联运服务，拼箱、仓储、前后端短驳配送等多元化模式，构筑起全程一体化的服务链条，形成了"以运带贸、以贸促运"的良性循环。2023年4月，义乌铁路口岸二期监管区顺利通过竣工验收，进一步提升了口岸的服务能级。不仅如此，"义新欧"积极构建国际合作网络。义新欧集团先后与中铁欧洲公司、德铁欧亚货运有限公司携手，在中欧班列集装箱调度中心建设、回程班列推行全程时刻表等领域展开深度合作。"一带一路"捷克站的投用，波兰华沙海外分市场的布局，杜伊斯堡境外集散中心的启用，以及覆盖欧亚大陆的海外仓、境外分拨点的构建，让"义新欧"的服务网络更加完善，有效降低了班列客户的海外物流成本。

如今，"义新欧"中欧班列已开通19条运营线路，辐射50多个共建"一带一路"国家、160多个城市，累计开行超6100列。它不仅是经贸合作的桥梁，更是文化交流的使者，为保障全球产业链和供应链稳定贡献着不可或缺的力量。

## ❓思考讨论

❶"义新欧"中欧班列虽已取得显著成就，但在促进国内国际双循环深度融合方面仍有提升空间。"义新欧"中欧班列在推动构建新发展格局中，如何进一步促进国内国际双循环的深度融合？

❷在我国积极推动构建新发展格局的大背景下，"义新欧"中欧班列在助力浙江实现更高水平开放型经济方面，承担着至关重要的角色。目前，浙江正处于经济结构转型升级、深度融入全球经济的关键阶段，"义新欧"中欧班列虽已取得一定成果，但仍面临诸多挑战与机遇。怎样依托其拓展海外市场，推

动浙江优势产业如制造业、小商品产业等的国际化布局，提升产业的全球竞争力？

### 案例二 浙江实体经济的外贸腾飞之路

在数字经济浪潮奔涌的时代，浙江凭借其在数字经济领域的先发优势，成功踏上了实体经济发展的新外贸快车道。

1996年后，浙江经济大规模由内向外开放，浙江产品对海外的出口量就已超过对省外的销售。如今，随着人均收入的提高和产品进出口结构的变化，需求端和供给端也发生了相应转变。在新形势下，浙江敏锐地捕捉到互联网与外贸这两块"长板"创新融合的巨大潜力，积极探索打造直连海外消费者的新通路。作为全国首个设立跨境电商综试区的省份，浙江在跨境电商领域持续发力。近年来，浙江高度重视跨境电商发展，在监管体制机制创新、主体培育、基础配套支撑等方面不断取得进步，总体发展水平位居全国前列。跨境电商在全球零售领域的地位日益重要，出口跨境电商交易规模在中国出口贸易中的比重不断扩大，已然成为外贸新的增长点。在浙江，跨境电商的繁荣景象随处可见。25万个品牌、500万商家踊跃参与，超2600个海外品牌首次亮相，为消费者带来了丰富多样的选择。同时，超过38万贫困县卖家也借此"上线"，成功拓宽了销路。不仅如此，还有400万个包裹通过中欧班列运往欧洲，搭建起了与欧洲市场紧密相连的桥梁。在打通国内市场政策堵点、激发市场活力和潜力的大背景下，跨境电商成为促进国内国际双循环的重要载体。它不仅连接着国内外市场，更是新时期中美产业升级的推动工具，以及营造内外循环的建构者。浙江全省大力打造并推广"麒麟计划"，构建起"线上＋线下"相结合的跨境电商新生态，为广大实体企业发展跨境电商出口业务提供一站式全流程服务。

如今，浙江正凭借跨境电商这一强劲动力，推动实体经济在新外贸的道路上加速前行，续写着经济发展的新篇章，让浙江制造、浙江品牌借助数字化浪潮，在全球市场绽放更加耀眼的光芒。

## ❓思考讨论

❶目前，跨境电商发展迅猛，成为外贸新增长点，但传统外贸在浙江经济中仍占据重要地位。如何引导传统外贸企业利用自身的供应链、品牌等优势，快速且有效地转型开展跨境电商业务，避免两者在资源、市场等方面产生冲突，实现优势互补？

❷随着跨境电商市场竞争日益激烈，新的问题不断涌现，如物流成本波动、海外市场政策变化等。从政策层面，政府如何持续优化监管体制机制，在保障市场规范有序的同时，鼓励创新，为跨境电商生态的可持续发展提供稳定的政策环境？

### 案例三 数字经济驱动双循环的领航者——阿里云

在杭州这座充满创新活力的城市，阿里云的崛起宛如一部波澜壮阔的数字经济传奇，生动诠释着杭州在构建新发展格局进程中的卓越贡献。

回溯往昔，阿里巴巴在电商领域迅猛发展，数据量呈爆发式增长，海量数据处理与高并发难题如同一座大山横亘在前。为突破这一困境，阿里云应运而生。一群怀揣梦想与激情的技术精英汇聚一堂，他们夜以继日地攻坚，历经无数次的试验与失败，凭借着坚韧不拔的毅力，终于搭建起了强大的云计算平台，为阿里巴巴的持续腾飞筑牢根基。随着技术的日臻成熟，阿里云不再局限于服务母体，而是将目光投向更为广阔的天地，开启了助力国内外企业数字化转型的征程。在国内，制造业、金融、政务等诸多领域，都留下了阿里云深度赋能的足迹。以徐工集团为例，这家制造业巨头在与阿里云携手前，传统生产模式面临着诸多挑战。阿里云凭借大数据分析与AI技术，为徐工集团搭建工业互联网平台，如同为其生产流程注入了"智慧大脑"。从零部件库存管理这一细微处着眼，实现精准把控，避免了库存积压与短缺的双重困境；在产品质量检测环节，利用先进的算法与模型，实现全流程智能化检测。一系列的优化举措成效显著，产品交付周期大幅缩短30%，生产成本降低20%，徐工集团在国内市场的竞争力实现了质的飞跃，在国内大循环中稳健前行。在国际舞台上，阿里云同样展现出强大的实力。欧洲老牌车企斯堪尼亚，虽底蕴深厚，但在数字化浪潮下也面临着转型挑战。阿里云凭借物联网和大数据技术，为斯堪尼亚打造了一套量身定制的数字化解决方案。借助这套方案，斯堪尼亚能够对全球分布的车辆进行实时监控与深入数据分析。这不仅优化了售后服务，让维修响应更加及时、高效，还极大地提升了运营效率，降低了运营成本。斯堪尼亚凭借阿里云的技术支持，在全球市场的服务水平迈向新高度，进一步巩固了其国际市场地位。

阿里云以技术创新为引擎，一边满足国内产业升级的迫切需求，为国内大循环注入强劲动力；另一边凭借领先的技术优势积极拓展海外市场，推动国际循环的顺畅运转，成为杭州数字经济赋能双循环的杰出典范，引领着更多企业在新发展格局的浪潮中破浪前行。

❓思考讨论

❶在构建新发展格局中，国内国际双循环相互促进是关键。国内循环为国际循环提供坚实基础，国际循环则为国内循环拓展空间。阿里云在助力徐工集团和斯堪尼亚过程中，如何实现国内国际循环的协同联动？

❷构建新发展格局强调创新驱动发展，以创新提升产业竞争力。基于构建新发展格局对创新驱动发展的要求，阿里云的技术创新在推动国内产业升级和国际市场拓展方面，面临哪些挑战与机遇？

## 三、实践活动指导

（一）活动主题

现场教学：义乌小商品城的发展与新发展格局。

（二）活动目的

了解义乌小商品城的发展历程、商业模式和运营机制，分析义乌小商品城在构建新发展格局中的作用和面临的挑战。

（三）活动流程

参观学习。参观不同类型的商铺和展区，了解商品种类、品质和销售模式。观察市场的布局、物流配送等基础设施。

采访实践。选择有代表性的商家，与商家进行交流，了解其创业经历、经营策略和市场竞争情况。探讨在新发展格局下，商家所面临的机遇和挑战。

专家汇报。邀请义乌小商品城的专家或业内人士进行讲解，分析其在国内外市场的定位和发展趋势。结合具体案例，阐述在新发展格局中如何创新和转型。

分组讨论。围绕新发展格局下义乌小商品城的未来发展方向和策略提出建议。每组选派代表进行发言，分享讨论成果。教师进行总结和点评。

## 四、知识拓展训练

### （一）训练主题

主题讨论：探讨双循环新发展格局是否需要有所偏重。

### （二）训练目的

引导学生深入理解双循环新发展格局的内涵和意义。培养学生的辩证思维和逻辑推理能力，让其能够理性分析双循环是否需要偏重的问题。促进学生之间的思想交流和团队合作，提高其表达能力和沟通能力。

### （三）训练流程

播放一段有关国内外经济形势和双循环新发展格局的视频，引起学生兴趣。教师提出问题："在双循环新发展格局中，是否需要有所偏重？"引导学生思考。

将学生分成若干小组。每个小组围绕"双循环是否需要偏重"展开讨论，记录小组成员的观点和理由。

每个小组推选一名代表，向全班汇报小组讨论的结果。其他小组可以提问和发表不同意见。

根据学生的观点倾向，将学生分为正方和反方。正方观点为"双循环需要偏重"，反方观点为"双循环不需要偏重"。双方展开辩论，各自陈述观点、反驳对方观点，并进行自由辩论。

教师提供一些实际案例，如不同国家或地区在经济发展中对内外循环的侧重情况。引导学生结合案例，再次思考双循环是否需要偏重的问题。教师对本次讨论进行总结，强调双循环是一个相互促进、协调发展的整体，不能简单地认为需要偏重某一方面，而要根据不同的发展阶段和实际情况进行动态调整。

专题十

发展全过程人民民主

人民民主是社会主义的生命，全过程人民民主是社会主义民主政治的本质属性。中国式现代化区别于西方式现代化的重要点在于是否坚持以人民为中心，以服务最广大人民群众的利益为根本，突出现代化方向的人民性，在高质量发展中不断增进人民福祉，扎实推动全体人民共同富裕。中国特色社会主义进入新时代，在民主政治建设中，发展全过程人民民主，使国家政治生活和社会生活各环节、各方面都体现人民意愿、听到人民声音是中国式现代化的重要方面。人民民主是历史的、具体的，植根于一国的历史文化传统之中，源自一国人民的不断实践和探索。一代又一代中国共产党人不断带领人民群众，坚定不移走中国特色社会主义政治发展道路，始终坚持和完善人民当家作主制度体系，尤其是党的十八大以来，以习近平同志为核心的党中央深化了对社会主义民主政治发展规律的认识，全过程人民民主不断发展，制度不断健全，社会主义制度的优越性不断得到体现和发挥，人民获得感和幸福感攀升，我国社会主义民主发展取得新的历史性成就。

# 第一节 人民民主是社会主义的生命

## 一、专题理论导学

### （一）教学目的

帮助学生认识理解马克思主义民主观，分析人民民主之于社会主义社会的价值。理解为什么人民民主是社会主义的生命。通过历史和现实的维度把握我国人民民主的本质及其内涵要义和基本特征。深入理解全过程人民民主的内涵，通过学习马克思主义经典文献，掌握如何科学评价一个国家的民主。

### （二）教学重点

人民民主是社会主义的生命；全过程人民民主的本质。

## 二、案例教学

### 案例一 浙江省深入推进"民主法治村（社区）建设"制度成效显著

2012年《中共浙江省委办公厅、浙江省人民政府办公厅关于深入推进"民主法治村（社区）"创建 进一步加强和创新基层民主法治建设的意见》出台。该意见的出台，旨在通过民主和法治的手段，依法建制、以制治村（社区），推进基层实现"民主选举、民主决策、民主管理、民主监督"的实践过程。自开展"民主法治村（社区）"创建工作以来，浙江省在扩大基层民主、维护社会稳定、提高基层各项事务的法治化水平、增强干部群众法律意识和法律素质等方面取得了显著的成效。

2023年，司法部、民政部发布了《关于命名第九批"全国民主法治示范村（社区）"的决定》，丽水市的莲都区大港头镇利山村、青田县高市乡洞背村、云和县崇头镇梅源村、庆元县举水乡月山村、松阳县四都乡陈家铺村5

个村位列其中。截至目前，丽水市已成功创成全国民主法治示范村 19 个、省级民主法治村（社区）345 个、市级民主法治村（社区）1691 个。

近年来，丽水市深入学习宣传贯彻习近平法治思想，认真贯彻落实"八五"普法规划，以民主法治村（社区）创建为载体，组建了由 45 名专家组成的"八五"普法讲师团，先后开展了"法助共富 法护平安"等送法入村（社）入户法治宣传活动，受众数超过 100 万。同时，丽水市为推进农村基层司法行政服务模式创新，还建立了"一村一法律顾问"制度，实现了 2040 个村（社区）法律顾问全覆盖，不断培育村级别的"法律明白人"，基本实现了每个村至少有 6 名"法律明白人"。

通过深耕"阳光票决""民事村了""信用乡村""善治六法"等基层依法治理新路径，丽水的民主机制建设日益完善，村民法治素养日益提升，矛盾纠纷有效化解，基层治理法治化水平全面提升。

### ❓思考讨论

❶没有抽象的民主，只有具体的、实际的民主。2012 年以来，浙江在省域民主的实践中取得了许多成绩，迈出了坚实的步伐，为推动新时期的基层民主奠定了良好基础。结合实际深入认识丽水市获得"全国民主法治示范村（社区）"荣誉的深远意义。

❷全过程人民民主是要贯穿和体现在为民服务的全过程、全要素、全链条的实际过程之中的，要求在各级各类政府要坚持把以人民为中心一以贯之地执行下去，真正把民主落到实处。从全过程人民民主视域下总结丽水取得基层民主法治建设的基本经验。

### 案例二 鄞州人大畅通法治民意征集活动

进入"鄞州人大一码通"应用，选择立法意见征集，就能看到《浙江省反不正当竞争条例（修订草案）》《浙江省固体废物污染环境防治条例（修订草案）》等法规显示"征集进行中"，人大代表和群众可以选择某一法规点击"我要参与"，就可提交意见建议。扩大人民群众参与立法工作的途径，是践行全过程人民民主的生动体现。鄞州人大充分发挥职能作用，"线上＋线下"搭建完善立法民意表达渠道，让地方立法汇集和吸纳更多人民群众的意见建议。

目前，鄞州共有百丈街道、下应街道、浙江万里学院法学院、浙江红邦律师事务所、浙江仁欣环科院有限责任公司等5个市级基层立法联系点。在市、区两级人大指导和支持下，鄞州区基层立法联系点不断建立健全组织机构，深化完善工作制度，从自身实际出发，形成各具特色的工作亮点。

百丈街道基层立法联系点组建代表小组、律师志愿团等团队打造立法"智囊团"；下应街道基层立法联系点利用每月街道人大"周二议事日"深入一线广泛征集社会民意；浙江仁欣环科院有限责任公司、浙江红邦律师事务所基层立法联系点发挥专业所长积极参与立法工作实践；浙江万里学院法学院基层立法联系点组织学生参与立法调研、普法等活动。

鄞州人大还充分发挥人大代表联络站作用，通过代表进站接待、座谈等形式，开展立法意见建议征集，保障社会各方有序参加立法活动。2022年以来，鄞州区人大常委会已累计开展《浙江省反不正当竞争条例（修订草案）》《浙江省固体废物污染环境防治条例（修订草案）》等8部法规的立法意见征集工作，汇总反映各类意见建议83条，深入推进了民主在健全法治领域的体现。

**❓思考讨论**

❶基层立法联系点是人民群众有序参与立法工作的"直通车"。数字互联网时代，对党的民主创新，走好新时代网上群众路线提出了新的要求，也对民主的线上实践提出了迫切需要。新时代创新线上征集民意的时代意义是什么？

❷线上征集民意是符合数字社会的必然要求，能够更大范围内收集民意，但在具体实践过程中，难免存在形式主义走过场的问题。如何进一步保障实现网络民主的真实性，避免指尖上的形式主义？

## 案例三 桐庐"新村夜话"为民办实事

民主连着民生，是实实在在的民心工程。桐庐近 2800 场夜谈解决 5700 多件难题。前一次"新村夜话"时，有人提出养老金直接打到市民卡里，而市民卡与他的银行不对应，取钱很麻烦，甚至都要往返 20 多千米去邻镇取，村委马上派人和银行对接，最终帮村里 398 位老人全部免费更换了对应银行的市民卡，村民反映的问题得到了很好的解决，群众满心欢喜。

"新村夜话"这样的宣讲载体，不仅是基层群众了解中央政策部署的重要方式，也是党员干部及时精准帮助群众排忧解难的有效路径。用"桐庐话"讲"桐庐事"，政策精神宣讲"沾泥土、接地气"。截至 2021 年底，桐庐累计组织开展"新村夜话"宣讲活动 2795 场，受众超 13 万人次，"新村夜话"宣讲团还荣获 2021 年度全国基层理论宣讲先进集体称号。

以讲促干，党员干部练就"走亲大脚掌"。在每一场"新村夜话"中，村民的需求和建议都被仔细记录，一批民生关键小事得到有效解决。合村乡有群众反映乡域内自然村之间出行不便，现在 19 个自然村之间开通了互联的"幸福班车"；凤川街道有居民反映小区门口的斑马线设计不合理，街道随即与多部门合作，设置了行人等候区……截至目前，"新村夜话"宣讲活动共收集群众民生需求 6395 件，解决问题 5796 件。

"新村夜话"这一形式畅通了干部和群众沟通的渠道，干群面对面了解群众需要，更切实地了解到群众的呼声。浙江省桐庐县钟山乡乡贤代表、民宿业主代表、桐庐县乡两级人大代表以及党员和村民代表深入田间地头，扎根基层社区，广泛听取意见……代表工作更接地气、汇民意，让亿万人民所思所想融入国家发展的顶层设计和决策部署，显现全过程人民民主的强大生命力。

诞生于 1979 年的地方组织法，是关于我国地方人大、地方政府的组织和工作制度的基本法律。明确要求地方各级人大、县级以上的地方各级人大常委会和地方各级政府倾听人民的意见和建议，规定地方各级人大代表应当与原选区选民或者原选举单位和人民群众保持密切联系。2022 年的全国人大常委会工作报告显示，全国 10 亿多选民直接选举产生 200 多万名县乡两级人大代表。

**❓思考讨论**

❶民主不是装饰品，民主与民生紧密相连，"百姓盼的"与"党和政府干的"同频共振，凸显全过程人民民主的成色与特色。社会主义民主基层实践的关键环节是什么？

❷习近平总书记明确指出，发展社会主义民主政治就是要体现人民意志、保障人民权益、激发人民创造活力，用制度体系保证人民当家作主[①]。案例中的各级人大代表如何践行全过程人民民主这一重要理念？

❸桐庐"新村夜话"的亮点和启发是什么？

## 三、实践活动指导

### （一）活动主题

感悟人民民主实践的基层典范：参观杭州市全过程人民民主实践中心（杭州市人大代表联络总站）。

### （二）活动目的

社会主义民主政治的本质和核心要求是人民当家作主。参观学习活动旨在通过深入专题展览馆，直观感受全过程人民民主的生动实践，加深学生对全过程人民民主的理解与认识。

### （三）活动流程

#### 1. 前期准备

主题活动准备：提前小班负责人沟通，确定参观学习的时间、地点、讲解联系等工作。

分组与任务分配：根据学生实际和兴趣，将学生分为不同小组，并为每组分配具体的考察任务（如参观方案、拍照记录、文案写作、总结汇报学习体会等）。

资料收集：各组提前收集该展览馆的资料，有准备地学习。

---

① 习近平：《习近平著作选读·第2卷》，人民出版社2023年版，第29页。

**2. 参观学习**

展馆介绍：由讲解员为全体参与者介绍展馆情况，引导参展。

分组考察：各小组按照任务分工，有序参观学习。

互动交流：鼓励小组间进行交流，提出疑问，分享见解。

**3. 撰写学习心得**

资料整理：各组将实地考察过程中收集到的资料、照片、笔记等进行整理。

心得撰写：根据参观任务分工，充分交流，并撰写详细的学习报告。报告应包括学习内容、学习过程、收获与启示等内容。

报告分享：在活动结束前，组织一次报告分享会，各组轮流上台展示成果，分享考察心得与体会。

**4. 总结与反馈**

活动总结：由指导老师对活动进行总结，肯定成绩，指出不足，提出改进建议。

反馈收集：通过问卷调查、访谈等方式收集学生对活动的反馈意见，以便优化活动，提升活动质量。

**5. 预期成果**

杭州市全过程人民民主实践中心（杭州市人大代表联络总站）是集中展示基层民主实践的重要窗口，为学生从理论到切身感受提供了很好的学习的平台。学生能够直观感受全过程人民民主的浙江实践，拓宽视野，增长见识；学生提升资料收集、整理与分析的能力，以及团队协作与沟通表达能力；通过撰写与分享参观学习报告，锻炼了学生的写作与表达能力，培育了人文社科提出问题、分析问题的能力。

## 四、知识拓展训练

### （一）训练主题

学生自主学习我国民主的相关文献并撰写心得体会。

## （二）训练目的

学原文，悟原理。经典文献是深刻把握全过程人民民主主题的基本方式，阅读经典文献能够帮助学生积累基本的知识素养、深入把握和理解基础概念，为后期的学习打下坚实的理论基础。

增强团队协作：小组讨论和汇报准备的过程中，学生需要相互协作、共同完成任务，从而增强团队协作能力和沟通能力。

提升表达能力：通过心得体会的撰写，提升学生的笔头能力，促进知识的理解和消化，培养表达问题的能力。

培养历史唯物主义思维，帮助学生形成正确的思维方式。

## （三）训练内容

阅读文献：

《中国的民主》白皮书；《中国共产党领导人民实现全过程人民民主的百年历程》。

# 第二节 | 人民民主的制度建设

马克思主义认为，民主首先而且主要是一种国家制度。中国特色社会主义民主政治制度是中国共产党带领中国人民在革命、建设、改革的长期实践中形成和不断发展起来的创新成果，是对马克思主义民主观的继承、丰富与发展，具有中国历史文化传统扎实根基，符合中国的实际和国情、世情、民情，集中体现了我国人民民主的本质属性，是保证人民当家作主的科学、有效的制度安排。

## 一、专题理论导学

### （一）教学目的

加强人民当家作主制度保障：了解保障人民当家作主的制度体系包含哪些基本方面，理解为什么要进行人民民主的制度建设，把握发展全过程人民民主，要健全人民当家作主制度体系，把人民当家作主具体地、现实地体现到党治国理政的全过程。

全面发展协商民主：了解协商民主的形成、主要内容和重要意义。

积极发展基层民主的意义和内容：理解基层民主是人民民主的重要体现，了解基层民主的一般制度和重要作用。

### （二）教学重点

制度是民主实现的保障，理解我国人民当家作主的制度体系。

民主的实践是理论和历史的必然，理解我国协商民主的意义和内容。

基层是民主的重要领域，涉及民生福祉问题，理解积极发展基层民主的意义和内容。

## 二、案例教学

案例一 "枫桥经验"中的协商民主

浙江省诸暨市作为"枫桥经验"的发源地，做出了诸多有益的探索，为健全"自治、法治、德治"相结合的乡村综合治理体系走在了前列，形成了丰富的经验。

2015 年，中共中央和中办、国办先后出台了《关于加强社会主义协商民主建设的意见》和《关于加强城乡社区协商的意见》，分别对协商民主作出了系统性部署。2018 年中共中央、国务院《关于实施乡村振兴战略的意见》也提到，要依托村民议事会、村民理事会、村民监事会等，形成民事民议、民事民办、民事民管的多层次基层协商格局。

以人民为主化解矛盾。"枫桥经验"自诞生起，就强调依靠人民的力量去化解人民内部之间的矛盾。新时期，"枫桥经验"尤其注重以友好协商的方式解决基层的矛盾和冲突。有关统计研究表明，截至 2018 年，诸暨市的各类人民调解组织达 741 家，2014 年到 2016 年，人民调解组织共调解纠纷 38989 件，与诸暨市法院办结的民商事案件基本持平。[①] 在构建村、乡（镇）、市三级调解组织的基础上，诸暨市还成立了日常交通事故、医疗纠纷、水电使用矛盾等专业性行业性调解委员会 11 家，培植了具有品牌性、高效的人民调解工作室 30 余个。

协商民主的最终目的，就是让人民群众更加直接、便捷、广泛地参与公共生活和公共事务管理，让人民更好地当家作主。诸暨市创新和发展基层协商民主的实践，取得了积极的工作成效：创新拓展群众参与民主的渠道。诸暨市始终坚持以群众为主，相信群众，依法有序引导广大群众、外来流动人口、社会组织等多元主体参与基层协商民主。一个积极的创新就是当地尤其鼓励以"乡贤参事会"为代表的社会组织的广泛参与。各个镇、乡基本成立了乡贤参事会，汇集了一批能人，为化解基层矛盾提供了人力和智力保障。

不断丰富完善基层协商民主的机制。比如，在协商形式上，诸暨市广泛推

---

① 马成、薛永毅：《"枫桥经验"与基层协商民主的探索实践》，《人民法院报》，2018 年 8 月 10 日第 1 版。

行"党员群众建议、村党组织提议、村务联席会议商议、党员大会审议、村民（代表）会议决议和表决结果公开、实施情况公开"（"五议两公开"）等流程完备的民主协商决策形式，构建了村民与村两委会的协商和对话的机制，使得村民真正成为村级事务的决策主体。再比如，在协商的过程中，注重国家法与村规民约兼施，形成了"刚柔"并济的互动机制，在严格遵守国家法律法规的基础上，注重新村规民约的宣传和教育，形成法治和德治相辅相成的效果，奠定了矛盾化解的思想基础。

预防和化解大量矛盾纠纷。矛盾纠纷总是伴随着群众的生产与生活，不同时期表现出阶段性的特点。据此，"枫桥经验"与时俱进，创新发展，逐渐实现向综合运用民主协商、利益协调等源头治理方式的转型，通过协商、对话、谈判、沟通，增强群众理解，防患于未然，把矛盾消化在摇篮里，维护了基层社会的和谐发展。比如，首创"三上三下"重大事项民主决策制度的枫源村，开展了许多重大工程，涉及金额千万元，关系大多数群众的生活福祉，但从没出现过村民投诉、举报现象，保持着"小事不出村"的纪录。

## ❓思考讨论

❶协商民主既是落实党的群众路线根本工作要求、实现人民当家作主的制度保障，也是深入探索基层群众自治实践、实现和维护好基层群众利益的客观需要。结合案例，谈一谈：协商民主有哪些显著优势？

❷不同层级组织结构的不同，对协商民主也会有不同的要求。请谈谈案例"枫桥经验"所体现的基层发展协商民主的关键是什么。

❸随着社会不断发展，出现了许多新的社会阶层和新的社会从业者，为社会的治理提出了新的挑战。请谈谈发展基层协商民主的重要意义是什么。

### 案例二 温岭民主恳谈会 20 年不间断

2019 年底，浙江省乡村全域土地综合整治与生态修复现场会在温岭举行。截至 2019 年 12 月 5 日，"已有 16 个村顺利签约，签约率 99%，第一批占地 30

亩的工业厂房将于年底交付使用……"[1]与会代表谈起温岭包含融合土地综合整治、城中村改造的全域改造力度与速度，无不为之点赞。

这样的效果主要源自"谈"。自全域改造正式启动以来，横峰街道举行大大小小的民主恳谈200余次，从市委领导班子到村干部、村民，大家各抒己见，敞开胸怀，谈问题、通思想、聚合力，工作起来就没了阻力。

发轫于1999年、被誉为我国基层协商民主典型形式的温岭民主恳谈，经过多年的传承与弘扬，早已从初期对话式的恳谈、协商，深化到参与式的决策、拓展到基层社会治理的各个领域，构建了村民民主治理的常态，极大地发挥了村民自治的优势，促进了村镇的和谐发展。

事实证明，民主恳谈是基层有效的治理方式，蕴含了共建共治共享的现代社会治理理念。只有深入地理解才能给予有力的支持，通过平等对话了解各方分歧点，通过民主协商找到最大公约数，大家一起议、一起干，集思广益，拧成一股绳，再难的事也变得容易多了。

2019年是一个重要的历史节点。这一年，"民主恳谈"已经走过了20年。在民主政治上，勇于创新的温岭人作出了一番令人刮目相看的成绩。温岭上下通过恳谈，收集民意，集思广益，优化决策，发动群众，共同参与村庄整治、环境治理、风险防治、矛盾化解、文明城市创建等工作，凝聚了百万温岭人同心逐梦、共创未来的磅礴力量。

### ❓思考讨论

❶民主的内涵在于实践，全过程人民民主切忌喊口号。案例反映的完善我国民主制度的基本经验是什么？

❷温岭恳谈会持续了20余年，反映了当地政府和人民一条心，能够始终以人民的利益为其工作的初心和出发点，这是中国共产党治国理政的一条经验，但是做到却不容易。温岭恳谈会20余年的坚持，造福了一方老百姓，具有借鉴意义。请结合案例思考，面对群众诉求的多样化，开展基层人民民主制度创新的关键是什么？

---

[1]　《敞开胸怀谈　有事商量办》，《浙江日报》，2019年12月8日第1版。

## 三、实践活动指导

### （一）活动主题

人民民主实践故事大家谈。

### （二）活动目的

通过开展学生自主学习，调动学习研究的兴趣，理解全过程人民民主的内容。

### （三）活动流程

任课教师提出活动的主题和要求，要求学生充分利用自主学习时间开展有关基层民主的案例收集整理和讨论。

将全班学生分为若干小组，并指定每个小组的组长。组长负责确保本小组调查活动的有序展开和督促调研进度。

任课教师在搜集案例的过程中进行及时、必要的引导。老师也可以参与各小组的案例整理调查活动，确保学生能够充围绕主题完成任务。

案例调查结束后，利用课堂时间，各小组的代表以讲故事或者幻灯片展示的形式分享实践学习的成果。小组分享的过程本身也是学生之间取长补短、互相学习的过程。

任课教师对每一位小组代表的发言进行引导性点评。老师可以提出问题、补充观点或引导进一步的思考，以促进学生的深入讨论。对于发言质量较高的小组，可以给予平时分的加分或者口头的表扬和鼓励，以充分激发学生的积极性。

最后，任课教师可以组织全班学生对讨论过程中产生的重要问题进行进一步讨论，引导学生形成正确的结论，强化知识教学。

## 四、知识拓展训练

### （一）训练主题

请学生观看全过程人民民主的微视频。

（二）训练目的

帮助学生全方位、深层次地了解全过程人民民主的内涵和意义。

（三）训练内容

观看央视网《解码全过程人民民主》微视频。理解全过程人民民主不是抽象的而是实践的，是围绕人民群众关切的问题进行的，因而制度也是具有生命力的。从人大代表选举，到代表议案"件件有落实，件件有回复"，是民主的生动实践，也是解决新时代社会各类发展问题的重要方式。帮助学生理解过程民主的程序，夯实对全过程人民民主内涵的理解，即"我国全过程人民民主实现了过程民主和成果民主、程序民主和实质民主、直接民主和间接民主、人民民主和国家意志相统一，是全链条、全方位、全覆盖的民主，是最广泛、最真实、最管用的社会主义民主"①。

---

① 习近平：《论坚持人民当家作主》，中央文献出版社 2021 年版，第 336 页。

# 第三节 人民民主的浙江实践

## 一、专题理论导学

基层民主是全过程人民民主的重要一环。浙江是探索人民民主实践的先行省域,在各领域探索了丰富多样的人民民主的实现形式。如以村民委员会为组织形态的农村村民自治、以社区居民委员会为组织形态的城市居民自治等。广大人民群众最直接的政治参与方式主要在基层,获益最大,感受最深。发展基层民主,是实现人民有效政治参与的重要渠道,是人民当家作主的有效途径,是社会主义民主最广泛的实践。"全过程人民民主创造了人类政治文明的新形态,全过程人民民主确立了人民在民主中的主体地位,以合作原则取代制衡原则,以一致标准取代竞争标准,形成了全覆盖的客体定位、全方位的机构定位和全链条的程序定位,兼顾了过程民主与结果民主,塑造了人类政治文明的新形态。"[1]

### (一)教学目的

基层民主的丰富形态;全过程人民民主的显著优势;铸牢中华民族共同体意识。

### (二)教学重点

民主是政治文明的核心要素,人民民主是社会主义的生命,是区别于西方民主的关键。了解基层民主的主要实践形态。

坚持和完善基层群众自治制度。

理解民主监督制度的内容。

---

[1] 佟德志、黄佳雯:《现代化进程中贫富分化与共同富裕的世界意义》,《理论探讨》2024年第4期。

## 二、案例教学

### 案例一 小古城村众人的事情由众人商量常态化

杭州市余杭径山镇小古城村是余杭区级文明村、生态村、文化村、安全村，更是"千万工程"的典型案例。近年来，小古城村结合实际，充分发挥基层党组织在基层社会治理中的领导核心作用，构建村级事务民主协商机制，通过解决"议什么、谁来议、怎么议、议的效力"等问题，实现了众人的事情由众人商量的良好局面，促进了全村各项事业的健康发展，小村发生了翻天覆地的变化。

小古城村因坐落于村内的"小古城遗址"而得名。2003年由钱家滩、俞家堰、吴山三村合并而成。刚并村时村民人均收入只有6700多元，连年不断增长，人均收入已经有3万多元，短短时间，小古城村发生了蝶变。

小村落大变化最大的秘诀就是"村里的事情大家商量着办"。依靠群众，汇聚民力，走出了小古城村的新步伐。村口的大樟树见证了村民们积极议事的过程。据了解，2005年以后，樟树下议事逐渐成为村民自治的一项制度稳定下来。

从村口的这棵"大樟树"出发，议事场所从"大樟树"下逐渐延伸到了村里、组里的议事桌。就老百姓利益关切的问题进行讨论成为重要的议事内容。比如老百姓关心村子的持续发展。在"绿水青山就是金山银山"的理念下，小古城村森林覆盖率高达80%，有着良好的生态基础，小古城村怎么通过发展旅游和休闲产业带动村民致富，这便是村民们普遍关心的一个问题。

2015年，有村民跟村党委提议，开发民宿是一个方向。这一提议得到了村民们的一致认可，很快就被提上了日程。在协商的过程中，村党委不断就具体的道路、停车、公厕、旅游接待等配套问题以及如何规范经营等具体问题跟村民代表们进行反复协商，提议渐渐地变成了现实。

议事制度日臻完善。在小古城村，"议什么"有了标准化的流程：不仅村两委与代表可以通过民情社意恳谈会谈出来，村民小组还可以通过民生实事申报提出来，联村干部也能摸上来，村党委再结合上级交下来的任务进行分类梳理，形成"协商菜单"。据记者调查了解，一年中，小古城村已收集道路改造、饮用水提升、垃圾分类等大小议题 68 个，其中 56 个已完成协商。[①]

小古城村为了提高议事的效率，消除议事的时间拉扯，创新采取"固定代表＋自由代表＋特邀代表"方式，聚焦议事主题，不同的"协商菜单"让不同的人来协商。

为了提升办事质量，人人都当监督员。把群众的事情解决好是初心。为此，村里打造"3+X"监督队伍，即村监会 3 人，再加专家、利益相关村民和其他热心村民，"特别是在村级工程实施过程中，许多村民会跟在镇里来的专家后面，全程监督工程落地"。许多细节通常在监督的过程中通过现场工作就解决了，省去了许多再商议的麻烦。

村民参与管理的过程中，强化了主人翁意识，激发了自治的积极性。

小古城村"众人的事情由众人商量"的理念、机制、路径日臻成熟，表现出村落现代化发展的活力，凝聚了村民的智慧，为村级村民自治提供了丰富的经验。

## 🔍 思考讨论

❶小古城村先后获得全国民主法治建设示范村、国家级生态村等 70 余项荣誉。2005 年 1 月 4 日，时任浙江省委书记习近平同志曾到小古城村考察调研。当地干部带领群众牢记嘱托，把习近平同志的要求转化为发展乡村的不竭动力，不断推动村庄发生蝶变，老百姓日子越过越幸福，其中的真谛就是把人民满意作为干部干事创业的一杆秤。请同学们谈一谈，小古城村主要是怎样践行全过程人民民主的？

❷小古城村践行基层全过程人民民主走在了全国村域的前列，取得了实效，具有启发和借鉴意义。请同学们总结小古城村践行全过程人民民主的基本经验。

---

① 万笑影：《"村里的事情大家商量着办！"》，《浙江日报》2017 年 11 月 16 日第 10 版。

**案例二** 杭州创新展览载体和形式　打造全过程人民民主的典范

2022 年，杭州市第十三次党代会提出了"打造全过程人民民主的市域典范"的目标要求。在杭州市委的坚强领导下，全市各级人大坚持党的领导、人民当家作主、依法治国有机统一，坚持和完善人民代表大会制度，积极践行和发展全过程人民民主，在民主实践中展现出勃勃生机，创造了许多成功的实践经验。

建设杭州市全过程人民民主实践中心（杭州市人大代表联络总站）是对基层探索全过程人民民主实践经验的一次深刻总结，也将进一步深化实施全过程人民民主，助力打造全过程人民民主市域标杆。

中心（总站）启用后，主要是在五个方面承担重要职责：推动全市各级人大代表联络站迭代升级、服务市级以上国家机关吸纳民意汇集民智、实现全市代表联络站的数字化交互、展示人民代表大会制度在杭州的生动实践、推进全过程人民民主在杭州的学习实践与研究等。概括起来说，就是"指导、服务、交互、展示、研究"五大功能。

同时，杭州市全过程人民民主实践中心（杭州市人大代表联络总站）创新展览载体和形式，让观众沉浸式感受人民民主，中心（总站）不仅有历史建筑的底色、江南名巷的红色，还有创新创造的亮色。

"人民·江山"画屏、地方立法的杭州画卷、决议决定的杭州建树、人大代表的杭州拼图、基层民主的杭州律动和热词"六和塔"……这些都是全国首创的艺术场景。来这里，观众可以沉浸式触摸历史的脉搏，感受真实可触的人民民主。

参观过程中，观众还可以来到全国首个人民代表大会元宇宙——"我来当代表 参加人代会"现场，以"杭州市人大代表"的虚拟数字人身份，通过 VR、手机、移动电脑和大屏幕等途径，"身临其境"地参加杭州市人民代表大会会议。这也是杭州市数字化与民主实践融合的积极探索。通过数字化沉浸式、全流程地真切感受作为市人大代表参加市人民代表大会的荣誉感、庄严感、责任感和使命感。

中心（总站）在人民代表大会元宇宙、履职行权、实践高地等区域，都设置了专门的民情民意通道。学员可以通过线上留言、互动交流和模拟提出代表建议等方式，对人大代表民主实践的各个具体环节提出意见、建议。

## 思考讨论

❶民主是历史的，也是实践的、具体的。不同的政府职级对民主实践的难度和要求不尽相同，各有难点。市域范围内的民主实践承上启下，如何作出特色，作出实效，是考验当局者的一大难题。那么杭州创新全过程人民民主的主要方式是什么？

❷ "中国特色社会主义政治制度之所以行得通、有生命力、有效率，就是因为它是从中国的社会土壤中生长起来的。"[①]民主也需要与时俱进，丰富其内涵。那么，请结合实际谈一谈利用数字技术推动全过程人民民主的创新和实践可能出现的问题以及如何解决。

### 案例三 民族互嵌 社区互融 铸牢中华民族共同体意识

人口的流动迁移及社会关系变化带来了空间的增加、置换、重组与变异。民族互嵌型社区作为一种特色化的空间形态，是铸牢中华民族共同体意识的有效载体，需要对其给予与时俱进的认识。民族互嵌型社区蕴含物理、社会和情感等多维空间形态，为各民族深度互融提供了条件和场域。

贵州S县是全国唯一的水族自治县，该县长期与浙江A县开展劳务协作，形成稳定的劳务输出模式，在浙江省A县形成了多民族共居新社区——K村。该村村域面积7.16平方千米，户籍人口2750余人，集聚了5000多名来自贵州、湖南、安徽等各地的新居民，其中有1000多人来自贵州S县水族，登记在册的有27个少数民族，是典型的多民族聚居类型社区。K村以"党建引领、共同富裕、共同治理、共同享受"为宗旨，从硬件设施、组织建设、社区环境及少数民族创业等方面积极探索民族互嵌型社区治理模式，先后获得省级小集镇改造样板村、体育文明村、市乡村治理示范村等荣誉称号。

---

① 习近平：《习近平著作选读》第1卷，人民出版社2023年版，第262—263页。

1.物理空间的改造：空间互嵌建设的意义赋予

K村合理规划公共空间，自1999年起先后进行了三次改造，包括拓宽老街道路、五线下地、违章拆除、扩建农贸市场、重建文体广场、新建党群服务中心等。为使新居民在K村舒心工作、幸福生活，该村将原来的湿地公园改建成文体广场，包含标准的灯光篮球场、门球场、影剧院等，成为当地新居民文体活动的重要场所。建立了良好的公共关系，提高了居民对社区服务设施建设的参与度，发挥了居民对社区服务设施建设工作的监督作用。K村在公共服务设施和平台建设方面注重融入当地民族文化元素，建立了稳岗中心、S县县政府驻A县联络服务部、公共法律服务跨区域协作示范站、少数民族宴会厅、民族风情街等。民族特色服务设施、服务平台及社区公共服务设施的建设为社区多民族居民彼此了解和交往交流交融提供了平台和场域。

2.社会空间的交互：制度、经济、文化的交融

以"民族融合、和谐共富"为治理理念，K村形成了制度、经济、文化多元主体的社会空间互嵌结构。在制度共治层面，K村与S县实行"跨区域党建共建共治"模式，签订政务服务"跨省通办"战略合作协议，建立新居民"三会四队"机制，包括新居民理事会、议事会、联建会、新居民流动党支部、平安卫队、矛调分队和稳岗就业队，方便异地居民就地办事。村党委率先在全县实行"县级乡村数字化改革试点"项目，打造"数智K村"平台，实现村三务公开、大病救助、文明考评、新居民服务、出租房管理等村务服务互联互通，让村民办事从"最多跑一次"转变为"一次都不用跑"，全面提升了村社智慧党建、综合服务、特色产业发展及社会治理等工作的服务水平。

3.情感空间的联结：爱国主义精神和集体主义精神的提炼

K村党委以庆祝建党百年红色活动和党史学习教育为契机，带领党员群众深入实施"党员家园e＋10指数行动"，通过观看爱国主义影片、举办爱国主义讲座等，让居民了解国家的历史、文化和价值观，增强对国家的认同感和自豪感。在社区公共空间设置国旗、国徽等标志，坚定社区内各族居民的政治立场，营造浓厚的爱国氛围。与此同时，K村党委注重培养社区居民的集体主义精神，通过组织社区志愿服务、社区环境整治等活动激发居民集体生活的共情体验，让他们在参与中感受到自己的价值和意义，逐步达到彼此情感空间的联结。

**❓思考讨论**

❶民族互嵌型社区是各民族交流交融的新样态。相较于以往社会，现代化的发展伴随着人口地域间流动性的加强。铸牢中华民族共同体意识，就是要引导各族人民牢固树立休戚与共、荣辱与共、生死与共、命运与共的共同体理念。如何在民族聚居地建立起来"石榴籽般"的情感，摒弃偏见，团结起来，共谋发展，是具有时代挑战性的课题。理解民族互嵌地区发展全过程人民民主的时代意义是什么？

❷中华民族即便处于最孱弱的时期时也没有分崩离析，靠的就是国土不可分、民族不可散、文明不可断的理念。理解对中华民族凝聚起决定作用的因素是对中华民族共同体的认同。那么，在基层如何构建不同民族对中华民族共同体的认同呢，需要把握哪些重要原则？

## 三、实践教学指导

### （一）活动主题

深入开展全过程人民民主的相关社会调查。

### （二）活动目的

参与社会调查是培养大学生了解社情民意、分析社会问题、增强社会责任意识、扎根社会的重要方式，也是大学生提升社会知识及马克思主义理论素养的重要方式。通过鼓励组织学生深入社区、农村、城市社区，充分理解民主的内涵，补充课堂理论教学的体验感，提升学生对理论知识的深入理解，增强理论认同的现实基础。这样的讨论活动能够培养学生的问题思维、合作能力和表达能力，使其能够更好地理解全过程人民民主的理论真谛及其深远历史意义。

### （三）活动流程

任课教师提出调查实践课的主题和要求，并举例说明，确保学生了解调查的目的和重点。

将全班学生分为若干小组，并指定每个小组的组长。组长负责确保本小组调查活动的有序展开和督促调研进度及其效果反馈。

任课教师在调研过程中扮演监督和指导的角色。老师可以指导或者参与各小组的实践调查活动，提供必要的指导和帮助，确保学生能够围绕主题充分参与。

调研结束后，各小组的代表分享本小组的参观学习成果。小组分享的过程本身也是学生之间取长补短、互相学习交流的过程。

任课教师对每一位小组代表的发言进行引导性点评。老师可以提出问题、补充观点或引导进一步的思考，以促进学生的深入讨论。对于发言质量较高的小组，可以给予表扬和鼓励，以激发学生的积极性。

最后，任课教师可以组织全班学生对讨论过程中产生的重要问题进行进一步讨论，引导学生形成正确的结论，强化知识教学。

## 四、知识拓展训练

### （一）训练主题

学习党的二十大报告关于全过程人民民主的核心观点。

### （二）训练目的

要深入学习贯彻习近平总书记关于全过程人民民主的重要论述精神，强化使命担当，加强全过程人民民主制度建设，深入推进参与实践，巩固和发展生动活泼、安定团结的政治局面。

### （三）训练内容

自主开展线上内容学习：党的二十大报告中首次辟专节提出了"发展全过程人民民主，保障人民当家作主"的新要求。学习党的二十大报告汇编，如何理解"全过程人民民主"的核心要义？

提出问题：设置问题"习近平总书记关于全过程人民民主的重要论述主要有什么内容？"，明确学习目的。

学习交流：请两三个同学分享经典文献阅读体会，了解同学们的学习效果和疑问。

　　教师反馈: 总结学生们的发言, 进行理论知识点强化, 对发言好的同学进行平时加分和鼓励, 激励学习的参与度。

专题十一

打造新时代
文化高地

打造新时代文化高地，是新时代赋予我们的重要使命，关乎民族精神的传承与发展，对于提升国家文化软实力和中华文化影响力具有深远意义。传承中华优秀传统文化是根基。要深入挖掘其内涵，加强文物保护与非遗传承，推动创造性转化和创新性发展，让传统文化融入现代生活，展现新活力。繁荣文化事业和产业是重要支撑。发展文化事业，要加大文化基础设施投入，完善公共文化服务体系，让文化成果惠及全民；发展文化产业，要培育新业态、新模式，推动产业融合，打造具有国际竞争力的产业集群，为经济发展注入文化动力。提升国家文化软实力和中华文化影响力是目标追求。要加强对外文化交流合作，推动中华文化走出去，举办文化活动展示中华文化魅力；加强国际传播能力建设，创新宣传手段，讲好中国故事，传播中国声音，增强中华文化国际话语权和影响力。总之，打造新时代文化高地是系统工程，需各方面协同推进，为实现中华民族伟大复兴提供强大文化支撑。

# 第一节 | 传承发展中华优秀传统文化

## 一、专题理论导学

### （一）教学目的

"要继续加强考古研究，提高文物保护水平，为弘扬中华优秀传统文化、增强文化自信提供坚实支撑，让中华文明瑰宝永续留存、泽惠后人……"[①]本专题旨在引导学生深刻理解中华优秀传统文化是中华文明的智慧结晶和精华所在，是中华民族的根和魂，必须加以保护和继承；要积极推动中华优秀传统文化创造性转化、创新性发展，在传统与现代的结合中引导学生坚守中华文化立场，不断提升国家文化软实力和中华文化影响力。

### （二）教学重点

推动中华优秀传统文化创造性转化、创新性发展的深刻内涵。

如何保护好、传承好文化遗产。

## 二、典型案例分析

### 案例一 龙泉青瓷的文化密码

龙泉青瓷，以其温润如玉的釉色、精湛的工艺和深厚的文化内涵，成为中华优秀传统文化的杰出代表。龙泉青瓷的历史可以追溯到三国两晋时期，经过漫长的发展，在宋代达到了鼎盛。其烧制技艺独特，采用当地特有的瓷土和釉料，经过多道工序精心制作而成。龙泉青瓷的釉色以青为主，有粉青、梅子青、豆青等多种色调，釉层肥厚，光泽柔和，给人以宁静、淡雅的美感。

---

[①] 《习近平在湖北考察时强调 鼓足干劲奋发进取 久久为功善作善成 奋力谱写中国式现代化湖北篇章》，《人民日报》，2024 年 11 月 7 日第 1 版。

在传承和发展龙泉青瓷的过程中，浙江龙泉市采取了一系列积极、有效的措施。政府加大了对龙泉青瓷产业的扶持力度，出台了相关政策，鼓励企业和工匠进行创新和发展。同时，加强了对龙泉青瓷烧制技艺的保护和传承，建立了多个传承基地和工作室，培养了一批批优秀的青瓷工匠和传承人。为了让更多的人了解和喜爱龙泉青瓷，龙泉市还积极举办各类青瓷文化活动。如龙泉青瓷文化节，吸引了来自世界各地的游客和陶瓷爱好者前来参观和交流。此外，还通过与高校和科研机构合作，加强了对龙泉青瓷的研究和开发，推动了龙泉青瓷产业的创新发展。

如今，龙泉青瓷不仅在国内享有盛誉，还走向了世界。其精美的产品被广泛应用于艺术收藏、日用陶瓷等领域，成为中国文化的一张亮丽名片。龙泉青瓷的传承和发展，不仅为当地经济发展带来了新的机遇，也为中华优秀传统文化的传承和弘扬做出了重要贡献。总之，龙泉青瓷作为中华优秀传统文化的瑰宝，在新时代焕发出了新的生机和活力。相信在未来，龙泉青瓷将继续闪耀着独特的魅力，为推动中华优秀传统文化的繁荣发展做出更大的贡献。

### ❓思考讨论

❶龙泉青瓷传统烧制技艺是全球首个入选人类非物质文化遗产代表作名录的陶瓷类项目。浙江通过加强对龙泉青瓷的保护和传承，推动了青瓷产业的发展，同时也让更多人了解和喜爱这一传统技艺。请问如何建立更加完善的传承人培养体系，吸引更多年轻人投身于龙泉青瓷事业？

❷龙泉青瓷的制作工艺蕴含着深厚的文化内涵和精湛的技艺。作为地方特色文化产业，对当地经济发展起到了积极的推动作用。那么，怎样加强龙泉青瓷产业的品牌建设，提高其在国内外市场的竞争力？

❸龙泉青瓷的传承与发展展现了中华优秀传统文化的魅力。龙泉青瓷的文化价值不仅体现在其艺术魅力上，还体现在对地域文化的传承和弘扬方面。请讨论：如何通过龙泉青瓷更好地传播地方文化，提升地方文化的影响力？

### 案例二　南孔遗风，衢州新韵

衢州，这座拥有四千多年建城史的城市，不仅是浙江西部的明珠，更是南孔文化的发源地。南孔文化，源于南宋初年，孔子第四十八世孙孔端友率族人随宋高宗南迁，后孔氏大宗被赐居衢州，敕建孔氏家庙，形成了独特的儒家文化地方分支。衢州以儒学文化产业园为抓手，通过一系列文化活动，生动展现了南孔文化的传承与发展。产业园占地9.2平方千米，核心区域包括孔氏南宗家庙、孔子文化公园等历史文化街区，以及现代的文化创意园区。这里不仅是儒学文化的传承地，也成为市民和游客了解、体验儒家文化的重要场所。

祭孔大典是南孔文化的代表性仪式。自2004年起，衢州开始举办"中国·衢州国际孔子文化节暨祭孔大典"，2011年，祭孔大典被列入中国第三批国家级非物质文化遗产名录。这一大典摒弃了传统的繁复仪式，以"当代人祭孔"为特色，参礼人员着现代服装，行现代礼节，通过朗诵《论语》章句等形式，让现代人更能理解和感受儒家文化的精髓。这一创新，不仅让祭孔大典更加贴近现代生活，也让儒家文化在当代焕发出新的生机。为了让"礼"文化深入青少年心中，衢州还创建了南孔学子"三礼"：开蒙礼、明志礼、成人礼。这些礼仪活动，不仅让孩子们在仪式中感受儒家文化的魅力，更在心灵深处种下"有礼"的种子，养成"有礼"的好习惯。

此外，衢州还通过立法保护南孔文化资源，制定《衢州市南孔文化传承发展条例》，明确南孔文化的定义和重要地位，为南孔文化的传承发展提供法律保障。条例的实施，将推动南孔文化的创造性转化和创新性发展，让这一优秀传统文化在新时代焕发出更加绚丽的光彩。在衢州的大街小巷，还分布着许多南孔书屋，这些书屋不仅丰富了市民的精神文化生活，也成为传播儒家文化的重要阵地。同时，衢州还通过举办各种文化活动，如"南孔文化季"、"尼山杯"《论语》学习系列大赛等，让南孔文化更加深入人心。

南孔圣地，不仅是衢州的城市品牌，更是中华优秀传统文化的重要组成部分。衢州通过一系列创新举措，生动展现了南孔文化的魅力，让这一优秀传统文化在新时代焕发出勃勃生机。

## ❓思考讨论

❶南孔文化中的"礼""仁""智"等核心价值观对于现代社会的道德建设具有重要意义；同时，传统儒家文化中的一些具体实践（如烦琐的礼仪）在现代社会中又可能显得不合时宜。请思考：如何在保留南孔文化精髓的同时，对其进行创新性的转化和重构，使其更加贴近现代人的生活方式和价值观？

❷数字化技术为传统文化的传播提供了新的平台和手段，如虚拟现实、增强现实等技术的应用可以让人们身临其境地体验南孔文化的魅力。然而，全球化传播也面临着文化差异、语言障碍等挑战。请思考：如何制定有效的数字化传播策略，克服这些障碍，让南孔文化在全球范围内得到更广泛的认知和认可？

❸南孔文化不仅是衢州的历史遗产，更是其文化软实力的体现。然而，将文化转化为城市品牌并非易事，需要深入挖掘南孔文化的内涵，提炼出具有代表性和吸引力的文化元素，并通过有效的传播策略将其传递给公众。请讨论：如何将南孔文化与衢州的城市发展、旅游推广等紧密结合，形成独特的城市品牌形象？

### 案例三 嵊州越剧的文化魅力

越剧，源于嵊州，其前身可追溯到19世纪中叶的落地唱书。历经百余年的发展，越剧以其独特的艺术魅力，成为中国五大戏曲剧种之一。嵊州作为越剧的发源地，拥有浓厚的越剧氛围和深厚的文化底蕴。在这里，越剧不仅仅是一种艺术形式，更是一种生活方式，一种精神传承。近年来，嵊州积极推动越剧的传承与发展，通过一系列创新举措，让越剧在新时代焕发出新的生机。

一方面，嵊州依托学校，将越剧教育纳入课程体系，推出了"越剧进校园"活动。通过编写越剧教材、开设越剧课程、邀请越剧名家授课等方式，让孩子们从小接触越剧，感受越剧的魅力。目前，嵊州市已有多所中小学、幼儿园加入越剧教育网络群，培养了一批批热爱越剧的小演员和观众。另一方面，嵊州还通过举办越剧文化节、越剧好声音、村越等赛事和活动，搭建越剧交流展示的平台，吸引了全国各地的越剧爱好者齐聚一堂，共同分享越剧带来的欢乐和感动。这些活动不仅丰富了群众的文化生活，也推动了越剧艺术的传播和普及。此外，嵊州还注重越剧产业的培育和发展，通过建设越剧小镇、打造越剧文化街区等方式，推动越剧与相关产业的融合发展。目前，嵊州已有多个民营越剧团和戏迷组织，越剧产业总产值达数亿元，成为当地经济的重要支柱之一。

在嵊州，越剧不仅是一种表演艺术，更是一种生活方式和精神寄托。无论是街头巷尾的越剧演出，还是学校课堂中的越剧教育，都让人感受到越剧在嵊州人心中的地位和影响力。嵊州通过一系列创新举措，不仅让越剧这一中华优秀传统文化得以传承和发展，也让更多的人了解和喜爱越剧这一独特的艺术形式。越剧已经成为嵊州的一张闪亮名片，不仅丰富了当地群众的文化生活，也推动了中华优秀传统文化的传承和发展。

### ❓思考讨论

❶越剧作为一种传统戏曲，具有深厚的文化底蕴和艺术魅力。然而，随着时代的发展和观众审美需求的变化，越剧需要不断创新和突破。请思考：如何将越剧与现代音乐、舞蹈、戏剧等元素结合，创造出既有传统韵味又符合现代审美的作品？

❷越剧的传承与发展离不开教育体系的支持。目前，虽然"越剧进校园"等活动已经取得了一定的成效，但如何将这些活动常态化、制度化，确保越剧教育能够在更广泛的范围内得到普及和深化，仍然是一个需要解决的问题。请讨论：如何制定更加完善的越剧教育政策，将越剧纳入学校课程体系，培养更多具有越剧素养的学生和观众？

❸越剧产业的发展是越剧传承与发展的重要支撑。请思考：如何通过优化越剧产业链布局，推动越剧创作、演出、教育、旅游等各个环节的协同发展，提高越剧产业的整体效益和市场竞争力？

## 三、实践活动指导

### （一）活动主题

文化寻根·匠心传承。

### （二）活动目的

在快速变迁的现代社会中，中华优秀传统文化作为中华民族的根与魂，其传承与发展显得尤为重要。本活动旨在通过一系列生动、有趣的实践活动，引导参与者深入了解中华优秀传统文化的精髓，激发对传统文化的兴趣与热爱，培养文化自信与民族自豪感，同时探索传统文化的现代价值与创新发展之路。

### （三）活动流程

探访古村落。选择具有代表性的古村落，如浙江的乌镇、安徽的宏村等，这些地方保留了大量的古建筑、古街道、古桥流水，以及丰富的民俗文化和传统手工艺。参观古村落中的古民居、祠堂、庙宇等，了解其建筑风格、布局特点及背后的文化意义。

探寻文化故事。邀请当地专家或居民讲解建筑的历史故事、建造技艺及保护现状。同时，探寻古村落中的非物质文化遗产，近距离观察和学习传统技艺的制作过程，如剪纸、陶艺、刺绣等，通过亲手制作，了解传统技艺的精湛与传承的艰辛。

民俗活动体验。根据探访地的特色，安排参与当地的民俗活动，如参与农耕体验（播种、收割）、学习制作传统美食（如包粽子、做月饼）、观看并参与舞龙舞狮表演等。通过亲身体验，感受传统文化的魅力与乐趣。

文化互动与交流。组织与当地居民的互动交流活动，如茶话会、座谈会等，深入了解当地的风土人情、生活习俗及文化传承现状。鼓励参与者分享自己的探访感受与体验，促进文化理解与尊重。

成果展示。鼓励参与者将探访过程中的照片、视频、手工艺品等成果进行展示，分享给更多人。通过问卷调查、访谈等方式收集参与者的反馈意见，为未来的探访活动提供参考和改进方向。利用社交媒体、网络平台等渠道，持续传播探访活动的精彩瞬间和成果，扩大文化传播的广度和深度。

## 四、知识拓展训练

### （一）训练主题

文脉相承·智启未来。

### （二）训练目的

在全球化日益加深的今天，中华优秀传统文化作为中华民族的瑰宝，其传承与发展面临着新的机遇与挑战。本知识拓展训练方案旨在通过一系列创新、互动的学习方式，激发参与者对中华优秀传统文化的兴趣与热爱，提升文化素养，培养文化自信，同时促进传统文化的创新传承。

### （三）训练内容

#### 1.传统文化知识竞赛

采用线上或线下结合的方式，设置初赛、复赛、决赛等多个环节，涵盖诗词歌赋、历史典故、民俗风情、传统艺术等多个领域的知识题目，并引入AR/VR技术，让参与者身临其境地体验古代场景，增强学习的趣味性和沉浸感。

#### 2.文化主题工作坊

根据中华优秀传统文化的不同方面，设立如"书法之美""国画神韵""诗词创作""戏曲欣赏与表演"等工作坊。通过理论讲解、实操演练、成果展示等环节，让参与者在实践中学习和领悟传统文化的精髓。并结合现代科技手段，如使用数字绘画工具进行国画创作，或利用AI技术辅助诗词创作等。

#### 3.文化创意设计挑战

鼓励参与者以中华优秀传统文化为灵感，设计具有创意的产品、服务或解决方案。包括创意构思、市场调研、设计制作、展示评审等阶段。通过创意设计，促进传统文化的现代转化和创新应用，同时培养参与者的创新思维和实践能力。

#### 4.文化交流论坛

组织学者、文化传承人、文化爱好者等进行线下面对面交流或线上交流。围绕中华优秀传统文化的传承与发展、现代价值、创新应用等主题展开讨论。引入跨领域对话，如科技与文化、教育与文化、旅游与文化等，促进不同领域之间的思想碰撞与融合。

### 5. 文化实地探访与调研报告

通过实地探访历史遗迹、文化名城、非物质文化遗产传承基地等，深入了解中华优秀传统文化的历史渊源和现状。要求参与者撰写调研报告，分析传统文化的传承现状、面临的问题及解决方案。优秀调研报告将有机会在相关平台上发表或展出，为传统文化的传承与发展贡献智慧。

### 6. 活动评估与反馈

采用问卷调查、参与度统计、成果展示评审等多种方式，对活动效果进行全面评估。建立活动反馈渠道，收集参与者的意见和建议，为未来的活动改进提供参考。同时，利用社交媒体、网络平台等渠道，持续传播活动的精彩瞬间和成果，扩大文化传播的广度和深度，并将活动中产生的优秀作品、创意设计等转化为实际产品或服务，推动传统文化的创新应用和市场拓展。

# 第二节 | 繁荣发展文化事业和文化产业

## 一、专题理论导学

### （一）教学目的

经过本专题的学习，使学生深刻理解文化在经济社会发展中的重要地位和作用，认识到文化不仅是精神层面的追求，也是推动经济增长、社会进步的重要力量。繁荣发展文化事业和文化产业，必须坚持以人民为中心。同时，鼓励学生发展创新思维，探索文化产业的新模式、新业态，同时培养他们在文化产业管理方面的基本能力和素养，培养他们的文化自觉和文化自信，鼓励他们为文化的繁荣发展贡献自己的力量。

### （二）教学重点

中国精神是社会主义文艺的灵魂；现代文化产业体系和文化市场体系是社会主义市场经济重要组成部分。

## 二、典型案例分析

### 案例一 和合小镇的诗意交融

和合小镇，坐落于风景秀丽的浙江省天台县，是一个将传统文化与现代生活完美融合的特色小镇。小镇以"和合文化"为核心，通过深入挖掘和传承这一独特的文化精髓，打造了一个充满人文气息与自然美景的旅游胜地。和合文化，源于天台山的深厚文化底蕴，是中国传统文化中的重要组成部分。它倡导和谐、和睦、合作的理念，体现了中华民族的传统美德和智慧。在和合小镇，这种文化被赋予了新的生命和活力。

走进小镇，首先映入眼帘的是古色古香的建筑和错落有致的景观。小镇的建筑设计巧妙融合了传统与现代元素，既保留了古建筑的韵味，又融入了现代生活的便捷和舒适。这些建筑不仅是居住和办公的场所，更是和合文化的展示窗口，让游客在游览中感受到和合文化的独特魅力。除了建筑，小镇还通过举办各种文化活动，推动和合文化的传承与创新。例如，小镇定期举办和合文化节，邀请国内外文化学者、艺术家和游客共同参与，通过讲座、展览、演出等形式，深入探讨和合文化的内涵和价值。同时，小镇还鼓励居民和游客在日常生活中践行和合文化，通过互助合作、和谐相处的方式，共同营造一个和谐、美好的生活环境。在和合小镇，你还可以体验到丰富的旅游项目。小镇周边拥有众多自然景观和人文遗址，如天台山风景名胜区、国清寺等，为游客提供了丰富的旅游资源。此外，小镇还推出了各种特色旅游线路和活动，如徒步旅行、禅修体验、文化探访等，让游客在游览中更加深入地了解和合文化。

和合小镇还注重文化产业的培育和发展。小镇依托和合文化资源，发展了一系列文化创意产业，如文化旅游、艺术创作、手工艺品制作等。这些产业不仅为小镇带来了经济效益，也为和合文化的传承和创新提供了有力支撑。通过深入挖掘和传承和合文化，打造了一个充满人文气息与自然美景的旅游胜地。在这里，你可以感受到和合文化的独特魅力，体验到丰富多样的旅游项目，也可以参与和合文化的传承与创新。

## ❓思考讨论

❶和合小镇不仅是一个文化景点，更是一个与社区居民生活紧密相连的文化空间。它通过将文化项目与社区发展紧密结合，不仅促进了文化的传承与创新，还带动了社区的经济发展和社会进步。那么，和合小镇是如何确保文化项目能够真正惠及社区居民，提高他们的生活质量和幸福感的？

❷随着全球化的深入发展，文化交流与国际合作已成为推动文化发展的重要动力。和合小镇作为一个具有独特文化魅力的地方，是如何通过国际交流与合作，提升其在国际舞台上的知名度和影响力的？

❸和合小镇以"和合文化"为核心，面对激烈的市场竞争，如何确保这一文化精髓不仅停留在口号和宣传上，而是真正融入小镇的每一个角落，成为游

客心中难以忘怀的文化记忆？

### 案例二 海宁市打好名人文化"IP牌" 探寻文化产业发展新路径

海宁市充分发挥名人文化资源优势，以"影响中国的海宁人"IP为依托，系统性构建名人文化研究、品牌打造、创新转化体系，全力推进文脉传承与创新，高质量推进名人效应转化为新时代文化标识。

一、全面铺开，构建名人文化新格局。第一是构建多方联动机制。加强力量统筹，依托海宁市名人研究院，成立海宁市金庸学术研究会、袁花镇金庸文化学会，开展学习传承、研究推广、对外交流等活动，不断提升金庸学术影响力。第二是谋划多元系列活动。制定《金庸先生百年诞辰系列活动实施方案》，按照开展纪念金庸先生交流传承活动、开展弘扬金庸文学精神传播活动、实施金庸故里阵地等改造提升行动。第三是打造多维协同主体。运用好"深、实、细、准、效"五字诀，充分利用对接各类资源和平台，做好高效衔接，汇聚起政府单位、家属亲友、专家学者、新闻媒体、社会组织等多方力量。

二、精准定位，打造文化传播新模式。第一是做好创新转化。实施文化海归计划，联动大公文汇、浙江大学档案馆、苏州大学博物馆、嘉兴大学图书馆、广州朗声等单位，开展"寻迹金庸"寻找大师之作全球征集活动，丰富名人档案等。第二是打造文化精品。以金庸IP为主题，推出特色文化作品和文创产品，定制"岁月留金"金庸武侠日历、有声听书卡、百年诞辰纪念版邮册，出版发布《书剑恩仇录》故乡版等。第三是强化媒体融合。加强与国内外知名媒体合作，大力度宣传推广金庸名人文化。联合凤凰卫视全媒体平台，发起"我也学一招"之金庸武侠招式全球挑战赛等。

三、融合发展，走出文化赋能新路径。第一是以文塑城，融入城市形象推广。结合海宁文化底蕴和人文特色，推动金庸文化IP走出去，举办金庸先生百年诞辰亮灯活动、做优城市整体氛围布置，擦亮"金庸故乡 潮城海宁"城市金名片等活动。第二是以文聚力，融进人文乡村建设。以文化建设赋能乡村振兴，全面提升金庸故里袁花镇金庸故居和盐官古城金庸书院两大文化地标。

第三是以文促旅，融合文旅联动发展。精心设计三条特色游览线路，串联金庸故居、盐官景区和硖石景区的名人纪念馆群，将文化线路、文化体验、文化产品相结合。布局"大隐书局"金庸作品主题出版物和"隐咖"业态，打造金庸作品版本馆，提升文旅融合度。

## ❓思考讨论

❶海宁市通过深入研究名人的生平事迹、艺术成就和文化价值，将其打造成为具有吸引力的文化IP。请进一步探讨这些IP如何被有效应用于文学、艺术、旅游、教育等多个领域，形成独特的文化产业链。

❷海宁市拥有丰富的名人文化资源，这些名人文化资源不仅是海宁市的宝贵财富，也是推动当地文化旅游产业发展的重要动力。在名人文化资源丰富的背景下，海宁市应如何确保自身的文化IP具有鲜明的差异化和独特性，避免同质化竞争？

❸海宁市在文化产业发展过程中，注重开展一系列的文化惠民工作，如通过举办免费的文化活动、提供公共文化服务等方式，满足人民群众的精神文化需求。探讨还有哪些创新性举措能够促进文化产业的可持续发展，实现经济效益与社会效益的良性循环。

### 案例三 浙江的文化事业与文化产业繁荣

习近平总书记强调，要积极推动"实施国家文化数字化战略，健全现代公共文化服务体系，创新实施文化惠民工程"[1]。在浙江这片充满文化底蕴的土地上，文化事业与文化产业的繁荣发展彰显出独特的魅力与创新活力，其中数字赋能与文旅融合，成为最为耀眼的两个亮点。

一、数字赋能：让文化遗产"活"起来。数字化技术为浙江文化遗产的保护与展示开辟了崭新路径。以良渚博物院为例，其利用数字孪生技术，构建了一个与实体博物院高度契合的虚拟空间。观众不仅可以在现场通过虚拟现实设

---

[1] 《高举中国特色社会主义伟大旗帜 为全面建设社会主义现代化国家而团结奋斗——在中国共产党第二十次全国代表大会上的报告》，《人民日报》，2022年10月26日第1版。

备，身临其境地感受良渚古城的建造场景、先民的生活风貌，还能在网络平台上畅游虚拟博物院。据统计，良渚博物院线上展览的年浏览量已突破千万人次，许多国外观众也因此对中华五千年文明的瑰宝产生了浓厚兴趣。此外，在非物质文化遗产传承方面，数字技术同样大放异彩。如杭州的丝绸刺绣工艺，借助 3D 建模和动画演示，将复杂的刺绣针法、图案设计等工艺过程生动地展现出来。年轻一代可以通过手机应用程序轻松学习丝绸刺绣的基本技巧，参与互动式的刺绣体验游戏，这不仅激发了年轻人对传统工艺的热爱，也为丝绸刺绣这一非物质文化遗产的传承注入了新的活力。一些濒临失传的刺绣针法，在数字化推广下重新得到重视，传承人群体逐渐扩大，相关文创产品的销售额也逐年攀升。

二、文旅融合：乡村振兴的新引擎。浙江的乡村地区通过文旅融合，实现了从传统农业向文化旅游产业的华丽转身。例如，莫干山民宿集群，以其独特的乡村自然风光为依托，整合了当地的民俗文化、农事体验、特色餐饮等资源。游客来到这里，不仅能入住各具特色的高品质民宿，还能参与竹编工艺制作、茶叶采摘炒制、乡村美食烹饪等活动。这种深度的文旅融合模式，带动了当地农民就业增收，许多村民依靠经营民宿、提供旅游服务等走上了致富道路。据调查，莫干山地区民宿从业者的平均年收入增长幅度超过 20%，周边村庄的集体经济收入也实现了倍数增长。在嘉兴乌镇，世界互联网大会的永久举办地，文旅融合更是展现出国际化的魅力。将古老的水乡风貌与现代互联网科技完美结合，打造出智慧旅游景区。同时，还举办各类互联网文化节庆活动，吸引了全球互联网企业精英和游客的目光。每年因互联网大会和旅游产业带来的直接经济收入达数亿元，间接带动了当地餐饮、零售、交通等多个行业的协同发展，成为浙江文旅融合促进乡村振兴与国际交流的典范。

❓思考讨论

❶浙江文化事业与文化产业在近年确实取得了显著成就，无论是传统艺术的传承与发展，还是新兴文化产业的崛起，都展现了强大的生命力和创新力。在全球文化交流和市场竞争日益激烈的背景下，浙江文化事业与文化产业应如

何精准定位，更好地融入国际文化市场，提升其国际竞争力和影响力？

❷浙江文化事业与文化产业的发展离不开政策的支持和推动，如文化产业专项资金、税收优惠、文化创意产业园区建设等政策措施的出台，为文化产业的繁荣发展提供了有力保障。在文化产业快速发展的背景下，浙江应如何建立更加科学、完善的政策体系，确保政策的持续性和有效性？

❸浙江文化事业与文化产业在区域间确实存在发展不平衡的问题，这种不平衡不仅影响了文化产业的整体发展，也制约了区域经济的协调发展。那么，应如何制定差异化的政策措施，促进区域间的协调发展，实现资源共享和优势互补？

## 三、实践活动指导

### （一）活动主题

校园文创新风尚。

### （二）活动目的

为了在校园内营造浓厚的文化氛围，激发学生的创新思维和创造力，同时促进学生对文化产业的认识与参与，特在学校范围内举办"校园文创新风尚"文化产业创新创意大赛。本活动旨在挖掘学生的文化潜能，推动校园文化的多元化发展，为文化产业培养未来人才。

### （三）活动流程

"校园文创新风尚"文化产业创新创意大赛，是展现学生创意才华、促进文化交流与合作的重要平台。期待通过这一活动，激发学生的创新思维，丰富校园文化生活，为文化产业的发展注入新的活力。

围绕校园文化、地方特色、时代热点等，创作具有文化内涵和创新性的作品，如文创产品设计、微电影、数字艺术作品、文化活动策划等。强调原创性和新颖性，鼓励结合新技术、新材料进行创作；考虑作品的实用性、市场潜力及在校园内外的应用前景；作品应具有一定的教育意义，能够传播正能量，提升校园文化品位。

制作海报、横幅、宣传视频等，在校园内显眼位置张贴、播放；用校园广播、微信公众号、校园网等渠道发布大赛信息；组织宣讲会，邀请往届获奖者分享经验，激发学生兴趣。

开放线上报名系统，学生填写报名表并提交初步创意说明；组织创意工作坊、讲座等，为学生提供创作指导和技能培训。

参赛者提交作品电子版或实物至指定邮箱／地点；组织专业评委团进行初审，选出进入复赛的作品。

入选复赛的团队或个人进行现场或线上展示，包括作品介绍、创意阐述等；邀请师生代表、行业专家作为观众和评委，进行现场互动与点评。决赛采用现场展示＋答辩形式，评选出最终获奖作品；举办颁奖典礼，颁发奖项、奖金、证书及纪念品。为获奖作品提供展示平台，如校园展览、线上推广等；优秀项目有机会获得学校创新创业基金支持，进一步孵化落地；举办创意市集等活动，促进学生作品与市场对接；建立校友网络，为毕业生提供文化产业领域的就业指导和资源对接。

## 四、知识拓展训练

### （一）训练主题

解读文化产业政策。

### （二）训练目的

通过深入解读文化产业相关的政策与法规，使学习者充分认识到法律法规在文化产业中的重要性，增强遵守法律法规的自觉性，提高在文化产业活动中合规操作的能力。培养学习者对文化产业政策的敏锐度和解读能力，使他们能够准确理解政策导向，把握政策机遇，将政策优势转化为文化产业发展的实际动力。通过学习和理解文化产业政策与法规，引导学习者在文化产业实践中遵循市场规则，维护市场秩序，推动文化产业向高质量、可持续方向发展。

### （三）训练内容

#### 1. 文化产业政策解读

（1）国家层面的文化产业政策。

《文化产业振兴规划》。该规划旨在通过财政、税收、金融等政策措施，支持文化产业的发展，提升文化产业的国际竞争力。它明确了文化产业发展的重点领域和方向，如数字内容产业、创意设计业、文化旅游业等。

《"十四五"文化产业发展规划》。规划中提出到 2025 年，文化产业体系和市场体系更加健全，文化产业结构布局不断优化，文化产业规模持续壮大，对国民经济增长的支撑和带动作用得到充分发挥。

（2）地方层面的文化产业政策。

各地政府也根据本地实际情况，制定了相应的文化产业促进政策。例如，设立文化产业专项资金、提供税收优惠、建设文化产业园区等，以推动本地文化产业的发展。这些政策不仅促进了文化产业的集聚和升级，还提高了文化产品的质量和竞争力。

**2. 文化产业法规解读**

（1）《中华人民共和国著作权法》。《中华人民共和国著作权法》保护的对象是文学、艺术和科学作品等原创性成果。著作权人享有发表权、署名权、修改权、保护作品完整权等权利，并有权禁止他人未经许可使用其作品。著作权法的实施保护了创作者的合法权益，激发了创作者的创作热情，推动了文化产业的繁荣发展。

（2）《中华人民共和国商标法》。《中华人民共和国商标法》保护的对象是文化产业中的商标，如文化企业名称、标识等。商标权人享有商标专用权，有权禁止他人未经许可使用其注册商标。商标法的实施维护了文化企业的品牌形象和合法权益，推动了文化市场的公平竞争和有序发展。

（3）《中华人民共和国专利法》。《中华人民共和国专利法》保护的对象是文化产业中的发明创造，如新的文化产品、文化技术等。专利权人享有专利独占权，有权禁止他人未经许可使用其专利技术。专利法的实施鼓励了文化产业的科技创新和成果转化，推动了文化产业的转型升级和高质量发展。

（4）《中华人民共和国反不正当竞争法》。适用于文化产业中的市场竞争行为。该法禁止采用虚假宣传、商业贿赂等不正当手段进行市场竞争。《中华人民共和国反不正当竞争法》的实施维护了文化市场的公平竞争秩序，保护了消费者的合法权益，推动了文化产业的健康发展。

（5）《中华人民共和国广告法》。适用于文化产业中的广告活动。该法要求广告应当真实、合法，不得含有虚假或者引人误解的内容，不得损害消费者合法权益。《中华人民共和国广告法》的实施规范了文化产业的广告行为，提高了广告的真实性和可信度，保护了消费者的知情权和选择权。

（6）《中华人民共和国网络安全法》。适用于文化产业中的网络运营活动。该法要求网络运营者应当保障网络安全，防止网络攻击、侵入、干扰和破坏，保护用户信息的安全和隐私。《中华人民共和国网络安全法》的实施加强了文化产业中的网络安全管理，提高了网络运营者的安全意识和能力，保护了用户的合法权益和网络安全。

# 第三节 不断提升国家文化软实力和中华文化影响力

## 一、专题理论导学

### （一）教学目的

通过多维度的教学活动和内容安排，使学生全面认识和理解文化软实力的概念与内涵、中华文化的独特魅力与价值；强调中华文化在世界文化多样性中的独特地位和价值贡献；增强学生的文化认同感、自豪感和自信心，认识到传承和发展中华文化是每个中华儿女的责任和使命；提升学生的文化传播能力、创新思维和实践能力，共同提升中华文化在国际上的影响力和感召力；增强学生的社会责任感和使命感。

### （二）教学重点

文化软实力的内涵；中华文化的独特魅力与价值。

## 二、典型案例分析

### 案例一 大运河国家文化公园的文化软实力

大运河国家文化公园的建设，是浙江在提升国家文化软实力和中华文化影响力方面的一项生动实践。大运河，这条流淌千年的文化血脉，见证了中华民族的智慧与勤劳，承载了无数历史记忆与未来憧憬。它涵盖了京杭大运河、隋唐大运河、浙东运河等多个部分，涉及北京、天津、河北、山东、河南、安徽、江苏、浙江等八个省市。在浙江段，大运河国家文化公园的建设尤为引人注目。浙江以其深厚的历史文化底蕴和丰富的运河文化资源，为大运河国家文化公园的建设提供了丰富的素材和灵感。

在浙江，大运河国家文化公园的建设不仅注重文化遗产的保护和传承，更致力于将大运河打造成为传承中华文明、彰显文化自信、促进区域协调发展的标志性文化工程。浙江通过深入挖掘大运河的文化内涵，打造了一系列具有地方特色的文化品牌和文化活动。例如，在杭州，大运河音乐公园、小河公园等公共空间的建设，不仅美化了城市环境，更让市民和游客在游玩中感受到了大运河的独特魅力。同时，浙江还通过举办大运河文化旅游博览会、大运河文化发展论坛等活动，向世界展示了大运河文化的博大精深和独特魅力。不仅提升了浙江的文化软实力，更促进了文化旅游产业的融合发展。浙江依托大运河国家文化公园，打造了一系列文化旅游线路和文化旅游产品，吸引了大量国内外游客前来游览。这些游客在欣赏大运河美景的同时，也深入了解了中国的历史文化和民俗风情，从而增强了中华文化的国际影响力。

此外，大运河国家文化公园的建设还推动了沿线地区的经济社会发展。浙江通过优化大运河沿线的生态环境和文化生态空间，提升了沿线地区的城市品质和居民生活质量。同时，浙江还通过发展文化旅游产业，带动了沿线地区的经济发展，为当地居民提供了更多的就业机会和收入来源。它不仅让古老的运河焕发出新的生机，更成为展示中华文明、增强文化自信的重要窗口。

## ❓思考讨论

❶大运河国家文化公园的建设无疑是对中国大运河这一世界级文化遗产的深度挖掘和传承，它不仅是对历史的尊重，更是对文化创新的推动。然而，尽管公园在硬件建设和活动策划上已初见成效，但在文化价值的深度挖掘和传播方式的创新上仍有待加强。请思考，如何使大运河的文化内涵更加深入人心，如何以更加生动、有趣的方式讲述大运河的故事？

❷大运河贯穿多个省市，其文化资源的丰富性和多样性为文化产业的协同发展提供了广阔的空间。然而，目前大运河国家文化公园的建设还存在一定的区域分割现象，各地在文化资源的开发和利用上缺乏有效的联动和协作。那么，如何打破地域壁垒，更好地实现文化资源的共享和互补呢？

❸大运河作为一条生态与文化并重的河流，其生态保护与文化传承的关系密不可分。那么，如何构建一套完善的生态保护与文化传承的协同发展机制，确保大运河国家文化公园建设的可持续性？

## 案例二 嘉兴文化出海

随着全球化进程加速，文化出海已经成为越来越重要的经济文化现象，受到政府、学界和市场的关注。嘉兴着眼于多元传播为渠道、故事讲述为内容、文化认同为纽带等方面，不断推进嘉兴文化出海的实践，但这过程中也存在一定的问题和不足。

1.做强文化贸易，以文化产业输出提升文化出海的实效性。近年来，嘉兴不断调整优化文化创意产品出口比重，把更多蕴含中国文化价值、嘉兴本土特色的文化产品推向海外市场，同时积极推动文化产业转型发展，运用高新技术改造传统文化产业，加快数字出版、动漫游戏等新兴产业迭代升级。如平湖的浙江依爱夫游戏装文化产业有限公司，坚持用服饰讲好中国故事，与迪士尼、环球影业、乐高等知名世界500强企业合作，产品主要销往北美、欧洲等地区。

2.讲好中国故事，以本土文化资源提升文化出海的辨识度。嘉兴具有众多知名文化地标和名人，通过贴近国外受众的思维方式、文化习俗、接受习惯的多样化形式，推广嘉兴的本土文化，可以最大化提升文化出海的辨识度。如平湖持续擦亮"叔同故里"品牌辨识度，创办"叔同艺术季"，活化名人文化资源，打造叔同故里文化品牌，"叔同文化"入选浙江省文化标识建设创新项目，创建成果获得广泛好评。

3.促进文化认同，以多元的交流渠道提升文化出海的影响力。嘉兴积极推进资源要素整合，拓宽企业沟通交流渠道，大力宣传推介文化出海品牌。组织企业参加巴黎、米兰、上海等国际时尚展，引育一批与国际接轨、具备国际市场运作能力的文化中介推广机构，重点扶持对外文化交流项目和民间文化交流活动。比如推出"梦里水乡"外宣采访线，推动端午民俗文化节等民俗特色进行海外传播，借势杭州亚运会向外推介"潮"文化，在进博会上展示皮影戏、蓝印花布印染技艺、乌镇竹编、南湖画舫制作技艺等非物质文化遗产。

综上，嘉兴通过挖掘本土文化、注重文化创新、拓宽传播渠道、加强国际合作，大力推动了地方区域文化产业发展和成功出海。

## 思考讨论

❶嘉兴作为一座历史文化名城，拥有丰富的文化资源，如红船精神、古镇风情、传统手工艺等，这些文化资源不仅具有深厚的历史底蕴，还具有鲜明的地域特色。然而，嘉兴文化在国际上的知名度和影响力仍有待提升。那么，嘉兴在推动文化出海的过程中，应如何构建一套完整的国际化传播体系？该体系应包括哪些关键要素？

❷文化产品是文化传播的重要载体，也是文化出海的关键。嘉兴在推动文化出海的过程中，应注重文化产品的创新研发，打造具有嘉兴特色的文化品牌，提升国际竞争力。然而，应如何加强文化产品的创新研发，打造具有嘉兴特色的文化品牌？

❸嘉兴文化出海不仅需要优质的文化产品和传播体系，还需要具备国际化运营能力的人才和团队。然而，目前嘉兴在文化出海方面的人才和团队建设仍有待加强。那么，如何吸引和留住国际化人才，建立一支高效、专业的文化出海团队？

### 案例三　"八八战略"下的文化浪潮

"八八战略"是中国共产党浙江省委员会在 2003 年提出的一项面向未来发展的重大战略决策，旨在通过发挥浙江的八个方面优势，推进八个方面的举措，实现浙江的全面、协调、可持续发展。这一战略不仅为浙江的经济社会发展注入了强劲动力，也为提升国家文化软实力和中华文化影响力提供了生动案例。

在"八八战略"的指引下，浙江省高度重视文化建设，将其作为增强综合竞争力、推动经济社会发展的重要支撑。通过深入挖掘浙江丰富的文化底蕴和历史传统，浙江省成功打造了一批具有鲜明地域特色和深厚文化底蕴的文化品牌。例如，杭州西湖、中国大运河、良渚古城遗址等成功入选世界文化遗产，不仅彰显了浙江的文化魅力，也为中华文化在国际舞台上赢得了更多关注和赞誉。同时，"八八战略"还注重推动文化产业的创新发展。浙江省充分利用自身的体制机制和资源优势，激活民营文化企业的发展潜力，培育了一批具有国际竞争力的文化企业。这些企业在推动传统文化创造性转化、创新性发展的同时，也积极开拓国际市场，将中国的文化产品和服务推向世界。

在文化传播方面，"八八战略"强调构建多渠道、立体式的对外传播格局。浙江省通过加强国际传播资源整合和力量统筹，深化主流媒体国际传播机制改革创新，不断提升国际传播效能。这不仅有助于向世界展示中国的文化魅力，也增强了中华文化在国际舞台上的话语权和影响力。此外，"八八战略"还注重推动文化与其他领域的融合发展。通过文化与科技、旅游、教育等领域的深度融合，浙江省成功打造了一批具有创新性和竞争力的文化产业集群。这些产业集群不仅为浙江的经济发展注入了新的活力，也为提升国家文化软实力和中华文化影响力提供了有力支撑。通过深入挖掘文化底蕴、推动文化产业创新发展、构建多渠道传播格局以及推动文化与其他领域的融合发展等措施，浙江省成功打造了一批具有鲜明地域特色和深厚文化底蕴的文化品牌，为中华文化在国际舞台上赢得了更多关注和赞誉。这些经验和做法对于其他地区乃至全国的文化建设都具有重要的借鉴意义。

## ❓思考讨论

❶在全球化背景下，文化的多样性和包容性是国家文化软实力的重要组成部分，它们有助于构建更加开放、多元和包容的社会环境，增强国家在国际舞台上的吸引力和影响力。在"八八战略"的框架下，浙江省是如何通过政策引导、资源配置和实践活动来促进文化多样性和包容性的？

❷"八八战略"强调文化产业创新，鼓励文化企业利用新技术、新平台和新模式，推动文化产业与科技的深度融合。这种创新不仅促进了文化产业内部的转型升级，也为中华文化的国际传播提供了新的路径和方式。在"八八战略"的指导下，浙江省的文化产业是如何通过技术创新和模式创新来推动中华文化国际传播的？

❸习近平总书记强调，要积极"推进国际传播格局重构，创新开展网络外宣，构建多渠道、立体式对外传播格局。更加主动地宣介中国主张、传播中华文化、展示中国形象"①。在"八八战略"的推动下，浙江省如何在保持地方特色文化的基础上，构建多渠道、立体式对外传播格局？

## 三、实践活动指导

### （一）活动主题

共筑多元文化桥梁，促进全球文明互鉴。

### （二）活动目的

通过模拟国际文化交流会议的学习交流形式，增进参与者对不同国家文化的了解，促进各国之间的文化交流与理解，探讨文化在国际合作中的作用和影响，提高跨文化交流能力和全球视野，培养合作与沟通精神，为讲好中国故事搭建合作交流的桥梁，有效提升中国在国际舞台上的文化软实力。

### （三）活动流程

先做好相关准备：确定模拟的国家和地区，提前收集这些国家和地区的文化资料，包括历史、艺术、风俗、美食等方面，并整理成资料手册分发给参与者。布置活动场地，营造出国际化的氛围，如悬挂各国国旗、摆放代表各国文化的装饰品等。

#### 1. 国家文化展示

每个模拟国家代表团依次上台，通过幻灯片、演讲、表演等形式，生动展示各国的独特文化，包括传统服饰、音乐、舞蹈、美食等。展示时间为 15—20 分钟，在此期间其他代表团可以提问和交流。

#### 2. 文化议题讨论

设定几个与文化交流相关的议题，如"如何保护濒危的传统文化""如何促进不同文化在艺术领域的融合"等。各代表团围绕议题进行讨论，发表观点和建议。

---

① 《锚定建成文化强国战略目标　不断发展新时代中国特色社会主义文化》，《人民日报》，2024 年 10 月 29 日第 1 版。

### 3. 文化合作方案展示

每个代表团提出一项与其他国家合作的文化项目方案，如联合举办文化节、开展文化交流活动等。其他代表团进行点评和提问，提出改进意见。

### 4. 评选与总结

所有参与者对各代表团的表现、合作方案进行投票。评选出"最佳文化展示奖""最具创意合作方案奖""最佳交流团队奖"等多个奖项。

最后，总结活动成果，强调文化交流的重要性，充分体验多元文化魅力的同时，积极促进文化的交流与融合。鼓励大家为讲好中国故事加强文化合作交流，利用各类文化交流平台，有效提升中国在国际舞台上的文化软实力。

## 四、知识拓展训练

### （一）训练主题

穿越时空的足迹，共筑国家软实力。

### （二）训练目的

通过实地探访具有代表性的良渚文化遗址，亲身体验历史的厚重与文化的深邃。活动将利用多样化的互动体验方式，让参与者仿佛穿越时空，与古人对话，感受历史的呼吸，从而增强对中华文化的认同感和自豪感；鼓励在传承基础上进行创新，让传统文化与现代生活相融合，焕发新的活力。

### （三）训练内容

探访遗址。设计多条探访路线供参与者选择，如城墙遗址区、护城河遗址区、莫角山遗址区、反山遗址区等，确保参与者能够全面、系统地了解良渚文化。由专业讲解员带领参观，重点介绍博物馆内的镇馆之宝和重要考古发现。

玉器、漆器制作体验。在指定区域设置工作台和原材料，由专业工匠指导参与者亲手制作良渚风格的玉器或漆器，增加活动的互动性和趣味性。

知识竞赛与游戏。组织与良渚文化相关的知识竞赛或游戏环节，如"寻宝问答""文化接龙"等，增加活动的趣味性和教育意义。鼓励参与者利用多渠道、多平台展示中华文化魅力，提升国家在国际舞台上的文化软实力。

专题十二

在高质量发展中增进民生福祉

党的二十大提出了增进民生福祉、提高人民生活品质的重大战略部署。为了实现、维护和发展最广大人民的根本利益，我们必须密切关注人民群众最关切、最直接、最现实的利益问题。我们应坚持尽最大努力，根据实际能力，深入群众、深入基层，实施更多有利于民生、温暖民心的措施，着力解决人民群众面临的急迫、困难和期盼的问题。同时，我们需要完善基本公共服务体系，提高公共服务的质量，确保服务的均衡性和可及性，扎实推动共同富裕的进程。

本专题将聚焦于"如何在发展进程中提升民生福祉"这一核心议题，通过结合本地化的实例和相应的实践教学活动，使学生深入理解社会责任与担当，培育其公民素养和社会责任感，提高问题解决能力，加强社会实践技能，以及推动其个人的全面成长。本专题还将帮助学生了解当前社会在民生福祉领域所遭遇的挑战与问题，促使他们更加关注社会议题，并愿意为增进民生福祉贡献自己的力量，引导他们成为具有责任感和担当精神的社会公民。

# 第一节 民生福祉概述与重要性

## 一、专题理论导学

### （一）教学目的

民生福祉乃社会发展之关键目标，涉及广大民众的根本利益与生活品质。深入研究与理解民生福祉的概念、核心要素、重要性及其对个人与社会的深远影响，对于培育学生的社会责任感、实践能力与正确价值观具有至关重要的意义。

### （二）教学重点

民生福祉的概念；民生福祉的核心内容；改善民生福祉对个人生活的积极影响；参与改善民生福祉行动。

## 二、典型案例分析

### 案例一 城镇老旧小区改造计划

2024年，浙江省计划在现有城镇老旧小区自主更新试点的基础上，进一步推动试点范围的扩大，并鼓励各地区根据本地实际情况，开展多种形态和规模的自主更新项目。回顾2023年，浙江省以杭州拱墅区的"浙工新村"和衢州江山市的"永安里片区"项目为试点，积极探索业主自主更新方式，以推进城镇老旧小区的拆改结合型改造模式。通过政府的引导和业主的出资，浙江实施了老旧小区危旧住宅的整体拆除重建工作，从而探索出一条老旧小区危旧房解危改造的新途径。

为了有效推进试点扩面工作，浙江省住房和城乡建设厅联合其他两个部门发布了《关于稳步推进城镇老旧小区自主更新试点工作的指导意见（试行）》。

该指导意见从工作原则、组织实施、政策保障、工作要求等四个方面进行了明确，旨在探索建立一套科学、简便、有效的管理流程和服务机制。根据指导意见，城镇老旧小区改造自主更新的组织实施应遵循提出项目申请、制定更新方案、组织审查审批、开展施工建设、组织联合验收的程序。同时，对于业主自主更新意愿集中的住宅小区，可以成立业主自主更新委员会，或授权业主委员会作为住宅小区自主更新工作的组织实施主体。在广泛征求业主意见后，持有关书面材料向所在街道（乡镇）提交申请。

在政策保障方面，指导意见明确指出，城镇老旧小区改造自主更新项目若需改善居住条件，可根据所在地政府规定的自主更新政策与条件，适当增加居住建筑面积、增配公共服务设施。对于涉及详细规划调整的，应依法进行调整。

截至 2024 年 4 月，浙江省内建成年代在 2000 年以前的房屋数量达到 72.12 万幢，建筑面积为 52255.13 万平方米。此前，浙江省的老旧小区以综合整治为主。当前，浙江省率先探索自主更新改造，这不仅能够改善老旧小区居民的住房条件，还能扩大有效投资，探索房地产新模式，带动大规模设备更新和消费品以旧换新，从而促进消费。

## ❓思考讨论

❶自古以来，居住条件与住房问题始终牵动着民众的心弦，同时也是衡量一个国家经济社会发展水平的重要指标。请结合具体的住房保障案例，阐述你对住房问题理解。

❷昔日杜甫曾发出"安得广厦千万间，大庇天下寒士俱欢颜"的感慨，而今"安居乐业"成为人们追求的理想状态。浙江省率先探索老旧小区自主更新改造，对社会发展有哪些积极作用？

### 案例二 打通应急救护的"最后一公里"

在 2024 年，浙江省政府将"在公共场所新增配置自动体外除颤器 1 万台、培训应急救护人员 5 万人以上"纳入民生实事项目，持续扩大公共场所 AED

的配置范围，逐步向城乡、山区、海岛等地区的公共场所扩展。

根据前期的调研，计划在全省 11 个市和 89 个县（市、区）新配置 AED 13053 台，同时培训 65265 名 AED 岗位救护人员。这些人员在取得相应资格证书后，将能够与 120 急救人员协作开展救护工作，从而保障人民群众的生命健康安全。项目完成后，浙江省公共场所的 AED 配置率将提升至每万人 4 台。

省体育局在 2023 年成功完成了"救在身边·亚运同行"任务，今年继续与省红十字会、省卫生健康委合作开展"救在身边·护航赛事"行动，推动各体育场馆建立救护站，配备 AED 等救护设备，并提供重大赛事、体育活动的应急救护服务。省文化和旅游厅也与省红十字会合作，实施"救在身边·文旅守护"专项行动，提高导游和景区工作人员的救护持证率，指导 A 级旅游景区建设景区救护站、配备完善的 AED 等急救设备。省交通运输厅亦按计划在高速公路服务区、大型建筑工地等地点建立应急救护基地、配置 AED 等急救设备。

浙江省卫生健康委、省红十字会等部门正积极筹划"救在身边"数字化改革，实现求助者、120 平台、救护员和 AED 等人员、设备环节的无缝对接，打通应急救护的"最后一公里"，使急救服务更加迅速、精确。

### ❓思考讨论

❶常言道："病有所医、老有所依"，只有撑起医保惠民的"保障伞"，才能让民众更有"医"靠。针对医疗保障的实际情况，试述医保制度在社会发展进程中的重要性。

❷浙江省各部门积极推动 AED 配置和应急救护人员培训等工作，结合案例中不同部门在推动应急救护工作中的举措，请思考，如果学校要开展类似的应急救护工作，可以从哪些方面着手？

### 案例三　"五社联动"提升城乡现代社区服务水平

2022 年，浙江省人民政府办公厅颁布了《浙江省城乡现代社区服务体系建设"十四五"规划》（以下简称《规划》）。该《规划》明确指出，至 2025 年，城乡现代社区服务机制、服务手段、基础保障、队伍素质将得到显著提升。政府、市场、社会三大主体之间的协同作用将更为有力，数字技术的支撑作用将得到更好的发挥，基本实现全人群、全周期、全链条城乡现代社区服务的智慧便捷和优质共享。

《规划》中提出了创新"五社联动"机制的构想。通过购买服务、公益创投、积分激励等项目化机制，吸引社区公益资源，引入社会工作专业服务，统筹"五社联动"力量参与社区治理和服务。鼓励社区工作者参与社会工作者职业水平考试，运用社会工作理念提升社区治理的质量和效率。依托新时代文明实践站（所）等志愿服务平台（站点），整合城乡社区综合服务中心、社区社会工作室、社区社会组织孵化基地等服务力量，探索慈善捐赠、社区志愿服务联动机制。

加强社区服务人才建设。积极发展和壮大社区社会工作人才、社区志愿者队伍，鼓励社会工作专业人才、社区志愿者更深入地参与社区治理和服务。加强驻村（社区）法律顾问、社会工作者、人民调解员等专业技术人才队伍建设。支持普通高校、职业院校开设社区服务相关专业，制定相关职业培训标准，加大社区服务人才培养力度。

在"城乡社区人才素质提升行动"部分，《规划》计划实施社会工作人才队伍建设行动。将专业社会工作纳入城乡社区工作培训的必修内容，鼓励专职社区工作者参加社会工作职业资格考试。在"城乡现代社区公共服务优质共享行动"部分，《规划》计划实施"一老一小"优质服务提升行动。至2025年，将建成一批城乡老年友好型社区，特殊困难老年人月探访率达到100%，每500名老年人配备1名社会工作者。

## ❓思考讨论

❶"五社联动"机制对于增进社区治理中多元主体间的协作具有积极作用，有助于实现服务力量与资源的深度融合及高效配置。请结合具体案例，阐述你对实现服务"最后一米"贯通的理解。

❷各地进一步把"一老一小"优质服务工作摆上重要议事日程，做好保基本、兜底线工作，把党和政府的重大民生承诺落到实处。实施"一老一小"优

质服务提升行动,对于城乡现代社区发展有什么重要作用?

## 三、实践活动指导

### (一)小组讨论

#### 1.活动主题

围绕"在发展进程中提升民生福祉"这一核心议题,就经济增长与就业机会、教育公平与质量提升、社会保障体系的完善、医疗保障与健康促进、住房保障与居住条件改善、环境保护与生态平衡、社会治安与稳定维护、参与和决策过程等八个关键领域进行深入的交流与探讨。

#### 2.活动目的

(1)凝聚共识:通过深入的交流与讨论,增进小组成员对民生福祉重要性的理解,形成在发展和增进民生福祉上的广泛共识。

(2)明确方向:针对当前民生领域存在的突出问题,努力探讨并提出切实可行的解决方案,为政府决策和社会实践提供有价值的参考意见。

(3)提升能力:通过参与讨论和案例分析,增强小组成员的政策分析、问题解决及团队协作能力。

#### 3.活动流程

(1)文献回顾与资料搜集:在活动筹备阶段,组织小组成员广泛搜集国内外关于发展增进民生福祉的相关文献、政策文件、研究报告及成功案例,为讨论提供充分的理论支撑和实践参考。

(2)问题识别与聚焦:基于文献回顾和资料搜集,通过小组讨论和专家咨询,识别当前民生领域面临的主要问题,并将其聚焦为若干核心议题。

(3)专题研讨与案例分析:针对每个核心议题,组织专题研讨会,邀请相关领域的专家学者、政府官员及实践者进行深入交流,同时选取具有代表性的案例进行分析,提炼成功经验与教训。

#### 4.操作方案

(1)组织架构与人员职责分配:通过指定、票选、随机等方式确定各小组组长,负责活动的整体策划、组织协调及后勤保障工作。明确各小组成员的职责和任务分工，确保活动有序进行。

（2）日程规划与关键时间节点：制定详尽的日程规划表，明确各阶段的任务、关键时间节点及负责人。确保活动按计划顺利进行，并进行阶段性总结和评估。

（3）沟通与反馈机制：定期举行小组会议，对活动进展情况进行讨论和总结，及时调整和完善活动方案。

### （二）线下调研活动

#### 1. 活动主题

身边的民生福祉——调研成果展示活动。通过采访和调研身边社区的民生福祉案例，形成翔实的调研报告，并制作成微视频或者以幻灯片的形式进行展示。

#### 2. 活动目的

民生问题始终是国家发展的基石和人民幸福的根本所在，通过采访、调研、拍摄身边的民生福祉案例，可以帮助学生了解民生实事以及人民群众对美好生活的向往，观察政府如何提升社会治理效能，以及如何与民众之间进行沟通与联系，从而深入观察民生福祉的社会现状，对当前民生领域的现状有初步的了解。调研结果可以为政府决策提供一定的支持，共同推动民生福祉的持续改善。

#### 3. 活动流程

（1）明确调研目标与主题。确立调研的总体目标，例如增进民生福祉、改善公共资源分配等。同时，细化调研主题，明确调研的目的和意义，确保调研活动具有明确的方向。

（2）确定调研对象与方法。依据调研主题，挑选具有代表性的调研对象，涵盖不同年龄段、职业、收入水平的民众，以及相关部门和专家。选择恰当的调研方法，如问卷调查、深度访谈、观察法等，以确保数据收集的全面性和准确性。

（3）准备调研资源与工具。制定调研问卷、访谈提纲等调研工具，确保其内容科学、合理，易于理解。准备必要的调研物资，如录音笔、摄像机、笔记本电脑等，以便记录调研过程和数据。安排行前培训，提高调研技能和沟通技巧。

（4）制定调研计划。拟定调研时间表，明确各阶段的时间节点和任务分配。设计调研路线，规划调研地点和顺序，确保调研活动有序展开。预估可能面临的困难和挑战，制定相应的应对策略和预案。

（5）执行调研活动。依照计划开展调研活动，确保数据收集的真实性和有效性。在调研过程中与调研对象保持良好的沟通，尊重其意愿和隐私。及时记录调研过程中的重要信息和发现的问题。

（6）进行数据分析与整理。对收集到的数据进行系统整理，确保数据的准确性和完整性。开展数据分析，揭示数据背后的规律和趋势。归纳整理调研发现的问题和亮点，为撰写调研报告做准备。

（7）成果制作与展示。学生精心制作微视频或者幻灯片，将调研的过程、个人心得体会等融入展示内容。成果制作完成后，每组指派一名代表在课堂上进行展示。

（8）教师进行总结与评分。教师根据每组微视频或幻灯片展示的效果和调研报告进行评分，对学生的表现进行点评和总结，并将活动得分作为实践教学成绩的一部分。

## 四、知识拓展训练

### （一）训练主题

观看纪录片《中国社会保障纪实》。

### （二）训练目的

纪录片《中国社会保障纪实》由清华大学社会治理与发展研究院和中国教育电视台联合出品。学生通过观看该纪录片，能够了解中国社会保障事业波澜壮阔的全景，深入挖掘从单位人到社会人转变的过程和意义，通过改革开放四十年、新中国成立七十年和人类进入现代文明几百年这三个时间维度，认识我国是如何构建与社会主义市场经济相适应的现代社会保障制度体系并切实发挥了民生保障作用，有效保障了经济社会的健康、平稳、可持续运行的。

### （三）内容介绍

该纪录片史诗般地展示了社会保障制度以其全面、渐进而深刻的变革，构成了整个改革事业的重要组成部分，也在经济社会急剧变革时期保障了亿万人民的最基本的民生，维系着整个经济社会的持续、快速发展，制度自身也不断健全完善。

第一集为民生福祉；第二集为老有所养；第三集为病有所医；第四集为弱有所扶；第五集为幸福所系。

### （四）思考题目

以"人"为主体，思考民生制度如何改变生活？

思考一个你身边的生活改善和制度化保障的真实民生案例。

运用"互联网＋"的理念，尝试为民生制度提供新的可能。

### （五）训练流程

依据学生数量划分为多个小组，鼓励小组成员之间进行充分合作与深入交流。选定一个思考题目以完成作业，并将各自的观点以书面形式进行汇总。

各小组需指派一名代表，对本组的观点进行详尽阐述。通过各组的展示，旨在帮助学生从多角度理解民生福祉对人民的重要性，增进对国家社会的认识，拓宽社会科学思维的广度。

教师将各小组提出的观点进行点评，并提供引导性的总结，以促进学生对该主题的深入思考与理解。

# 第二节 多管齐下增进民生福祉

## 一、专题理论导学

### （一）教学目的

通过运用多样化的教学手段和策略，指导学生全面且深入地理解民生福祉的重要性，掌握提升民生福祉的多种方法，并激发他们积极参与社会实践活动、为民生福祉贡献自己的力量。协助学生掌握增进民生福祉的理论基础：熟悉国家相关政策、法规及战略规划，例如教育的优先发展、就业创业政策、社会保障体系的建设等，理解这些政策对于提升民生福祉的意义和作用。

### （二）教学重点

信息技术在民众生活品质提升中的应用；民众生活品质与经济增长、社会发展的内在联系；提升民众生活品质的多种途径。

## 二、典型案例分析

### 案例一▶ "以人民为中心"：持续增进民生福祉

近年来，浙江省东阳市民政局坚持以人民为中心的发展理念，以构建"五大工作体系"为抓手，全力打造"五大标杆区"，以"严真细实快"的工作作风，为困难群众解忧，持续增进民生福祉。

1.构建业态融合优质均衡的养老服务体系，打造幸福颐养标杆区

坚持科学规划，不断推进居家社区机构相协调、医养康养相结合的养老服务体系建设，持续完善养老服务设施建设，实施"一中心多节点"养老服务中心规划。

2.构建分层分类保障有力的社会救助体系，打造精准保障标杆区

聚焦精准救助，深入实施"弱有众扶"优享工程，梳理困难群众需求、部门救助政策、社会力量帮扶"三张清单"，全力构建分层分类保障有力的社会救助体系，打造精准保障标杆区。

3.构建共治善治和美和谐的规范管理体系，打造和谐自治标杆区

强化社会组织党建统领、规范促廉、数智赋能，健全多部门联动机制，构建共治善治和美和谐的规范管理体系。以清廉社会组织创建行动为抓手，总结清廉社会组织观察点建设经验，做好公益创投项目监督，培育扶持本地优质社会组织和品牌项目。

4.构建文明节俭绿色发展的惠民服务体系，打造暖心服务标杆区

聚焦群众需求，实施殡葬全免费改革，实现东阳市范围内城乡居民6大类基本殡葬服务免费全覆盖。完善殡仪服务设施建设，持续深化全省婚俗改革，推行工作日延时办理、错时值班、"特殊日子"预约登记服务，实行婚姻家庭辅导和离婚预约双轨制等便民利民服务。

5.构建数字赋能便捷高效的智慧服务体系，打造智慧民政标杆区

推动电子政务服务创新，持续推进结婚、生育、户口"一件事一次办"，实现"信息惠民"，加强"城市大脑"在民政领域的延伸应用，促进数字化改革创新，全力推进民政领域"最多跑一次"改革。

## ❓思考讨论

❶"以人民为中心的发展思想"是习近平总书记在2015年10月26日至29日召开的党的十八届五中全会上提出的治国理政方针。请根据"以人民为中心"的发展理念，阐述你对增进人民福祉的理解。

❷习近平总书记在党的二十大报告中指出要"采取更多惠民生、暖民心举措，着力解决好人民群众急难愁盼问题，健全基本公共服务体系，提高公共服务水平，增强均衡性和可及性，扎实推进共同富裕"。[①]针对"一件事一次办"以及加强"城市大脑"在民政领域的延伸应用等举措，请结合生活实际谈谈你

---

① 《高举中国特色社会主义伟大旗帜 为全面建设社会主义现代化国家而团结奋斗——在中国共产党第二十次全国代表大会上的报告》，《人民日报》，2022年10月26日第1版。

的理解。

### 案例二 "幸福红立方"三方协同共治，提升城市治理现代化水平

社区是社会治理的基本单元，也是群众感受美好生活的重要载体。2024年以来，余杭区创新实施"提质城市新中心、建设幸福红立方"工程，奏响了"建组织""成体系""融入式"基层共治"三部曲"，积极推动小区三方从"各自为战"向"共治共享"转变，不断迭代创优党建引领三方协同治理实践路径，共建邻里相亲、社会和谐的良好人居环境。

近年来，余杭区仓前街道聚焦群众身边小事、基层治理痛点等关键问题，通过组织优势补资源短板、机制创新激自治活力、点上破题促全域提升，探索完善社区三方协同治理新机制，不断推进"众人的事情由众人商量"新实践在街道开花结果。据统计，2024年以来，仓前街道住宅物业类信访同比下降20.6%，累计创建省级红色物业 4 家、杭州市美好家园 8 家，数量居全区第一。太炎社区破解老旧小区难题是余杭区"三方协同"基层治理的鲜活样本，在书记带领下，社区还打造了"花田议事"居民议事特色品牌，逐步实现从由上而下的社区管理到自下而上的居民自治，为全区高能效治理社区提供了"仓前经验"。

"幸福红立方"三方协同共治是提升城市治理现代化精细化水平的一个注脚。近年来余杭深入开展"五星幸福体"工程，万和社区的"果岭·幸福满仓"便是余杭区首批片区级五星幸福体，也是余杭区社区居民参与基层治理的"幸福样本"。

### 思考讨论

❶秉持整体政府理念，创新治理模式，积极发挥基层群众自治的效能，加强制度建设与规则供给，并充分利用数字技术的优势，这些均为浙江省基层治理的宝贵经验，值得其他地区借鉴。请结合具体案例，阐述若你担任基层网格员，对社区治理有何见解。

❷习近平同志在浙江工作期间，着眼"为了让人民群众过上更好的生

活"，对改善和发展民生作出了一系列战略性的整体部署，开展了一系列前瞻性的理论探索。[1]请结合你所在地区民生实事的实施情况，阐述你对基层工作运行机制的理解。

### 案例三 平湖独山港镇"毗邻党建"模式帮助推进共同富裕

独山港镇坐落于浙江省平湖市东南部，东邻上海金山，南临杭州湾。目前，该镇已全面步入城乡融合发展的新阶段，然而，城乡间要素流动的不充分性以及资源配置的不均衡性问题依然存在。为了打破这些发展障碍，独山港镇率先实施了"帮助带动共同富裕联合体"（以下简称"帮共体"），构建了全域性的"帮共体"党建联盟，并搭建了"1+N+X"的组织架构。该镇以系统思维、整体智治的理念，通过改革破题、创新制胜的策略，以及综合集成、迭代升级的模式，致力于完善先富带后富的帮扶机制，加强社会保障，为共同富裕的实现打下坚实基础，全面推进共同富裕的进程。

独山港镇的"帮共体"以地理相邻和人文相似为依托，遵循"组织融合、资源融合、发展融合"的总体思路，构建了"1+N+X"党建联盟架构。"1"代表在该领域内相对较强的"强村"，作为牵头村；"N"代表相对较弱的村庄；"X"则代表企业、机关事业单位等助力单位。围绕系统帮扶、乡村振兴、产业发展、精神支撑四个维度的突破点，将全镇18个村社划分为4个区块，组建了美丽经济、抱团发展、治理联动、共建共享等4个"帮共体"联盟。其中，美丽经济联盟包括赵家桥村、优胜村、衙前村、金沙村；抱团发展联盟包括韩家庙村、聚福村、周家圩村、虎啸村；共建共享联盟包括穗轮村、前进村、小营头村、海塘村、渡船桥；治理联动联盟包括龙吟社区、全公亭社区、独山港社区、星华社区、周圩社区。

独山港镇利用其区位优势，坚持城乡联合和"毗邻党建"模式，以促进乡村协同发展，拓展一体化工作的内涵与外延，突破帮助带动共同富裕联合体发展的瓶颈，形成一个广泛吸纳、相互补充、动态开放的联盟运行体系，探索出一条立体式、全方位的乡村振兴新路径。

---

[1] 金一斌：《为民办事 为民造福》，《红旗文稿》2022年第16期。

**思考讨论**

❶平湖与金山在沪浙合作方面都扮演着先行角色，"毗邻党建"引领区域联动发展已实现物理空间毗邻1.0版到发展要素毗邻2.0版的升级，推动了两地成果共享的再深化与再拓展。请结合案例，谈谈你对协同治理的理解。

❷习近平同志在担任浙江省委书记期间，明确指出嘉兴具备成为全省乃至全国城乡统筹发展典范的充分条件。请根据嘉兴在这一领域取得的具体成就，阐述你对城乡统筹发展的认识。①

## 三、实践活动指导

### （一）模拟市长虚拟赛

#### 1. 活动主题

作为模拟市长，你的职责是规划、组织并实施一系列旨在提升城市整体福祉和可持续发展的项目与活动。比赛将围绕城市民生愿景展开，主要程序包括从项目规划到评估反馈的全过程，以确保活动的有效性和市民的满意度。

#### 2. 活动目的

比赛旨在引导学生从"市长"视角出发，发现、关注并审视民生、生态、经济、社会、科技等领域的焦点问题，运用所学知识研究经济社会发展中的民生等焦点问题以及其他公共政策议题，探讨并提出针对性解决对策。

#### 3. 活动流程

（1）明确目标。确立城市发展的长期目标与短期愿景，确保所有活动围绕这些核心目标展开。

（2）组建团队。组建一个跨部门、跨领域的专业团队，涵盖城市规划、财政、环保、公共服务等各方面的专家，共同参与项目规划与筹备工作。

（3）资源评估。对现有资源进行全面评估，包括人力、物力、财力等，以确定项目的可行性和实施范围。

（4）问卷调查。制定科学、合理的调研问卷，内容涵盖市民对城市发展的期望、关注点及改进建议等方面。通过线上线下相结合的方式，收集市民意

---

① 参见《嘉兴用创新"钥匙"打开共富之门》，《浙江日报》2023年6月19日。

见和建议，确保调研结果的全面性和代表性。对调研数据进行整理和分析，提炼出市民的主要需求和关注点，为后续政策制定提供依据。

（5）方案设计。根据市民需求和财政预算，设定具体的政策目标，如提升教育质量、改善医疗条件、优化交通出行等。设计具体的政策实施方案，包括政策措施、执行机构、时间表等。

（6）总结与改进。对评估结果和反馈意见进行总结分析，提出改进措施和建议，为未来的城市发展提供参考和借鉴。

## （二）线下实地参观

### 1. 活动主题

参观杭州未来社区，近距离接触社区邻里中心等民生综合体，亲身感受15分钟生活圈和社区智慧服务平台，深度参与民生福祉的推进和社区的运营管理。

### 2. 活动目的

杭州未来社区，以民生福祉为核心，致力于满足居民对美好生活的追求，通过提供全面而高质量的生活服务，持续改善居民的生活品质。作为国内社区治理的典范，其秉持的人本、生态、数字化建设理念，具有极高的借鉴意义。通过实地考察，学生将能够深入理解这些先进理念在具体实践中的应用及其成效，亲身体验身边的民生改善。

### 3. 活动流程

（1）前期准备。

明确活动目标与内容。确立本次参观活动旨在使学生深入了解未来社区在民生福祉领域的创新举措与实践成果，涵盖教育资源均衡配置、医疗保障体系完善、住房安居工程推进、就业创业支持、养老服务体系构建、环境质量改善、交通出行便捷化以及文化生活丰富化等方面。

精心挑选参观地点。选取具有示范意义的未来社区作为参观地点，例如西湖区求智社区等，确保其能够全面展示未来社区在民生福祉方面的成就与特色。

拟定详细计划。计划中应包含活动的时间、地点、参与人员、交通安排、餐饮保障、安全预案等关键细节，以确保活动的顺利进行。

组建筹备小组。成立由教师、学生代表及志愿者构成的筹备小组，负责活动的具体策划与执行工作。

（2）安全教育。

开展安全知识讲座。邀请专业人士为学生举办安全知识讲座，讲解参观过程中的安全注意事项及应急处理方法。

实施模拟演练。组织学生进行安全演练，例如紧急疏散、急救技能等，以提升应对突发事件的能力。

强调纪律性。强调在参观过程中必须遵守纪律，服从安排，不擅自行动，确保个人及团队的安全。

（3）实地参观。

实施分组导览。将学生分成若干小组，每组配备一名导览员或教师，负责带领参观并解答学生疑问。

进行现场讲解。导览员或教师现场讲解未来社区在民生福祉方面的创新实践，包括智能化管理、绿色生态建设、公共服务设施等。

鼓励亲身体验。鼓励学生体验未来社区的各项服务设施，如智能医疗、远程教育、绿色出行等，感受未来生活的便捷与舒适。

（4）交流互动。

设置问答环节。安排问答环节，邀请未来社区管理人员或专家回答学生提问，增进双方的交流。

组织小组讨论。引导学生分组讨论参观感受和未来社区的发展方向，鼓励学生提出自己的见解和建议。

征集创意提案。鼓励学生结合所学知识，提出对未来社区改进或创新的提案，激发创新思维。

（5）总结汇报。

撰写个人总结。要求学生撰写个人参观总结，记录所见所闻、所思所感。

举办班级汇报。组织汇报会，每组学生代表上台分享参观体验和学习心得。

进行教师点评。教师对汇报进行点评，提出改进建议。

（6）后续行动。

持续关注。引导学生持续关注未来社区的发展动态和最新成果，保持对民生福祉领域的兴趣和关注。

实践应用。鼓励学生将所学知识和体验应用到实际生活中，如参与社区服务、环保行动等。

建立反馈机制。建立学生反馈机制，定期收集学生对未来社区发展的意见和建议，为未来社区的持续改进提供参考。

## 四、知识拓展训练

### （一）学习内容

观看系列纪录片，感受以民生情怀讲述"幸福中国"的故事。

### （二）训练目的

进入 21 世纪以来，我国持续推进普惠性、基础性的民生建设，在改善民生等方面做出了积极的努力，并取得了历史性成就。观看纪录片，可以帮助学生了解我国的民生变化与社会的变迁进步，深刻体会人民对美好生活的向往成为现实的意义。

### （三）内容介绍

以《一路百年》《黄河安澜》《生命缘——国之大医》《青春·致未来》等为代表的一系列纪录片，体现了以"增进民生福祉，提高人民生活品质"为核心的民生思想，将公共交通、医疗健康、生态环保、农粮生产等与百姓生活休戚相关的民生问题，用纪实影像进行展现。

1.《一路百年》

以北京 1 路公交车百年的发展历程为时间轴线，结合历史的追溯与现实的记录，逐步揭示了北京公共交通的变迁。

2.《黄河安澜》

关注黄河流域环境保护的重要民生项目，展现了牧民如何将自然优势转化为具有地方特色的旅游项目，以及滩区居民搬迁至新村后的脱贫生活。

3.《生命缘——国之大医》

从普通患者求医治病的视角出发，详细记录了膝外翻、干细胞移植等手术如何改变患者命运。

4.《青春·致未来——人就像种子要做一粒好种子》

通过回顾袁隆平的同期声、历史影像和照片等丰富资料，梳理了中国杂交水稻从探索发现到走向世界的历程，反映了我国育种行业和粮食安全领域的快速发展现状。

（三）思考题目

科技进步如何更有效地服务于民生福祉的提升？

在乡村振兴战略的背景下，如何持续推动农民生活的改善？

在健康中国战略的指导下，如何构建更为完善的中医药服务体系？

（四）训练流程

依据学生数量划分为多个小组，倡导组内成员之间进行充分合作与深入交流。选定一个思考题目以完成作业，并将各自的观点以书面形式进行汇总。

各小组需指派一名代表，对本组的观点进行详尽阐述。通过各组的展示，帮助学生从多角度理解民生福祉对民众的重要性，拓宽社会科学思维的视野。

教师应对各小组提出的观点进行点评，并提供引导性的总结，以促进学生对该主题的深入思考与理解。

# 第三节 ｜ 增进民生福祉的挑战与实践

## 一、专题理论导学

### （一）教学目的

本节的教学目标在于培养学生具备前瞻性的思维模式、创新与问题解决的能力，以及适应快速变化环境的能力。民生福祉是一个涵盖多方面的概念，它不仅包括基本的物质生活需求，还涉及精神文化的追求、社会环境的和谐稳定以及个人成长与发展的机会。在追求民生福祉的过程中，我们不仅要满足基本生活需求，还应致力于提升民众的生活质量，丰富其精神文化生活，营造更加和谐的社会环境。在学习过程中，鼓励学生突破传统思维的限制，勇于探索新的方法和技术，培养创新思维和创造力。面向未来的不确定性，学生应能够提出创新且有效的解决方案，这不仅符合社会对人才的当前需求，也为学生未来的职业生涯和个人发展打下坚实的基础。

【教学重点】

了解增进民生福祉的现实价值；识别增进民生福祉的主要挑战；制定增进民生福祉的应对策略。

## 二、典型案例分析

### 案例一 公共服务"七优享"工程，推动公共服务升级转变

"使老有所终，壮有所用，幼有所长，矜、寡、孤、独、废疾者皆有所养"，这是古代人对"大同"社会的向往。从古至今，高质量的公共服务供给，是人们孜孜不倦的追求和幸福的底色。《中共中央 国务院关于支持浙江高质量发展建设共同富裕示范区的意见》提出，到2025年，浙江要实现基本公

共服务均等化。"基本实现人的全生命周期公共服务优质共享，努力成为共建共享品质生活的省域范例"是浙江高质量发展建设共同富裕示范区的七个发展目标之一。

浙江部署幼有善育、学有优教、劳有所得、病有良医、老有康养、住有宜居、弱有众扶公共服务"七优享"工程，聚焦"幼有善育、学有优教、劳有所得、病有良医、老有康养、住有宜居、弱有众扶"七大领域，不断增强公共服务的均衡性、可及性、优质化，推动公共服务从"七个有"向"七个优"升级转变。

在"幼有善育"领域，标准正全方位助力减轻"养"的负担、破解"育"的难题。"劳有所得"领域，标准成为创建高质量就业创业体系的关键支撑。《乡村合作创业管理与服务规范》总结提炼出了浙江"1+3+N"乡村合作创业组织模式，对于吸引各类人才返乡入乡开展合作创业、带动乡村经济社会发展、推动实现共同富裕提供了有效路径。在"病有良医"领域，《数字化预防接种门诊建设规范》充分体现浙江在医疗领域数字化改革的创新做法，向全国输出了医保办事全程"不见面"互联网服务模式。一把把创新"标尺"，引领老百姓不断获得均等的医疗资源、良好的救治服务、优质的健康管理。

"七优享"领域标准的实施，为浙江"两个先行"提供有力支撑，让公共服务更为优质、普惠、均衡，也让百姓共富的幸福更加可见、可感、可及。

### ❓思考讨论

❶近年来，浙江省积极贯彻新发展理念，推动公共服务领域实现从"量的积累"向"质的提升"的历史性转变。请围绕上述关于公共服务创新举措的阐述，深入探讨"民生福祉的提升是社会和谐稳定的坚固基石"的深刻内涵。

❷浙江实施"七优享"工程并以标准推动公共服务从"七个有"向"七个优"升级转变，这一举措是如何体现"以人民为中心"的发展思想以及对实现古代"大同"社会向往的当代回应的？请结合材料深入分析。

## 案例二 浙江省治水新篇章

浙江省在提升民生福祉方面，秉持系统性思维与协同推进的原则，重视各项政策举措之间的协调与相互促进。以水资源管理为例，浙江省遵循"节水优先、空间均衡、系统治理、两手发力"的原则，有效保障了民生福祉的持续改善。

浙江省位于东南沿海地区，虽然总体上降雨量充沛，但降雨的时空分布极不均匀，人均水资源量仅为世界平均水平的四分之一、全国的 80%，且水资源的空间分布与人口、经济布局不相匹配，导致水旱灾害频发，成为全国治水任务最为艰巨的省份之一。在习近平总书记主政浙江期间，治水工作受到了高度重视，他部署并推进了安全饮水、科学调水、有效节水、治理污水等"四水工程"的建设，为浙江省的科学治水工作绘制了宏伟蓝图。2014 年 3 月 14 日，习近平总书记站在战略和全局的高度，深刻洞察我国国情水情，深刻分析经济社会发展大势，就保障国家水安全发表重要讲话并提出"十六字"治水思路，[1]系统性地部署了保障国家水安全的重大措施，为新时代治水工作提供了根本遵循，这在中华民族治水史上具有划时代的意义。

自 2013 年以来，浙江省坚持"节水优先"的原则，水资源利用方式发生了根本性变革，实现了节水减排、增效惠民的目标；坚持"空间均衡"的原则，水资源配置格局得到了全局性优化，实现了人口经济与资源环境的均衡发展；坚持"系统治理"的原则，江河湖泊的面貌得到了根本性改善，走向了绿色发展、人水和谐的新道路；坚持"两手发力"的原则，水治理能力得到了整体性提升，实现了共建共享的发展新路径。

浙江省坚持一以贯之的规划与持续的努力，解决了许多长期悬而未决的治水难题，完成了许多关系到战略全局、长远发展和民生福祉的重要事项，治水事业取得了历史性的成就，开启了浙江省治水的新篇章。

### ❓思考讨论

❶完善社会领域基本公共服务的不足之处，强化非基本公共服务的薄弱环

---

[1] 《八年实践见证巨大思想伟力》，《中国水利报》，2022 年 3 月 15 日第 1 版。

节，提升公共服务的品质与水平，这不仅有助于加强社会政策的保障功能、在发展过程中保障和改善民生，而且对增加公共服务的有效供给也具有积极作用。假设你是政策制定者，请结合具体案例，阐述你对公共服务供给结构的认识。

❷浙江省在治水过程中坚持"节水优先、空间均衡、系统治理、两手发力"的原则，这分别对应了哪些新发展理念？这些原则的贯彻实施对提升民生福祉和推动经济社会发展有怎样的意义？

### 案例三 大力发展新型高校，突破高等教育的瓶颈

高等教育的发展水平是衡量一个地区发展水平和发展潜力的关键指标。自实施"八八战略"以来，浙江省的高校数量从68所增长至109所，拥有"双一流"学科的数量位居全国第五。这些高校汇聚了全省75%的"两院"院士和73%的"鲲鹏计划"专家。浙江省学生被高水平大学录取的比例在全国名列前茅。尽管如此，高等教育仍然是浙江省教育体系中的短板。由于省内高水平大学数量不足，许多学生不得不选择去外省就读。值得注意的是，新型高校已经成为浙江省突破现状的关键战略。正如当地媒体所评论的，改变竞争赛道后，浙江省的发展前景将更加广阔。在传统高校的竞争赛道上，由于"车流量"大且其他省份的许多"车辆"已领先浙江省，要在短时间内实现超越极为困难；而在新型高校的竞争赛道上，尽管竞争同样激烈，但"车辆"总数相对较少，且各省份的起跑时间相近。

与目前"双一流"高校仅有3所相比，浙江省目前重点建设的新型高校数量也为3所，包括西湖大学、北航中法航空学院和甬江理工大学（暂名）。其中，以研究生教育为起点的西湖大学，自2022年起开始试点招收本科生，开启了浙江省探索高起点建设"小而精"高水平大学的创新改革序幕。北航中法航空学院作为北京航空航天大学与法国国立民航大学合作的办学机构，按照"高水平、新机制、国际化"的办学定位，在航空领域培养卓越工程师和"高精尖"创新人才。

浙江省的这些新型高校不再遵循"综合性大学"的传统模式，而是更加注

重学科的交叉与融合，强调特色发展。对浙江省而言，建设高等教育强省的目标不仅可以"让更多孩子在本地接受高水平的大学教育"，更能在未来的发展中占据有利地位。

## ❓思考讨论

❶科技乃首要生产力，人才为首要资源，创新为首要动力。高等教育正处于这三者的关键交汇之处。弥补高等教育这一民生短板，亦是浙江省提升民生福祉的基础性工程之一。请结合实例，阐述你对"教育的民生属性"的认识。

❷浙江省突破传统高校竞争赛道，发展新型高校。这一做法对我们在个人成长和社会发展中正确面对竞争、把握机遇有何启示？请结合思政课所学知识进行阐述。

## 三、实践活动指导

### （一）民生项目实例分析

#### 1. 活动主题

通过对某个具体的民生工程（如公共交通系统建设、住房保障工程等）的实例分析，展示政府如何通过实施这些工程来增进民生福祉。可以分析这些工程如何改善居民的生活环境、提高生活质量，并阐述其带来的社会效益和长远影响。

#### 2. 活动目的

通过案例分析，学生能够更加直观地领会提升民生福祉的重要性与必要性，亦能洞悉政府在实际操作中解决民生问题的策略。将理论与实践相结合的教学方式，有助于提高学生的实际操作能力，并增强他们对经济、政治和社会问题的洞察力。

#### 3. 活动流程

（1）项目背景分析。

政策环境分析：针对国家及地方有关民生福祉的政策导向和法律法规进行深入研究，以明确政策对项目的支持程度及潜在的限制因素。

社会需求调研：运用问卷调查、访谈、数据分析等多种方法，全面掌握民众在教育、医疗、住房、养老等领域的真实需求和存在的问题。

项目定位明确：结合政策环境和社会需求，确立民生福祉项目的明确定位、目标受众以及旨在解决的社会问题。

（2）案例选择分析。

案例筛选：从国内具有成功经验或代表性的民生福祉项目中，挑选出与本次活动主题密切相关、具有参考价值的案例。

案例评估：对筛选出的案例进行初步评估，综合考量其创新性、实施成效、可持续性等关键因素，以确定最终的分析对象。

案例资料收集：搜集案例的详尽资料，涵盖项目背景、实施过程、关键措施、成效数据等方面，为后续分析工作奠定基础。

（3）问题与挑战识别。

问题分析：深入探讨案例项目在实施过程中遭遇的问题，例如资金不足、技术难题、社会阻力等。

挑战识别：辨识项目所面临的长期挑战，如政策调整、市场需求波动、资源约束等，并评估其对项目持续发展的影响。

（4）实践成果。

报告撰写：将前述分析内容整理成书面报告，内容涵盖项目背景、案例分析、实施流程、成效评估、问题与挑战、经验与教训、推广建议等多个部分。

报告审核：邀请专家组对报告进行审核，确保报告内容的精确性、客观性和科学性。

## （二）角色扮演

### 1. 活动主题

构建模拟场景，模拟决策过程，学生在其中扮演不同层级和岗位的政策制定者的角色，从而深入理解决策过程背后的经济、政治因素，以及如何通过政策提升民生福祉。

### 2. 活动目的

一是提高学生的课堂参与度，激发学生的学习兴趣；二是引导学生深入思考课程内容，培养学生的思辨能力；三是通过讨论和交流，拓宽学生的视野，培养学生的团队合作精神；四是提高学生的分析和解决问题的能力，为未来的学习和生活打下坚实的基础。

### 3. 活动流程

（1）目标明确化。明确此次政府官员角色扮演活动的核心目标。通常包括提升团队的服务意识、增强政策理解能力、改善沟通技巧、促进团队协作以及模拟解决实际工作中可能遇到的问题等。

（2）角色设定。依据民政部门的工作职能，设定不同层级和岗位的角色，如局长、处长、科员等，并明确各角色的职责、权限及常见工作场景。

（3）场景构建。设计贴近实际的工作场景，如政策制定会议、群众来访接待、跨部门协调会议等，确保场景具有代表性和挑战性。

（4）分组分配。将参与学生分组，并随机或根据能力分配角色，确保每个小组都能涵盖不同岗位和角色。

（5）模拟演练。在工作场景中，参与者按照设定的剧情和角色进行模拟演练，模拟处理实际工作中的问题和挑战。

（6）持续优化。鼓励参与者将活动中的学习成果应用到实际工作中，并持续跟踪整改效果，不断优化角色扮演活动的设计与实施。

（7）成果展示。通过幻灯片或报告等方式展示活动成果，表彰表现优秀的学生。

## 四、知识拓展训练

### （一）学习内容

观看《中医中国》十二集纪录片。

### （二）训练目的

中医药作为中华民族珍贵的文化遗产，深深植根于民间，并在疾病预防与治疗、健康维护、健康教育、中医服务、中医养生、中药产业以及文化传承等多个领域对民生福祉产生了深刻影响。当代，中医药服务已经成为医疗服务体系中不可或缺的重要组成部分，为增进民生福祉提供了坚实的支撑。通过观看纪录片，学生能够深入了解我国中医药服务在民生领域所经历的变迁，并领略中医的独特魅力。

## （三）内容介绍

《中医中国》作为国内首部中医药微纪录片，用微纪录片的形式关注和呈现中医药的核心价值，以影像的方式建立起中医药的文化档案，用现代技术手法、互联网的视听语言，传承我国博大精深的传统中医药文化，展现中华文明孕育下的中医药文化及中医药人和事的内涵，讲述中医药文化新故事，打造传播中医药文化的新高度。

**第一集：《根脉》**

一缕药香，跨越古今；演绎着中医药的根深叶茂，续写着岐黄之术的生生不息。一张张古方，蕴含着中医药独特的精神标识，是中医药宝库的精华，也是中医药生生不息的发展"根脉"。本集由古方寻绎中医思想渊薮，是打开中医药文明起源奥秘的一把钥匙，将带领开启对中医药文化的寻根之旅。

**第二集：《灵魂》**

确立了辨证论治的理论与方法体系，成为中医临床的基础原则，是中医的核心所在。辨证施治体现了中医学的精髓与核心，是中医学生命力的体现。古药的香气传递着救世济民的动人故事。望闻问切的实践演绎着对生命的尊重。

**第三集：《蝶变》**

中医将"心、身、神"视为一个整体，这种整体观源自对中国文化的根本信仰，强调人与宇宙不可分割的联系，以及对平衡与和谐的追求。本集讲述中医药在历史长河中的变革与发展，强调其在守正开新中不断焕发新生的力量。

**第四集：《养生》**

关于生命的起源、人与自然的关系、生命的发展规律，以及生命衰老的原因等，都是人类永恒的探索主题。从古代医疗档案中不难发现，宫廷的医疗水平相当高，特别是在养生保健、延年益寿方面，对现代人也有很大的启示作用。本集聚焦中医药在养生方面的智慧，探讨如何通过调和身心达到健康长寿的目的。

**第五集：《防疫》**

中医医学的发展史源远流长。历史上最早记录的瘟疫发生在周代，鲁庄公二十年（前674）的"齐大灾"。《中国古代疫病流行年表》（张志斌著，福建科学技术出版社2007年版）收录了从东周至清朝2500年间的826起疫病记录，其中许多疫病对中国政治、经济发展和社会进程产生了深远的影响。本集展示了中医药在防疫领域的应用及其独特优势。

**第六集：《生息》**

本集阐释了中医药应用价值在健康中国的时代背景下，展现出的时代责任与魅力，同时倡导中医药产业深入扎根基层市场，适应社会发展新形势、新导向，以实现持续发展。

**第七集：《使命》**

中医药是承载中华民族医药传统与文化印记的原创资源，悠久文明源远流长，沧桑巨变历久弥新，古老的中医药在一场工业化的发展和变革中也焕发出勃勃生机。本集讲述中医药承载的文化使命和社会责任，在走向中医药工业化道路上迈出坚实的步伐，也让古老的岐黄之道在新的时代开枝散叶，继续守护着世间苍生。

**第八集：《笃行》**

中医文化博大精深，中医治法，内、外两端概之，两者具有"殊途同归，异曲同工"之妙。古往今来，无论如何演变，充满"人间烟火气"的膏药，都传承着中医深邃的智慧。本集讲述一代又一代中药人的奋斗，将中国贴膏类产品带入新高度，让膏药生产技术大踏步地前行。

**第九集：《创新》**

中药配方颗粒是对传统汤剂的改革，在这条既要契合传统又要开拓创新的道路上探索前行，每一步的迈出，都充满艰辛。泱泱中华生命之源，悠悠中医健康之路。本集讲述当古老的"东方力量"遇上现代的科技赋能，中药配方颗粒的创新发展，也为中医药走向世界助力，为建设健康中国贡献力量。

**第十集:《赓续》**

回眸中医的历史长河,无数医者不断进行着组方的探索。从单方到269个经方,再到无数的验方,中医在"方证相应"中走到了当下,和现代科技相逢。本集关注中医药文化的代际传承,以及如何通过现代科技延续其生命力。

**第十一集:《厚植》**

无论治世还是治病,对"势"的预判总能寻找到先机。早在东汉,中医典籍《黄帝内经》里便有了"是故圣人不治已病治未病,不治已乱治未乱,此之谓也"的名句。本集讲述承今朝之志,担时代之任,中医药创新之路必将行稳致远,也为构建人类卫生健康共同体贡献"中国智慧"。

**第十二集:《问道》**

都市快节奏的生活,带来了满目繁华,却也让人们远离了身处自然之中的恬淡,悄然耗损着人们的气血。面对万般烦恼,古人常会问道于茶,而现代人苦苦寻求健康之道。服用药茶这种便利的传统养生方式,也吸引了众多年轻人的目光。本集探究了如何让古老的中医药更好地融入现代的生活。

**(四)思考题目**

中医药与民生紧密相连,中医药现代化建设应如何更好地服务于民生福祉?

在健康中国战略背景下,应如何增强中医药提升人类民生福祉的能力?

中医药如何更好地满足人民群众的多样化健康需求,从而为民生福祉提供有力支持?

**(五)训练流程**

依据学生数量,将学生划分为若干小组,并鼓励小组成员之间进行充分合作与深入交流。选定一个思考题目以完成作业,随后将各组的观点以书面形式进行汇总。

每组指派一名代表,负责详细阐述本组的观点。通过各组的展示,帮助学生从多角度理解民生福祉对民众的重要性,增进对国家和社会的了解,同时扩展社会科学思维的广度。

　　教师将对各组提出的观点进行点评，并提供引导性的总结，以促进学生对该主题的深入思考和理解。

# 专题十三

# 谱写新时代生态
# 文明建设新篇章

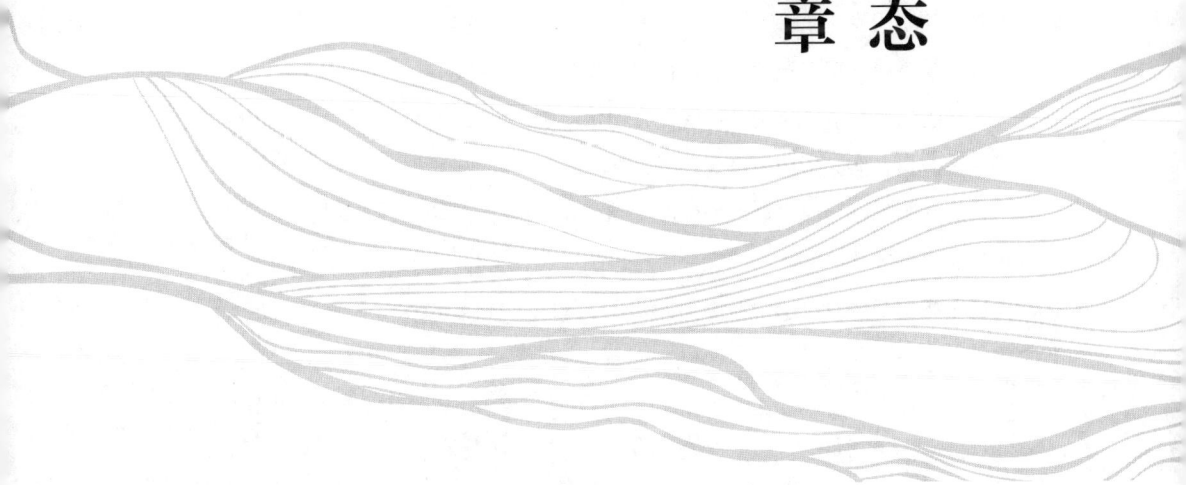

生态文明建设是关系中华民族永续发展的根本大计。党的十八大以来，以习近平同志为核心的党中央高瞻远瞩，将生态文明建设纳入中国特色社会主义事业总体布局，凸显了其战略地位。牢固树立和践行"绿水青山就是金山银山"的理念，这一理念深刻揭示了生态环境保护与经济发展之间的辩证统一关系，为生态文明建设指明了方向。要深入贯彻习近平生态文明思想，全面推进美丽中国建设。持续以高品质生态环境支撑高质量发展，加快推进人与自然和谐共生的现代化。在国内，继续优化国土空间开发保护格局，加强生态保护修复监管，推进绿色发展转型等；在国际上，积极参与全球生态文明建设合作，与世界各国共同应对气候变化、生物多样性丧失等全球性生态问题，分享中国经验和智慧，共谋全球生态文明建设之路，为构建人类命运共同体贡献中国力量。

# 第一节 坚持人与自然和谐共生

## 一、专题理论导学

### （一）教学目的

让同学们能够掌握，大自然是人类赖以生存发展的基本条件，尊重自然、顺应自然、保护自然是全面建设社会主义现代化国家的内在要求。进而理解，必须站在中华民族永续发展的高度，坚持"绿水青山就是金山银山"的理念，推进生态文明建设和生态环境保护，建设人与自然和谐共生的现代化。

### （二）教学重点

绿水青山就是金山银山的内涵。

全面建设社会主义现代化国家的内在要求。

如何实现绿色发展。

## 二、典型案例分析

### 案例一 "绿水青山就是金山银山"理念诞生地

20世纪八九十年代，余村凭借"石头经济"踏上了乡村工业化的道路，一时间，开石矿、办水泥厂的热潮在这个小山村掀起。村民们的腰包也随之鼓了起来，余村成为天荒坪镇有名的"富裕村"。然而，在这看似繁荣的背后，却隐藏着巨大的危机。过度的开采和生产，让余村的生态环境遭到了严重的破坏。在经济发展与环境保护的两难困境中，余村付出了沉重的代价，陷入了深深的迷茫与挣扎。

2003年7月，浙江省委提出"八八战略"，犹如一道曙光，照亮了余村前行的道路。同年9月，安吉县设立了我国地方首个"生态日"，并确立"生态立县"发展战略，余村积极响应号召，毅然关停了3个石矿和1家水泥厂。这一决定虽然在短期内让村民们的收入锐减，集体收入大幅下降，村民就业也面临困境，但余村人没有退缩，他们开始尝试兴办农家乐和开辟旅游线路。2005年8月15日，对于余村来说，是一个具有里程碑意义的日子。习近平同志第二次来到安吉调研，首站便来到余村。在余村村会议室里，县里详细汇报了利用竹资源优势、坚持生态立县、建设生态经济强县的情况，余村党支部书记也满怀信心地汇报了村里关停污染企业、着手复绿复耕以及未来要发展生态旅游、农家乐的打算。习近平同志充分肯定了安吉"生态立县"和余村关停矿山搞生态旅游的做法，并指出"绿水青山就是金山银山"。此后，余村坚定地走在生态发展之路上，大力发展生态旅游、农家乐等绿色产业。村里将曾经的矿山复垦复绿，关停的水泥厂旧址变成五彩田园；流转的500多亩土地，经过精心规划设计，成为油菜花田、荷花藕塘，观光垂钓、河道漂流、户外拓展、果蔬采摘等休闲旅游产业链逐步形成。余村的环境越来越好，山清水秀，空气清新，吸引了大量游客前来观光旅游。曾经的环境污染村如今已华丽转身，成为乡村振兴的典范。

余村的发展历程，不仅为浙江在中国式现代化建设中展现模范样本，践行干在实处、走在前列、勇立潮头的精神提供了有力支撑，也为全国其他地方推动经济社会发展绿色转型、全面推进乡村振兴提供了宝贵的参考借鉴。

### ❓思考讨论

❶曾经，余村不过是一个地处偏僻、深受环境污染问题困扰的小村落，垃圾随意丢弃、河水浑浊不堪、空气中也弥漫着刺鼻气味，村民们生活质量受到严重影响。然而，历经一系列变革，如今它却能一跃成为令人瞩目的"生态明星村"，吸引众多游客前来参观学习，成为生态建设领域的标杆。那么，余村究竟是通过怎样的具体举措，在经济发展、生态保护、社会治理等多个层面实现翻天覆地转型的呢？

❷在当前大力推动经济社会发展绿色转型、全面推进乡村振兴的时代背景下，全国各地乡村都在积极探索适合自身的发展路径。余村作为成功范例，在

产业升级方面，如何将传统高污染产业逐步转变为绿色可持续产业，实现生态与经济的双赢，在生态保护机制上，怎样构建起长效且有效的生态保护体系，守护好绿水青山，在乡村治理模式中，怎样激发村民的积极性与参与度，营造和谐、稳定的乡村发展环境等方面，为其他乡村提供了怎样切实可行的参考借鉴？

### 案例二　生态赋能绘就乡村振兴新画卷

在浙江省杭州市余杭区黄湖镇，有一个如诗如画的小村庄——青山村。它隐匿于苍翠山林之间，宛如一颗璀璨的明珠。

曾经，青山村因水而兴，龙坞水库不仅为村里及周边超 3000 人提供了生命之水，其上游汇水区内的 1600 亩毛竹林，更是村民们的主要经济来源。然而，自 20 世纪 80 年代毛竹加工产业兴起，村民们为增产增收，在竹林中大量使用化肥和除草剂，这一短视之举，让龙坞水库陷入了氮磷超标等面源污染的困境，水质部分指标一度降至 Ⅳ 类标准。2014 年，转机悄然降临。大自然保护协会（TNC）在浙江乡村调研开展水源地保护工作，龙坞水库凭借其优美的环境与优越的位置，成为首个试点。TNC 联合阿里巴巴公益基金会、万向信托，共同建立了"善水基金"信托，为拯救这片水源地拉开了序幕。在各方努力下，龙坞水库水质逐渐好转，青山村也由此踏上了高质量发展之路。环境改善后，村民收入也稳步提高。村里趁热打铁，结合环境宣传教育，积极开展垃圾分类、厨余堆肥等生态行动。尝到"善水基金"信托甜头的青山村，并未满足于此。他们深知，生态就是最大的财富。余杭水务集团和黄湖镇政府提供资金，支持上游水库水源保护项目，上下游协作的生态补偿机制就此形成。"饮水思源"这种受益者付费模式开启后，有机竹笋销售凭借不洒农药的品质优势，成功打入更大的市场。青山村与上海、杭州等城市的企业食堂、餐厅建立长期合作，农户收入不降反升。与此同时，村里推出"自然好邻居"项目，由绿水未来乡村发展有限公司运营。这一商业反哺公益的项目，为加入的民宿、农家乐经营者提供经营培训、客流引导、设计改造等服务，有力推动了乡村旅游发展。如今，青山村不仅有驿站、游览观光车，还有自然研学基地、手工艺设计坊和咖啡馆等，多元化生态产业蓬勃发展。

青山村的华丽转身，正是生态赋能的生动实践。打通"两山"转化路径，以"生态赋能"发展"绿色经济"，走出了一条独具特色的乡村振兴新路径。

### 思考讨论

❶青山村借助"善水基金"信托改善龙坞水库水质，实现从污染到生态良好的转变，并以此发展多元生态产业。从"绿水青山就是金山银山"理念看，在生态保护与产业发展衔接过程中，如何精准把握生态资源转化为经济价值的节点，确保两者协同共进，避免顾此失彼？

❷青山村通过上下游协作生态补偿机制、"自然好邻居"等项目，将生态优势转化为经济收益。站在"绿水青山就是金山银山"的视角，在持续发展过程中，怎样进一步拓展生态产业链，挖掘生态附加值，以应对市场变化和竞争，实现生态与经济的长期稳定循环发展，为乡村振兴提供更持久的动力？

### 案例三 "两山"理论引领下的浙江治水传奇

在浙江这片充满活力的土地上，"绿水青山就是金山银山"的科学论断如同一盏明灯，照亮了浙江发展的新征程。全省上下全面贯彻"两山"理论，全力打好"五水共治"转型升级组合拳，书写了一段全域全程全民治水的精彩篇章。

曾经，浙江部分地区经济发展迅猛，但也付出了环境的代价。为扭转这一局面，浙江以"五水共治"为突破口，坚持在发展中保护生态环境，用良好生态保障可持续发展。这一系统性的倒逼机制，对高污染、高能耗行业毫不留情。2015年，全省电镀、印染等行业关停2219家，整治提升3465家，22个特色污染行业也有3108家关停，6403家整治提升。同时，"五水共治"带来了经济发展的新机遇，众多聚焦五大发展理念的重大项目开工，生态治理等基础设施建设成为主战场，有效投资带动巨大市场需求，为经济发展注入强大动力。在制度创新方面，浙江建立完善"河长制"工作体系。各级河长肩负起河道水环境质量的重任，"一河一策"精准治理，"河长制"网络不断延伸至村。

严格的河长追责制，将考核结果与生态建设挂钩，确保治水责任落实到位。多元治水监督机制也同步发力，多种监督方式结合，形成强大震慑力，保障治水工程廉洁推进。治水，归根结底是为了人民。浙江以"十百千万治水大行动"为依托，将"五水共治"列为政府为民办实事的重点。从大型水利枢纽到田间地头的灌溉设施，从整治黑臭河到农村污水治理，浙江不遗余力。一系列关乎民生的治水工程稳步推进，让清波碧水润泽千家万户。在治水过程中，浙江还注重生态文化的弘扬。将治水与文化传播紧密结合，通过开展各类水文化宣传教育活动，让公众养成爱水护水的新风尚。同时，组织文学采风、创作文艺精品等活动，培育富有时代气息的治水文化，弘扬文明新风。

如今，浙江在"绿水青山就是金山银山"理论的引领下，通过"五水共治"，实现了生态、经济、社会、文化的协同发展，为全国生态文明建设提供了宝贵的浙江经验。

### ❓思考讨论

❶浙江在"五水共治"中，通过关停、整治高污染行业实现产业升级，从"绿水青山就是金山银山"角度看，如何进一步平衡生态保护与经济发展速度，确保在提升生态质量的同时，经济增长的稳定性与可持续性，避免因产业调整造成经济发展的大幅波动？

❷浙江借助"河长制"等制度创新和多元监督机制推进治水，从"绿水青山就是金山银山"理念出发，在后续发展中，怎样将这些成功的制度经验推广并深化应用到其他生态领域，以形成更全面、更系统的生态治理体系，从而全方位释放生态红利，推动经济社会与生态环境的深度融合发展？

## 三、实践活动指导

### （一）活动主题

走进安吉余村现场教学，更好地理解"绿水青山就是金山银山"的内涵。

### （二）活动目的

让同学们更全面地了解绿色发展理念和生态富民政策的具体实施情况，增强对生态文明建设的认识和关注，探讨如何将"绿水青山就是金山银山"的理念引入各自的工作和生活。

### （三）活动流程

参观余村的生态农业示范区，了解有机农业、生态养殖等绿色发展模式。了解当地如何利用优美的自然环境，发展生态旅游，实现经济发展和生态保护的良性循环。

听取当地专家对余村绿色发展经验的介绍，包括如何通过发展绿色产业、加强生态保护、推进资源循环利用等措施，实现经济发展与生态环境保护的双赢。

组织分组讨论，让同学们交流心得体会，探讨如何将绿色发展理念和生态保护措施引入各自的工作和生活。

评价总结，总结余村绿色发展的经验和做法，进一步认识绿色发展理念和生态保护的重要性。

## 四、知识拓展训练

### （一）训练主题

以"绿水青山就是金山银山"为主题，搜集自己家乡的生态文明建设的典型案例。

### （二）训练目的

通过收集和分享自己家乡的生态文明建设典型案例，增强同学们对生态文明建设的认识和关注，使其更深入地了解绿色发展和生态文明建设的重要性和具体实践，推动绿色发展和生态文明建设，同时也可以为家乡的生态文明建设贡献自己的力量。

### （三）活动内容

鼓励同学们以个人或者小组的形式，搜集自己家乡的生态文明建设典型案例，包括生态农业、生态旅游、环保政策等方面的内容。

将搜集到的生态文明建设典型案例整理成幻灯片或视频等多媒体形式，并在教学班微信群或者钉钉群进行分享。同时，也可以组织课上分享会，进行课堂展示，并共同聆听和交流。

　　任课教师对收集到的生态文明建设典型案例进行点评和分析，为同学们提供指导和建议。

# 第二节 建设美丽中国

## 一、专题理论导学

### （一）教学目的

让同学们掌握，推动形成绿色发展方式和生活方式，是发展观的一场深刻革命；生态环境问题归根结底是发展方式和生活方式问题；增强我国在全球环境治理体系中的话语权和影响力。进而理解，只有实行最严格的制度、最严密的法治，才能为生态文明建设提供可靠保障。最后了解，人的命脉在田，田的命脉在水，水的命脉在山，山的命脉在土，土的命脉在林和草，这个生命共同体是人类生存发展的物质基础；要用系统论的思想方法看问题，从系统工程和全局角度寻求新的治理之道。

### （二）教学重点

坚持山水林田湖草沙一体化保护和系统治理；用最严格的制度、最严密的法治保护生态环境；美丽中国建设的成就及挑战。

## 二、典型案例分析

### 案例一 云和梯田的生态致富路

在浙江西南部，有一片宛如世外桃源的地方——云和梯田国家湿地公园，它占地 23.5467 平方千米，湿地面积达 8.6147 平方千米，湿地率 36.60%。这里梯田层叠，规模宏大，垂直高度 500 米，横向延伸 3000 多米，纵向延伸 1500 多米，是华东最大的梯田群，被誉为"中国最美梯田"。

然而，时光回溯，这片美丽梯田所在的村庄曾是远近闻名的贫困村。村内猪圈、牛栏遍地，臭气熏天，环境恶劣。但当地政府并未气馁，而是敏锐地察觉到梯田公园优渥的自然条件背后潜藏的巨大价值。政府以"基于自然的解决方案"为指引，倡导人与自然和谐共生的生态文明理念，打响了生态修复的战役。一方面，加强组织领导，抓住有利时机，集中力量开展基础设施修复。工作人员清理杂草、灌木，精心修复田坎，有效提高了湿地水涵养能力。另一方面，精心规划部署，将任务细化到每个节点，长期坚持开展系统工作。通过治理水土流失点、恢复水系及种植条件，让湿地的自然风貌得以改善，生态环境得到显著提升。截至目前，已修复田坎 2721 立方米、田间道 7200 米、水渠 5400 米，修复湿地面积 4500 亩，还建设了观测平台 1 处、生态小水潭 6 处。同时，云和梯田始终秉持"以自然之道、养万物之生"的理念，加强生态环境保护。如今，湿地公园内林木蓄积量和森林覆盖率逐年攀升，野生动物栖息环境持续向好，生物多样性得到妥善保护。当地创新的稻鱼共生、稻螺共存模式，不仅让一丘田能产出两季稻，还养出一池鱼、一堆螺，吸引珍稀鸟类驻留，形成了良性生态循环。云和梯田还巧妙地将生态、农业与文化深度融合，以梯田湿地生态、农业展现农耕文化，借文化传播带动旅游发展，再用旅游收益反哺湿地生态修复，成功打造出三生融合的现代新梯田生态场景，把绿水青山转化为金山银山。到 2022 年底，梯田景区旅游价值大幅提升，周边已有 175 家农家乐民宿、2620 张床位、7400 个餐位，年营收超 3000 万元，带动 2000 多人创业就业。

云和梯田将生态与发展完美结合，为生态修复提供了可复制推广的模式，成为乡村振兴和共同富裕的生动样板。

## ❓思考讨论

❶云和梯田通过生态修复与产业融合实现发展，从建设美丽中国角度看，如何在全国不同地理环境与发展基础的地区，因地制宜地借鉴其模式，平衡生态保护、经济发展与文化传承，避免简单复制，真正实现各地生态、经济、社会的协同进步，打造各具特色的美丽中国图景？

❷云和梯田在提升生态系统质量和稳定性过程中，创新了稻鱼共生等模式。从宏观层面出发，怎样将这类微观层面的生态创新模式进行更大范围的推

广与升级，形成具有广泛影响力的生态产业体系，进一步推动全国生态环境的整体改善，助力美丽中国建设中生态产品价值的充分释放？

## 案例二 生态与经济共舞的水域传奇

在浙江省杭州市淳安县，千岛湖宛如一颗璀璨的明珠镶嵌其中。作为人工湖泊，它拥有 573 平方千米的广阔水域以及 61 万亩优质渔业面积，不仅是浙江重要的战略饮用水源地，更是华东地区的生态屏障。这里鱼类资源丰富，多达 114 种，渔业资源蕴藏量达 15 万吨，鱼群营养结构完备。

千岛湖复杂的地形地貌让鱼群分散难寻，探鱼、捕鱼困难重重。但千岛湖人民并未采用极端方式，而是巧妙结合地形，首创"拦、赶、刺、张"联合捕鱼法，大幅提升捕鱼效率。20 世纪 90 年代的千岛湖，曾经深受水污染困扰。作为人造湖，其流动性差、含氧量低，为浮游生物和藻类滋生提供了温床。湖水可见度下降，夏日恶臭扑鼻，水源安全面临威胁，治理迫在眉睫。关键时刻，"放鱼养水"的妙招应运而生。投放以水藻为食的草鱼、鲢鱼、鳙鱼等鱼苗，既能净化水质，又能提高鱼类产量。但这并非易事，要实现鱼产效益最大化且不破坏生态平衡，需精准计算鱼苗投放比例。为此，淳安近年来积极行动，先后招引中科院水生生物研究所大水面生态净水渔业研究中心、千岛湖水环境研究所等渔业高端智库，邀请国内知名专家学者为鱼苗投放出谋划策。同时，淳安县借助科技力量，利用数字化管理形式，搭建智慧渔政信息监控及大数据中心。通过这一中心，能收集水域船只、人员活动信息，实现对船和人的动态跟踪、实时分析预警，构建起全湖区监控、全流域共管的完善智慧渔政体系。如今，凭借精心的战略布局与策略实施，千岛湖以"鱼"为核心，搭建起集"养、管、捕、加、销、研、烹、旅、创、推"于一体的渔业全产业链。在保水、生态与文化的引领下，这条产业链不仅提供了大量就业机会，更有力带动了淳安县经济发展。

曾经面临困境的千岛湖，如今成为生态与经济协同发展的典范，书写着属于自己的精彩生态传奇。

## 💡思考讨论

❶千岛湖通过招引高端智库和搭建智慧渔政体系实现生态与经济协同发展。在借鉴其经验时，如何结合自身实际情况，精准引入适合本地生态经济发展的科研力量，并有效运用科技手段构建智慧管理体系，以推动区域生态环境改善与经济高质量发展？

❷千岛湖以"鱼"为核心打造全产业链，带动经济发展的同时保护了生态。从建设美丽中国宏观层面出发，怎样将这种以特色资源为依托的生态经济模式进行推广与拓展，引导更多地区挖掘自身特色生态资源，构建可持续的生态产业体系，从而为美丽中国建设提供更广泛的经济支撑与生态保障？

### 案例三▶ "法护两山"绘就生态文明新画卷

2023 年，浙江湖州在生态文明建设的征程中，踏出了坚实且创新的步伐。湖州通过整合执法司法资源，精心打造法护绿水青山政法综合体，为生态文明典范城市建设注入强劲动力，在政法系统生态环境保护领域收获了累累硕果。

市县两级"法护两山"共治中心的建成，犹如坚固的堡垒，为生态保护奠定坚实基础；全国首个"生态警务"地方标准的发布，则如同明确的指南，规范着生态保护的行动方向。"法护两山"政法综合体构建起预防、打击、修复、建设"四位一体"的生态司法保护模式，让政法领域的生态环境保护实现全域联动协同，无论何时何地，都能保持在线智治，形成全链闭环护航。在 2023 年，湖州积极排查生态环境资源矛盾纠纷 500 余次，成功化解涉环境纠纷 765个，成功率超 95%。同时，严厉打击环境和生态资源领域犯罪，破获刑事案件 42 起，对 159 人采取刑事强制措施；一审办理环境资源案件 228 件，责令24 名被告及 1 家企业支付高达 2183.13 万余元的生态损害赔偿金。湖州政法系统各部门联动发力，创新举措如繁星般闪耀。首创的"政法服务码"，让群众只需手机扫码，就能轻松反映相关诉求。数据及时汇总形成清单，快速流转核办，第一时间为群众排忧解难。浙江省首个生态综合性应用——生态警务协同智治应用成功开发，构建起"日常巡查、线索上报、信息流转、考核评估"的高效工作流程，带动 3.8 万名干警和志愿者投身"守山护水"行动。国内首家环侦作战中心建成，主动出击打击犯罪，案件线索主动发现率飙升125%，直接破案占比提升至35%。浙江省首个《产业合规体系建设意见》出台，为特色产业绿色、低碳、健康发展探索出全新路径。除了预防纠纷与打击犯罪，湖州市还将修复性司法理念融入各类案件办理。运用"消除污染""增值放流""补植复绿""货币补偿"等生态修复方式，督促被告人切实履行生态修复责任。

湖州以"法护两山"为笔，在生态文明建设的画卷上，绘就了一幅生态与法治交相辉映的壮丽图景，为其他地区提供了宝贵的借鉴经验。

### ❓思考讨论

❶湖州通过"法护两山"政法综合体构建了"四位一体"生态司法保护模式并取得显著成效。从推广经验角度看，如何根据区域自身生态环境特点、政法资源状况，精准适配和优化这一模式，确保在预防、打击、修复、建设各环节都能有效落地，实现生态司法保护的本地化、高效化？

❷湖州政法系统推出诸多创新举措，如"政法服务码"、生态警务协同智治应用等。在实际推进过程中，如何保障"政法服务码"数据长期安全有效，以及生态警务协同智治应用在长期运行中不断优化升级，以持续助力生态文明建设？

## 三、实践活动指导

### （一）活动主题

小组讨论：促进产业结构变"轻"、发展模式变"绿"。

### （二）活动目的

通过充分而深入的讨论，让同学们更加深入地理解，加快发展方式绿色转型，必须在转变资源利用方式、提高资源利用效率上下功夫。要处理好"双碳"承诺和自主行动的关系，我国承诺的"双碳"目标是确定不移的，但达到这一目标的路径和方式、节奏和力度则应该而且必须由我们自己做主，决不受他人左右。

（三）活动流程

**1. 前期准备**

通过观看央视网《领航》第 10 集《绿水青山：碳达峰碳中和》，进一步进行分小组讨论。

**2. 分组讨论**

进行分组，选出组长。由组长发起、组织讨论，组员积极参与。讨论绿色转型对产业结构升级、经济发展和环境保护的重要性和必要性。提出具体的实现方法，如优化产业结构、发展清洁能源、提高环保标准等。每个参与者可以提出自己的想法和建议，进行交流和讨论。

**3. 分享成果**

每个小组派代表汇报小组讨论得出的结论和观点，其他小组进行提问和交流。

**4. 评价总结**

任课教师对讨论内容进行总结讨论内容，强调绿色转型的重要性，并对未来绿色转型的发展趋势进行展望。鼓励每个人为推动绿色转型贡献自己的力量。

## 四、知识拓展训练

（一）**训练主题**

辩论：经济发展和环境保护何者优先。

（二）**训练目的**

提高学生们对经济发展和环境保护之间的关系的认识：通过辩论活动，让学生深入思考和探讨经济发展和环境保护之间的关系，认识到二者之间的辩证关系和平衡发展的重要性。激发学生对社会问题的关注和思考：经济发展和环境保护是社会发展面临的重要问题，通过辩论活动，可以引起参与者对这些社会问题的关注和思考，激发他们对社会问题的责任感和行动力。

（三）**训练内容**

确定辩论规则：确定辩论赛的具体规则，包括时间限制、发言顺序、评分标准等。

主持人和评委确定：确定主持人和评委人员，主持人负责引导整个辩论活动的进行，评委负责评分和评选优胜队伍。

辩论赛开场：主持人开场致辞，介绍辩题，宣布辩手名单以及辩论规则。

正反方立论：正反方各派一名辩手进行立论发言，表达各自的立场和理由。

互相质询：正反方辩手可互相提问，挑战对方的观点。

在场学生提问环节：开放给在场学生提问的时间，辩手需回答学生提出的问题。

自由辩论：正反方辩手可自由辩论，深入探讨问题的不同角度和观点。

总结发言：各队派代表进行总结发言，强调自己的立场和观点。

评分和公布结果：评委根据辩手的表现和论证质量进行评分。

随后可以组织讨论和分享：为了深化对这一问题的思考，可以组织讨论和分享活动，让学生双方互相交流意见和见解。

# 第三节 共谋全球生态文明建设之路

## 一、专题理论导学

### （一）教学目的

让同学们能够养成敬畏自然、尊重自然、顺应自然、保护自然的自觉性和建设美丽中国的使命感，为新时代生态环境保护贡献力量。进而明确中国在全球环境治理中的贡献。地球是全人类赖以生存的唯一家园，中国致力于推动共建地球生命共同体，积极参与全球环境治理，是全球生态文明建设的重要参与者、贡献者、引领者。

### （二）教学重点

全球环境治理的中国方案；中国方案如何推动全球可持续发展；全球生态文明建设的理念、原则、青年责任与行动。

## 二、典型案例分析

### 案例一 从乡村到海洋：浙江再夺"地球卫士奖"

2023年10月30日，在联合国环境规划署总部肯尼亚内罗毕，浙江凭借"蓝色循环"海洋塑料废弃物治理模式，第三次斩获联合国"地球卫士奖"。此前，2018年"千村示范、万村整治"工程、2019年支付宝蚂蚁森林，曾为浙江赢得该荣誉，如今"蓝色循环"的再次脱颖而出，彰显中国在全球生态治理中的卓越智慧。

从全球2500个申报项目中突围的"蓝色循环"，是浙江探索出的可持续海洋塑料污染治理模式。自2020年起，台州市椒江区创新打造"市场化垃圾收集—高值化资源利用—国际化认证增值"体系，直击海洋塑料垃圾收集难、高值利用难的痛点，构建起污染物收集、运输、再生、高值利用的循环价值链，打造海洋生态环境治理领域数字治理促进全域"无废城市"建设的样板。这一模式运行三年，从台州椒江扩展至台州、舟山、宁波等沿海城市，收获广泛认可。全省237家产业企业、1.02万艘船舶、6.18万人次踊跃参与，累计收集塑料废弃物2254吨，减少碳排放约2930吨，成绩斐然。"蓝色循环"的高效运转，得益于三大体系的协同构建。在收集端，"小蓝之家"收集点与数字化分质分流系统配合，30%不可再生垃圾进入环卫系统，70%可再生垃圾实现市场化回收，形成全流程可视化闭环；在利用端，全流程追踪与碳足迹认证让海洋塑料实现"从海到货架"追溯，与国际企业碳减排需求融合，打造"国内收集＋国际认证＋国际溢价销售"市场循环；在分配端，"蓝色联盟"公益组织将海洋塑料交易的20%设为"蓝色共富基金"，开展多元增值服务，助力产业链共富，打破国际绿色壁垒。

浙江三获"地球卫士奖"，从乡村生态振兴到全民低碳行动，再到海洋污染治理，每一次获奖都是中国为全球生态治理贡献方案的生动实践。"蓝色循环"不仅守护了碧水蓝海，更以创新模式为全球海洋塑料污染治理提供新思路，生动诠释了中国作为全球生态文明建设重要参与者、贡献者、引领者的责任与担当。

## ❓思考讨论

❶浙江"蓝色循环"模式中，用"小蓝之家"收集点和数字化系统回收海洋塑料（比如30%不可再生垃圾进环卫系统，70%可再生垃圾市场化回收）。这种做法和平时在学校回收塑料瓶的方式有什么不同？它是如何体现"中国方案"的创新的？

❷"蓝色循环"把回收的海洋塑料做成产品，通过国际认证后卖到国外，还成立"蓝色共富基金"帮助渔民。如果你的家乡有河流垃圾问题，你觉得可以借鉴浙江的哪些做法？（比如收集方式、赚钱方法等）

❸浙江三次获奖的项目里，有村民参与治污、市民种树（蚂蚁森林）、渔民收塑料。作为学生，你能在日常生活中做哪些类似的小事？比如在校园里怎

么减少塑料垃圾，或者怎么带动同学一起环保？

### 案例二 浙江与中东欧的绿色传奇

在全球经济一体化的宏大浪潮中，浙江与中东欧地区，正上演着一场令人瞩目的绿色传奇。这不仅是一场经济交流的盛会，更是双方携手推动全球生态文明建设的生动实践。浙江，这片江南沃土，以发达的农业技术和丰富的实践经验，在农业领域独树一帜。而中东欧国家，坐拥广袤的土地与丰富的自然资源，农业发展潜力无限。二者的合作，恰似一场天作之合的"联姻"，为农业发展注入全新活力。

在农业技术交流的舞台上，浙江的智慧农业技术，如同一束耀眼的光，照亮了中东欧的田野。精准灌溉系统，能根据土壤湿度精准供水，让每一滴水都物尽其用；智能温室控制，为农作物创造最适宜的生长环境；无人机植保，高效且精准地呵护着每一株作物。这些先进技术的落地，大大提升了中东欧地区的农业生产效率，减少了资源浪费，为当地农业可持续发展奠定了坚实基础。与此同时，中东欧国家传统的有机农业理念，也如春风化雨般，给浙江带来了新的启示。他们对土地的敬畏、对生态平衡的坚守以及对农产品品质的执着追求，让浙江在农业发展中更加注重生态环境保护与农产品质量安全。这种双向的学习与交流，推动双方农业理念不断更新升级。农产品贸易，是这场合作的又一精彩篇章。浙江丰富多样的特色农产品，如清香四溢的茶叶、精美绝伦的丝绸、鲜嫩肥美的水产品等，跨越重洋，走进中东欧国家的千家万户，满足当地消费者对高品质生活的向往。而中东欧国家的优质水果、肉类、奶制品等，也纷纷登上浙江人的餐桌，为浙江消费市场增添了别样风味。在这一来一往中，双方始终严守绿色、环保标准，确保农产品质量安全，让消费者吃得安心。农业合作还带动了双方在农村发展领域的探索。浙江的美丽乡村建设经验，为中东欧国家提供了宝贵参考，他们开始重视农村基础设施建设、生态环境整治与乡村旅游开发。而中东欧国家悠久的乡村文化和独特的民俗风情，也为浙江的乡村振兴带来新的灵感。

浙江与中东欧的农业携手，是一场绿色的浪漫邂逅，更是一次迈向生态文明的坚定征程。

## 🔍思考讨论

❶浙江与中东欧在农业领域通过技术交流、农产品贸易等多方面合作，探索出一条绿色发展道路。从共谋全球生态文明建设角度看，这种合作模式在其他地区推广时，需考虑哪些地域差异因素？

❷浙江与中东欧在合作中实现了农业理念的双向更新升级。怎样借助农产品贸易、农村发展经验交流等合作形式，向全球其他国家和地区传递绿色、可持续的农业发展理念，带动更多参与者形成合力，共同构建全球生态文明建设的良好氛围？

### 案例三 湖州践行"两山"理念的全球实践与担当

湖州，作为"绿水青山就是金山银山"理念的诞生地，以其独特的生态魅力，在世界舞台上绽放光彩，与世界以"绿"为媒，共谋生态之路。

2012年，安吉荣获全国首个"联合国人居奖"，这是对其生态和人居环境的高度认可，为发展中国家提供了宝贵经验。2018年，裘丽琴代表浙江"千万工程"的参与者和受益者，在美国纽约捧起联合国最高环保荣誉"地球卫士奖"。她向世界分享家乡鲁家村的美丽蝶变，曾经污水横流的村庄，如今成为一张亮丽的明信片，小火车串联起乡村田园美景，吸引着众多国际友人前来探访。这些荣誉和故事，让湖州在世界舞台上被看见，成为全球生态文明建设的焦点。湖州的生态优势不仅体现在乡村美景上，还融入产业发展。

安吉作为"中国椅业之乡"，是中国办公椅出口的重要基地。永艺家具以全生命周期的生态设计，让一把椅子95%以上的材料都能回收再利用，厂房顶部装上太阳能光伏板，产品出口到60个国家和地区。诺力智能装备的新能源叉车也凭借环保优势，在国际市场上备受青睐，成功让美国客户改变几十年的传统习惯，将燃油叉车更换为新能源产品。湖州通过推动工业经济向"绿"而行，获评全国唯一"绿色产品认证"试点城市，举办了一系列绿色发展大会，为生态文明理念的国际传播提供了有力支撑。2022年，湖州市在联合国

《生物多样性公约》第十五次缔约方大会上被认定为全球唯一的生态文明国际合作示范区，这是湖州在生态领域的又一高光时刻。湖州向世界承诺，将以示范区为桥梁，加强与世界各城市的合作交流。此后，湖州积极行动，牵头成立环太湖"昆蒙框架"实施联盟，率先细化落地全球生物多样性框架，引进生物多样性专家，推动城市国际化标志性项目建设，吸引了众多国际友人前来，他们在这里感受到湖州对生态环保的追求，并成为湖州生态故事的传播者。

湖州以"绿"为媒，向世界讲述着中国生态故事，世界也因绿色发展理念更深地了解湖州。

### ❓思考讨论

❶湖州鲁家村曾是"污水横流的村庄"，后来通过"小火车串联田园美景"发展旅游业（如文中提到的吸引了国际友人），这和同学们去过的普通乡村（比如老家或郊区村庄）在环境治理上有哪些具体不同？（提示：可从垃圾处理方式、村民参与度、资金来源等方面进行对比）

❷2022年12月9日，在联合国《生物多样性公约》第十五次缔约方大会（COP15）第二阶段会议上，湖州被正式认定为生态文明国际合作示范区。2023年5月16日，湖州、无锡、苏州、常州四个城市的生态环境部门共同发起成立环太湖"昆蒙框架"实施联盟。从"全球环境治理"理念出发，青年群体在推动全球生态文明建设中应承担哪些责任？

### 三、实践活动指导

#### （一）活动主题

小组讨论：生态兴则文明兴。

#### （二）活动目的

通过充分而深入的讨论，让同学们更加深入地理解，人来源于自然，依赖于自然，在同自然的互动中生产、生活与发展。当人类友好地保护自然时，自然的回报是慷慨的；当人类粗暴掠夺自然时，自然的惩罚也是无情的。人类对大自然的伤害最终会伤及人类自身，这是无法抗拒的规律。

（三）活动流程

前期准备：任课教师介绍讨论主题，提出"生态兴则文明兴"这一命题。播放一段有关生态环境与人类文明的视频或短片，引发与主题相关的讨论和思考。（例如：纪录片片段、TED演讲视频等）

分组讨论：将参与者分成小组，每组讨论以下几个问题：生态环境对人类文明的影响是什么？人类文明对生态环境的影响又是如何？如何理解"生态兴则文明兴"这一理念？它如何指导我们的生活和行为？实现"生态兴则文明兴"的关键在于什么？个人与社会在其中扮演什么样的角色？

分享成果：每个小组派代表汇报小组讨论得出的结论和观点，其他小组进行提问和交流。

评价总结：任课教师对发言进行点评，引导深入思考生态文明建设对人类文明发展的重要性。

## 四、知识拓展训练

（一）训练主题

线下调研与线上微视频展：选择一个生态文明建设相关主题进行调研，如水资源保护、垃圾分类等，并制作成微视频。

（二）训练目的

让同学们深入了解生态文明建设的情况和成果，为后续的生态文明建设提供参考和借鉴。通过制作微视频的形式，提高学生的科技素养和创作能力，培养他们的团队协作精神和表达能力。通过展出微视频，宣传生态文明建设的重要性，激发更多人参与保护环境，形成良好的环保氛围。

（三）训练内容

调研准备：组内成员分工合作，收集相关资料和案例，了解该主题的背景、现状和解决办法。

制作微视频：各小组根据调研结果和制定的计划，开始制作微视频。可以使用手机拍摄、剪辑软件等工具进行视频制作，添加文字、图片、音乐等元素。

展示微视频：在学校多媒体教室或集会场所，组织学生观看各组制作的微视频，并进行互动交流和投票评选。

反馈与改进：根据反馈和评选结果，各小组可以反思自己的微视频制作过程，找出不足之处，并进行改进。这有助于提高学生的反思能力和持续改进意识。

总结与分享：活动结束后，组织学生进行总结和分享，交流学习心得和感受，同时也可以将微视频进行分享，扩大活动的影响力。

# 后　记

在高校思想政治理论课的教学改革不断深化的背景下，浙江省习近平新时代中国特色社会主义思想研究中心浙江中医药大学研究基地精心编著了《本土化与生活化：思想政治理论课教学创新案例》。本教材作为浙江省普通本科高校"十四五"重点教材建设项目，旨在探索一种更加贴近学生生活、更具地域特色的思想政治理论课实践教学模式，以增强教学的吸引力和实效性。

本教材遵循"理论联系实际，双向互动"的原则，注重将思想政治理论与实际生活相结合，通过丰富的案例解析，帮助学生更好地理解和掌握理论知识。同时，我们突出教材内容的本土化与生活化特点，将浙江的地域文化资源融入教学案例，讲好浙江故事，传播中国声音。这种编写理念不仅有助于学生了解和认同本土文化，还能培养他们的家国情怀和文化自信。

在编写过程中，编委会全体成员多次研究，从选题策划到案例选用、文本撰写，反复打磨，结合日常教学中的重点、难点问题，进行了精心设计，经过共同努力最终得以完成。

本教材 13 个专题具体内容及分工如下：

专题一　树立远大的人生理想（朱金玲）

专题二　中国精神及其在当代的集中体现（汪向红）

专题三　社会主义道德的理论与实践（朱金玲）

专题四　中国特色社会主义法治理论和实践（钱国玲、陈冬梅）

专题五　世界的物质性及发展规律（胡小玲）

专题六　实践与认识及其发展规律（钱国玲、谢汉卿）

专题七　人类社会及其发展规律（胡小玲、王延隆）

专题八　社会主义市场经济体制的突破（徐艳）

专题九　推动经济高质量发展（宋增元、王延隆）

专题十　发展全过程人民民主（王翌、王延隆）

专题十一　打造新时代文化高地（徐艳、王延隆）

专题十二　在高质量发展中增进民生福祉（徐夏雨）

专题十三　谱写新时代生态文明建设新篇章（宋增元）。

同时，我校马克思主义理论专业研究生王嘉雯、余佳、张凯淇、张婧瑜、巫灵爱、张陈琳、贾思琪、张文瑜、王兰兰、仇智祥、张天乐同学对书稿进行了细致的校对和整理工作，为本书的出版付出了辛勤努力。

责编以专业的出版素养和高度的责任感，为本书的出版提供了优质的服务。该教材从选题策划到排版、编辑，从封面设计到印刷、发行，每一个环节都体现了浙江大学出版社工作人员的精心雕琢和精益求精。他们对出版工作的严谨态度，使得本书能够以最佳的面貌呈现在读者面前。然而，尽管我们在编写过程中力求严谨和细致，但由于时间和水平的限制，书中难免存在一些不足之处。我们真诚地希望广大读者能够提出宝贵意见和建议，以便我们在后续的修订中不断完善。

最后，我们期待这本书能够为高校思想政治理论课的教学提供有益的参考和借鉴，为培养德智体美劳全面发展的社会主义建设者和接班人贡献力量。